貿 易実務検定®

C級 合格ガイド〔第3版〕

日本貿易実務検定協会® 編

税務経理協会

はじめに

　本書は，貿易実務学習の基礎を学習される方のためのテキストブックです。

　内容は，日本の貿易実務の世界でデファクトスタンダードとなっている貿易実務検定®試験のC級カリキュラムに準拠するテキストです。

　この貿易実務検定®は，それぞれのスキルに応じてA級，B級，C級の三つのレベルを設けており，自己のレベルに応じてそれぞれの級に挑戦することでスキルアップを図るステップ方式の試験です。

　これらのうち，C級は，最も基礎的なことがらが理解できているかを問うものです。何事にも基礎が大切です。基礎力こそ実務能力向上の源泉と考えます。さらに，実務の世界は，常に動いています。この動きを正確にとらえるためには，やはりバックグラウンドとして基礎的な知識が重要なのです。

　本書は，これらの観点から読者の方々のスキルアップに資するよう執筆されたものですが，さらに，わかりやすさを追求し，できる限りビジュアライズ化を図りました。

　なお，本書は，「貿易実務ハンドブック　ベーシック版（中央書院刊）」を基に再構成し，さらに新しい情報を加えたものです。

令和2年9月吉日

日本貿易実務検定協会®

理事長　片山　立志

目　次

はじめに

第3章　信用状の基礎知識

第6章 貿易運送

第9章 代金決済

第10章 信用状の受領から輸出者の代金回収まで

第11章　輸入手続と貨物引取りの流れ

第12章　外国為替相場と為替変動リスクの回避

第13章　国際貿易体制の基礎知識

第14章　貿易書類の基礎知識

コラム　キーワード

※　INCOTERMS（インコタームズ）は，International Chamber of Commerce（ICC）の登録商標です。

※　本書では，原則として TM，®のマークを明示していません。

第 **1** 章

貿易取引の
全体像の理解

1. 貿易とは

これから貿易の手続や法律，外国為替などさまざまなことを学ぶうえで，まずその全体の構造を理解することはきわめて重要である。初めて貿易実務を学ぶ人のために，そもそも貿易とはどんなものなのかについて，ここではその全体観をつかんでいこう。

貿易と国内取引の違い

　そもそも貿易とは一体何だろう。簡単にいえば，貿易とは，国境を越えて行われる商品の売買取引であるといえる。

> 貿易とは＝異なる国の間の売買取引

　しかし同じ売買取引でも，私たちがデパートで服を購入するのとはその性格が異なってくる。私たちがデパートで商品を購入する売買の場合は，その売買契約の成立と，商品の引渡し，代金の支払いが同時に行われ，その場ですぐに契約が履行される形である。

　ところが貿易取引の場合には，売主と買主とが互いに遠く離れているため，売買契約が成立した後に，売主の商品引渡し（具体的には商品の船積み）や，買主の代金支払いが時期をずらして行われる。

　つまり貿易においては，売買契約の締結と同時に契約の履行が行われるのではなく，後日，売主は輸出商品の製造または仕入れ，船積手配その他の義務を，買主は代金支払いその他の義務を果たすことにより，売買となる。したがって，貿易売買契約を結ぶということは，船積みの時期や代金決済方法などを契約の条件として前もって取り決め，売主・買主は自己の義務をきちんと果たすことを約束することである。

　ところで，貿易取引が国内の売買取引と異なる点をまとめてみると，次のようになる。

貿易取引と国内取引の違い

1. 国が違うので，売主（輸出者）と買主（輸入者）とが互いをよく知らないことが多い。
    - → 取引相手の信用に不安がある（信用リスク）。
2. 国が異なるため，商品の輸送距離が長く時間がかかる。
    - → 輸送途上の貨物の変質・損傷や，事故に対する不安がある。
    - → すぐに代金回収できず，資金負担が大きい。
3. 通貨が異なるため，代金決済が複雑。
    - → 通貨の交換が必要となり，為替変動リスクがある。

このように貿易取引の場合には，国内取引と比べてより多くのリスク（危険性）を持っている。これらのリスクをカバーするために，貿易取引では国内取引にないさまざまな手続が行われるのである。また貿易のしくみそれ自体にも，長期間をかけて発展してきた商習慣にこれらのリスクを回避するための工夫がされている（後記「2．貿易取引のしくみ」参照）。

Ⅱ 貿易の三つの流れ

貿易には，次の三つの異なった流れがある。

① モノの流れ → 商品である貨物が輸送される流れ
② カネの流れ → 商品代金を国をまたがって支払う流れ
③ カミの流れ → 契約から，輸入者が貨物を受け取って市場に流通させるまでに必要な書類の作成，交付，提示の流れ

しかも貿易取引におけるこれらの流れは，同時に流れずバラバラの動きをすることから，書類の種類や関係機関もきわめて多彩となり，実務を一見難しそうに見せている。しかし，これはⅠで述べたさまざまなリスクをカバーするための工夫なのである。その大まかな構図を眺めてみよう。

【図表1-1】 貿易の三つの流れ

```
┌─ A 国 ──────────────────┐        ┌────────────── B 国 ─┐
│                          │        │                      │
│      為替銀行 ─────⬭カネの流れ⬭───── 為替銀行           │
│         │                │        │                      │
│         │      ⬭カミの流れ⬭       │                     │
│  ┌── 輸入者 ─────────── 輸出者 ──┐│                     │
│カ│     │                │        ││カ                   │
│ミ│     │   〈輸送リスク〉        ││ミ                   │
│の│  保険会社 ─の回避─── 保険会社 ││の                  │
│流│                      │        ││流                   │
│れ│  税 関                税 関   ││れ                  │
│通関業者 ──┘             └── 通関業者                   │
│  └── 船会社 ──⬭モノの流れ⬭── 船会社 ──┘              │
│                          │        │                      │
└──────────────────────────┘        └──────────────────────┘
```

2. 貿易取引のしくみ

ここでは，基本的な貿易取引がどのように流れていくのか，その全体像を簡単にみてみよう。特に「モノ」「カネ」「カミ（書類）」が別々の動きをしていることに注意して，その全体像を眺めてほしい。また，貿易における主要な方法である「信用状」を使った取引を紹介しているので，「信用状」によって，貿易におけるさまざまなリスク（1.Ⅰ参照）がどのように回避されているのかについても考えてみよう。

Ⅰ 貿易取引の基本的なしくみ

❶ **売買契約** 売主（輸出者）と買主（輸入者）とが各種の条件を決めて売買契約を締結

❷ **信用状の発行依頼** 売主にとって買主の信用状態がよくわからないとき，買主の取引銀行にその代金の支払いを保証してもらう「信用状」の発行を義務づける（買主が取引銀行に発行依頼）

❸ **信用状の発行** 買主の取引銀行が売主あてに「信用状」を送付（通知銀行経由）

❹ **信用状の通知** 輸出地の銀行が売主に「信用状」交付

❺ **保険付保** 契約により売主が保険を負担する場合には保険契約締結

❻ **船積み** 売主は契約条件に従って商品を船積み（貨物は輸入地に向けて出発）→ ここで「モノ」と「カミ」の流れが分かれることに注意

❼ **船荷証券（B／L）の発行** 船会社は貨物の受取りと引替えに，荷主である売主に貨物受取証である船荷証券（B／L）を発行
（買主が届いた貨物（商品）を受け取るのに，このB／Lが必要となる）

❽ **手形・船積書類の買取依頼** 売主は代金請求書として「為替手形」を作成し，B／Lを含む各種船積書類とともに取引銀行に買取りのため呈示

❾ **買取代り金支払い** 銀行は「信用状」により輸入地の銀行が代金の支払いを確約しているので，将来回収できることを前提に，売主に代金の立替払い

をする（これを「手形の買取り」という）

❿ **手形・船積書類の送付** 立替払いをした輸出地の銀行はそれを回収するた
め，信用状を発行していた銀行に売主から買い取った手形と船積書類を送付

⓫ **手形の呈示** 輸出地から届いた代金請求書である「手形」を，信用状発行
銀行は買主に呈示し，代金の支払いを求める

⓬ **代金支払い** 買主は手形の金額を銀行に支払う

⓭ **船積書類の交付** 銀行は代金の支払いを確認後，貨物の引取りに必要なB
／Lを含む船積書類を交付する　→　代金の支払いをしないと交付しない

⓮ **立替金の入金** 買主から代金の支払いを受けた銀行は，輸出地で立替払い
してくれていた銀行にその代金を入金する
（返金方法にはいろいろな形があるが，ここではその銀行の口座に入金）

⓯ **船荷証券（B／L）の呈示** 買主は商品が届いたら，貨物引取りのために
B／Lを船会社に呈示する

⓰ **貨物の引渡し** 買主はB／Lと引換えに荷渡指図書（D／O）を入手し貨

【図表1－2】　貿易取引のしくみ

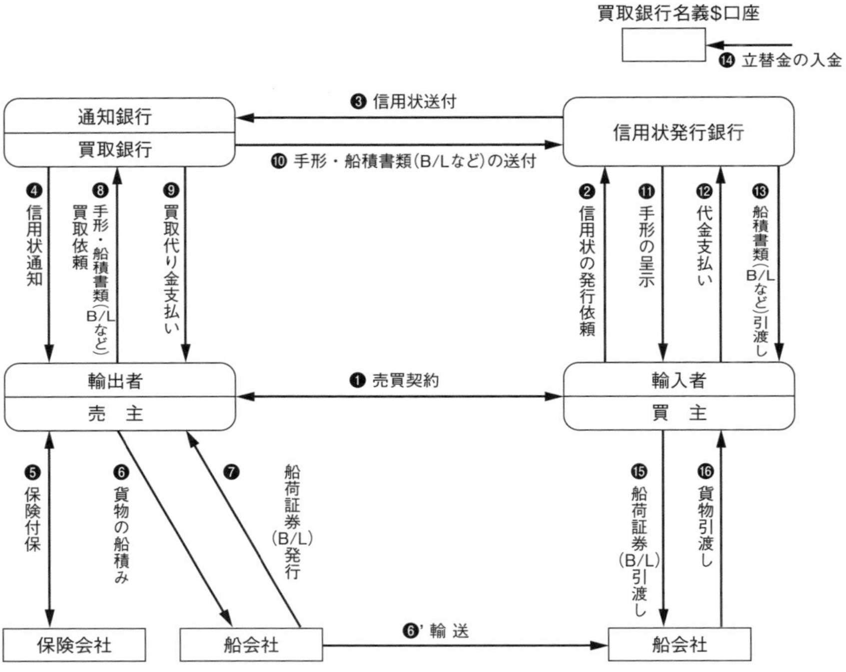

物を受け取る

Ⅱ 信用状（L／C）の役割

貿易取引には，国内取引にはないさまざまなリスクがあった。それらが「信用状」という工夫された商習慣を利用することで，どのように解決されたかをみてみよう。

1 資金負担のカバー

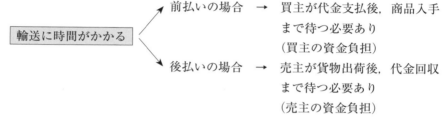

輸送に時間がかかる
前払いの場合 → 買主が代金支払後，商品入手まで待つ必要あり（買主の資金負担）
後払いの場合 → 売主が貨物出荷後，代金回収まで待つ必要あり（売主の資金負担）

ところが信用状により，買主の取引銀行が代金支払いについて，ちょうど連帯保証するように保証してくれるので，輸出地の銀行はこれを前提に売主に代金の立替払いをしてくれる。これにより売主は，商品の船積みとほぼ同時に代金の回収ができ，資金負担は生じないことになる。

同様に買主も，銀行に代金を支払えば届いた商品の受取りに必要なB／Lを含む船積書類を受け取ることができ，代金の支払いとほぼ同時に商品を受け取ることができる。つまり買主も資金負担は生じないことになる。

2 代金回収リスクのカバー

貿易においては売主と買主とが互いをよく知らないことが多く，特に売主にとっては本当に商品代金をきちんと支払ってもらえるのかという不安がある。ところが信用力のある一流銀行が代金の支払いを保証することにより，売主は安心して取引に臨むことができる。

その他，輸送途上での事故等については，売買契約で海上保険の付保を義務づけることによりカバーすることができるし，通貨の交換についてはしくみ上銀行を経由しているので，銀行で交換してもらうことになる。為替変動リスクについては，相場の「先物予約」という形で対応している。これはどんなに相場が変動

しようとも，あらかじめ予約してあった相場で通貨の交換を行うというもので，これにより代金の額を確定し，支払う方も受け取る方も予定することができるのである。

Ⅲ 貿易取引と外国為替

貿易取引においてのお金の動きには，「外国為替」が大きく関わっている。為替とは，現金の移動を伴わずに資金移動の指図だけでお金を動かすことをいい，国内では振込みがその例といえる。振込依頼を受けた銀行は依頼人から現金を受け取っているが，銀行から銀行へは現金を送るのではなく，振込みの指図だけを送っている。受取人の口座のある銀行では受取人に対して現金を支払うことになるので，銀行同士の間には資金の貸し借りができることになる。

この銀行間の貸し借りは，日本国内の場合なら全ての銀行が日本銀行に口座を持っているので，その口座間で貸し借りの分の資金を振り替えることで清算がついている（下図参照）。

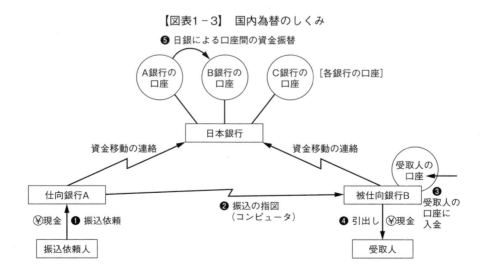

【図表1-3】 国内為替のしくみ

　ところが，同じように現金の移動をせず資金移動の指図だけで資金を動かす為替でも，国をまたがった外国為替になると，日本銀行の役割をしてくれる特定の銀行がないため，銀行同士の貸し借りの清算がもう少し複雑になってくる。ではどのように互いの貸し借りを清算しているのかというと，各銀行同士で個別に契約を結んで（1行ずつ），一つ一つ清算方法などを決めているのである。これを「コルレス契約（為替取引契約）」という。貿易取引に伴う資金の移動はこの「コルレス契約」にもとづいて行われることになる（たとえば図表1-2の場合は❶で，先方の預り口座に入金している）。

 キーワード

コルレス契約とは？

　銀行が外国にある他の銀行と為替取引を行うために必要な，業務上の諸条件をあらかじめ定めたものを，コルレス契約（Correspondent Agreement）という。

　コルレス契約のある銀行間では，互いの署名鑑や暗号電文コードの交換を行い，各種通信文書が真正なものであるかどうかを確認することができる。また，互いの資金の貸借についてどのように清算（決済）するかについても取り決めており，それにもとづいて資金決済することになる。

　コルレス契約は世界の全ての銀行同士で交わされているというものではなく，コルレス契約を結んでいる相手先の銀行のことを「コルレス先」という。

　コルレス先のなかで，決済のための預金勘定を設けている先を「デポジトリー（デポ　Depository Correspondent）」，設けていない先を「ノン・デポジトリー（ノンデポ　Non-depository）」という。

3. 貿易手続の流れと 関連機関

大まかな貿易取引の流れが理解できたところで，少し詳しく手続の流れをみることにしよう。売主，買主，銀行のほかにも，貿易取引が実際に成立するにはさまざまな関係者が関与している。輸出・輸入の流れを追いながら，どんな機関を経て貿易取引が行われているのかを確認しよう。

Ⅰ 輸出手続の流れ

　信用状取引において売主である輸出者の実際の仕事は，輸入者である買主の取引銀行から信用状を受け取ったところからスタートする（図1-4❹）。

　実際の取引の流れのなかでは，「2．貿易取引のしくみ」では触れなかった貿易取引の関連機関として，次のようなところが関わってくることになる。

① **メーカー**　売主が商社の場合，輸出する商品をメーカーから調達することになる（❻）。

② **経済産業省ほか主務官庁**　輸出に関して法律により許認可の取得が義務づけられている場合には，経済産業省その他主務官庁に申請し，許認可を取得する。

　　許認可がとれていないと税関における輸出通関で輸出が認められない（❼❽）。

③ **海貨業者（乙仲）**　船会社に対する手続（船積み手続，荷受け手続）を代行している専門業者で，最近では一貫した業務を遂行するため，輸出入のための税関への手続（通関手続）もあわせて代行し，倉庫業者や運送業者などが兼業していることが多い（⓬）（詳細は第10章「6．海貨業者への通関・船積み手続依頼」参照）。

④ **コンテナ・ターミナル**　コンテナ船専用の港湾設備。船に積む，あるいは船から荷卸しするコンテナを置いておく「コンテナ・ヤード（CY）」や荷さ

ばきする「コンテナ・フレート・ステーション（CFS)」などから構成され
ている（詳細は第6章参照）。
⑤ **税関** 輸出入取引において，日本から出ていく貨物や入ってくる貨物を最
終的にチェックしている。輸出入とも税関に輸出入の許可を申請し，許可が
おりて初めて輸出や輸入をすることができる（⑮⑯)。これらの一連の手続
を「通関手続」といい，通常は，通関業の免許を持つ海貨業者（前記③）が
代行している。

また，輸送形態によっては，次のような異なった関係者が関与することになる。
〈在来船の場合〉
・検量業者
輸出入する商品の重量や容積などを量る専門業者（宣誓検量人）。売買契約

【図表1-4】　コンテナ船による輸出手続の流れ（CIF建てL/C決済の例）

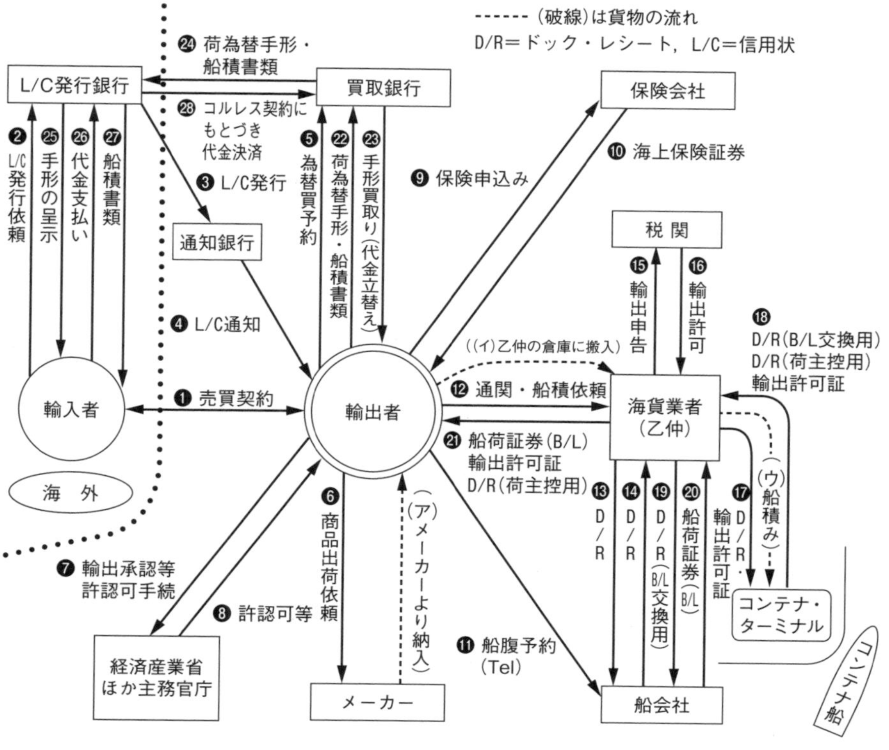

------（破線）は貨物の流れ
D/R＝ドック・レシート，L/C＝信用状

で決めた商品の数量が「積地条件」のとき，「積み地」つまり輸出地での数量が契約通りであることについて宣誓検量人による証明を要求された場合，あるいは在来船等の運賃計算の基礎となる重量容積を証明するために，重量容積証明書を発行する。

〈航空機の場合〉

・航空貨物代理店

航空会社と輸送契約をする場合には，航空貨物代理店に貨物を持ち込むことになる。

・利用航空運送事業者（混載業者）

小口貨物の場合には，他の貨物と混載した方が航空運賃が安く済むので，混載を取りまとめている混載業者に貨物を持ち込む（詳細は第6章参照）。

〈国際複合輸送の場合〉

・複合運送人

船，航空機，列車などさまざまな輸送形態を組み合わせて輸送する国際複合輸送では，一業者がそれらの輸送全てを一貫して請け負うが，この業者を複合運送人という（詳細は第6章参照）。

Ⅱ 輸入手続の流れ

以上，輸出の場合でみてきたが，輸入の場合にも同様の関連機関・業者がその流れのなかで関わってくる。図表1−5で確認しよう。

【図表1-5】 在来船（自家揚げ）による輸入手続の流れ（FOB建てL/C決済の例）

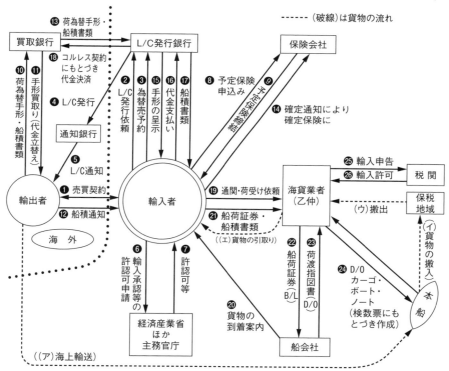

4. いろいろな貿易取引

貿易取引は実際の商取引としての要請に応えるために，さまざまな形態が工夫されてきた。ここでは，その主なものにどんなものがあるのかを眺めてみよう。

Ⅰ いろいろな貿易取引のしくみ

1　直接貿易

　貿易取引の形態には，メーカーや小売店などが自分で直接外国の企業と取引をする「直接貿易」と，商社を経由して取引をする「間接貿易」とがある。

　直接貿易とは，輸出入両国の流通業者，小売業者，製造業者等が直接取引をし，商社等の第三者を通さないで輸出入する形態をいう。

　価格や取引条件を直接交渉できるうえ，商社等のマージンを省くことができる点が有利になる。半面，品質や納期についてのリスクを直接負担しなければならない。また通常はそれほど大きな輸出入量がまとまらないので，価格引下げが難しい。

2　間接貿易

　商社を利用する間接貿易が挙げられる。「間接貿易」の場合の「本人（主体 Principal）」は商社であり，商社と，メーカーや小売店などとの取引は国内取引になる。商社は販売ルートや調達先について豊富な情報と経験を持っているため，商談を効果的に進めることができ，価格交渉も有利であることが多く，トラブルへの対処も巧みである。

　単純に考えると，直接貿易は商社のマージンがかからないので，その分利益が増えると考えられるが，間接貿易には数字で表すことのできない次のような利点がある。
　①　商社は外国の商習慣や貿易制度に関する知識がある。
　②　貿易交渉に必要な語学力を代行してもらえる。
　③　輸入品の品質や納期についても商社を通すと有利なことが多い。

④　取引実績が大量にあれば，価格についても有利なことが多い。

⑤　さまざまなトラブルについても，商社のノウハウで回避でき，解決が容易である。

⑥　商社は外国の商品知識や市場調査，流通事情に精通しているので，その知識を有効活用できる。

⑦　資金力の小さい企業は商社の金融力を活用できる。

　貿易取引をする場合には，これらの間接貿易の利点と直接貿易の利点とを勘案して，自分の能力と採算を検討することになる。

3　並行輸入

　通常ブランド品と呼ばれる海外の商品は，日本の一手販売代理店あるいは一手販売店を通して輸入されており，契約しているその代理店等以外にはその商品を輸入させないことになっている。

　しかしこの独占的な輸入では，消費者がより割安な商品を購入することができなくなるので，ブランドの名声や信用・商標を損なわずに，不利益を与えないことを条件に，この一手販売代理店等の権利者を通さずに輸入することが認められている制度が並行輸入である。この場合は，そのブランドの製造国および第三国や香港・シンガポールといったフリーポートなどの輸入業者を経由して輸入することになる。形態が異なるだけで，あくまでも真正品（模造品でない本物）を輸入するのが，この並行輸入である。

4　仲介貿易

　海外の輸出者と海外の輸入者との貿易を日本の業者が仲介する場合，これを仲介貿易という。この場合，売買契約はそれぞれ仲介業者と交わされ，商品である貨物は直接輸出者から輸入者にあてて輸出されることになる。

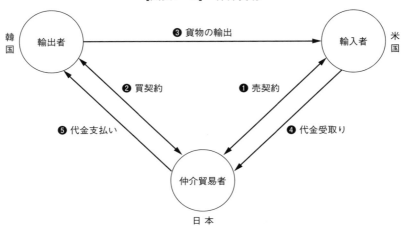

【図表1-6】　仲介貿易

最近では，次のII-1の逆委託加工貿易により海外で生産した商品を，日本に輸入せずに現地から直接，他の国へ輸出する形の仲介貿易が増えている。

海外生産と貿易

1　委託加工貿易

　海外の受託者に原材料や部品などを提供し，それを受託者に加工させたり組み立てさせたりして，できた製品を輸入する形態を委託加工貿易という。委託加工貿易には，委託者が日本業者となる「逆委託加工貿易」と，受託者が日本業者となる「順委託加工貿易」とがある。

　日本は戦後，順委託加工貿易を中心に経済発展を遂げてきたが，現在は，人件費が安い海外で生産させる逆委託加工貿易が盛んになってきている。

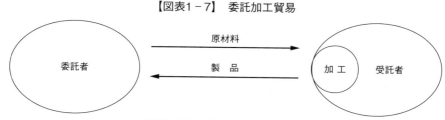

【図表1-7】 委託加工貿易

委託者が日本の業者＝逆委託加工貿易
受託者が日本の業者＝順委託加工貿易

2 OEM（Original Equipment Manufacture）輸入

　メーカーなどが，自社のブランドをつけたオリジナル商品の完成品または部品を海外のメーカーに製造させ，その全量を輸入する形態をいう。生産委託契約，すなわち下請け契約による輸入である。この場合の委託者を，OEM（Original Equipment Manufacture）と呼んでいる。

　海外のメーカーは，OEM のデザイン，仕様にもとづいて，納入先のブランドを付した製品を供給するだけでなく，取扱説明書や外装箱に至るまで OEM の指示通り準備し，梱包して出荷するのが一般的である。

　かつては日本のメーカーがアメリカの OEM から，カセット・レコーダーなどを受注生産していたが，今日では，日本企業がアジア各国のメーカーから OEM 輸入している。

　なお，OEM という略語は，前述のように委託者の意味で使われるほか，OEM 生産という意味での Original Equipment Manufacturing（この場合，Manufacture ではない）の略語として使われることもある。

3 開発輸入

　開発輸入には，次の二つの意味がある。

(1) 鉱業資源や農水産資源の開発輸入

　先進国の企業が，資本や技術を開発途上国に投下して鉱業資源や農水産資源を開発し，その開発した資源を輸入することをいう。

(2) 流通業者による委託生産としての開発輸入

　外国と日本とでは体格や生活様式などが異なるため，外国製品そのままでは日本人の嗜好や規格，サイズに合わないことがある。そこで，デパートやスーパー

などが，日本人のニーズに合った品質，デザイン，味などの商品を，仕様書にもとづいて海外の工場で委託生産や加工を行い，製品を輸入することをいう。

　発注先は大半が人件費の安いアジア諸国である。アジア諸国での開発輸入は，アジアの技術力が向上してきており，労働賃金が安く，資源や原材料が豊富であり，また距離的にも日本に近いという利点がある。

　一方，最近の傾向として，開発途上国だけでなく，米国，ヨーロッパ，太平洋地域などの先進国についても，牛肉や野菜などの食料品の開発輸入が増える傾向がある。

　開発輸入の主な商品例としては，衣料品（下着，日常着，毛皮，カシミアのセーターなど），食品（やきとり，うなぎの蒲焼，野菜，牛肉など），日用品（自転車，家具，アンテナなど）が挙げられる。

チェック問題 1

次の記述について，正しいものには〇印を，誤っているものには×印をつけなさい。

(1) 外国為替とは，異なる国の間で現金の移動を伴わず，資金移動の指図だけで資金の移動をすることをいう。

(2) 日本から外国に貨物を輸出する場合において，国内関係法により輸出に関して許認可等の取得が義務づけられている場合には，輸出通関手続の前後を問わず，船積前までに許認可を取得しなければならない。

(3) 直接貿易には，代理店契約や販売店契約等を結び，現地での買付けや販売を現地の企業に代行してもらう形態もある。

(4) 並行輸入とは，ブランド品と呼ばれる海外の商品の模造品を，日本の一手販売代理店等を通さずに輸入することである。

(5) メーカーなどが，自社のブランドをつけたオリジナル商品の完成品などを海外のメーカーに製造させ，その全量を輸入する形態を開発輸入という。

チェック問題 2

次の記述について，（　　）内に示した語句のうち，正しいものを選びなさい。

(1) 貿易取引で，通貨が異なるために生じる通貨交換時のリスクを（A　信用リスク　　B　為替変動リスク）という。

(2) 船会社に対する手続を代行する専門業者を（A　海貨業者　　B　検量業者）というが，最近では一貫した業務を遂行するため，税関への手続もあわせて代行することが多い。

(3) 海外の受託者に原材料や部品を提供し，それを受託者に加工させ，できた製品を輸入する形態を委託加工貿易というが，委託者が日本にある業者となる場合，その形態を（A　逆委託加工貿易　　B　順委託加工貿易）という。

次の記述の①〜⑥の（　　）内に入る最も適切な語句を，語群から選びなさい。

(1)　貿易の三つの流れとは，モノ，（　①　），（　②　）の流れである。

(2)　信用状とは，（　③　）の取引銀行である信用状発行銀行が，商品代金の受取人である（　④　）に対して，（　④　）が信用状条件通りの書類を提示することを条件に（　③　）に代わって代金の支払いを保証するものである。

(3)　銀行が外国にある他の銀行と為替取引を行うために必要な業務上の諸条件をあらかじめ定めたものを（　⑤　）という。

(4)　輸出入の通関手続や船積み，荷受け手続を代行している業者を，一般的に（　⑥　）という。

(a)　海貨業者（乙仲）　　(b)　ヒト　　(c)　コルレス契約
(d)　複合運送人　　(e)　カミ　　(f)　輸入者　　(g)　銀行取引約定書
(h)　輸出者　　(i)　カネ

解答と解説

1．(1)－○

(2)－×　日本から外国に貨物を輸出する場合において，国内関係法により輸出に関して許認可等の取得が義務づけられている場合には，その許認可を取得したことを輸出申告の際に，税関に証明しなければならないので，通関手続の前に取得しておかなければならない。

(3)－×　誤った記述である。通常，商社を介して行う貿易を間接貿易というが，間接貿易には，代理店契約や販売店契約を結び，現地での買付けや販売を現地の企業に代行してもらう形態もある。

(4)－×　並行輸入とは，模造品ではなく真正品を，日本の一手販売代理店等を通さずに輸入することである。

(5)－×　メーカーなどが，自社のブランドをつけたオリジナル商品の完成品または部品を海外のメーカーに製造させ，その全量を輸入する形態

を，OEM（Original Equipment Manufacture）輸入という。

2．(1)－B　貿易取引で，通貨が異なるために生じる通貨交換時のリスクを，為替変動リスクという。

(2)－A　船会社に対する手続を代行する専門業者を，海貨業者（乙仲）という。

(3)－A　海外の受託者に原材料や部品を提供し，それを受託者に加工させ，できた製品を輸入する形態を委託加工貿易というが，委託者が日本にある業者となる場合，その形態を逆委託加工貿易という。

3．(1)　①－(i)　（①②は順不同）　貿易はモノ・カネ・カミの三つの流れである。
　　②－(e)

(2)　③－(f)　信用状の特徴についての記述である。
　　④－(h)

(3)　⑤－(c)　銀行が外国にある他の銀行と為替取引を行うために必要な，業務上の諸条件をあらかじめ定めたものを，コルレス契約という。

(4)　⑥－(a)　輸出入の通関手続や船積み，荷受け手続を代行している業者を，一般的に海貨業者（乙仲）という。船舶，航空機，列車などさまざまな輸送形態を組み合わせて輸送することを国際複合輸送というが，複合運送人とはこれを一貫して請け負う業者をいう。

第 2 章

市場調査から
契約の成立まで

1. マーケティング

貿易（輸出入取引）は他国との取引であるため，事前に市場や取引先等の調査をしたり市場に合わせた計画や準備をしたりすること，すなわちマーケティングが，国内取引と比較すると大変重要となる。

貿易のマーケティングのポイントは，市場調査（Market Research）と，①商品計画（Product）・②価格設定（Price）・③流通システム（Place）・④販売促進（Promotion）の4Pである。

以上5つのポイントの内容および方法を，しっかり理解してほしい。

Ⅰ マーケティングとは

そもそもマーケティングとは，「市場を創造し，成長させ，それを維持していくこと」である。

具体的には，市場調査（Market Research）により，売手と買手を結びつける「モノ」を商品化し，開拓した市場を成長させ維持するために，戦略上の主たる要素である商品計画（Product）・価格設定（Price）・流通システム（Place）・販売促進（Promotion）（**4P**）を効果的に組み合わせることが必要となる（これを**マーケティング・ミックス**という）。この考え方は貿易取引の場合も国内取引の場合も同様である。

つまり輸出および輸入のマーケティングを行う場合も，市場に合わせて，4Pをマーケティング・ミックスすればよいのである。

さて，輸出取引では，市場が多国にわたり，多くの可能性を持つ半面，情報が十分でないことが多い。そこで確実な市場調査により，いかに国内製品の良さを海外市場へ売り込むか，また海外市場のニーズを把握してそれに合う国内製品を提供していくかが輸出マーケティングのポイントとなる。

一方，輸入マーケティングでは，国内市場におけるニーズを把握し，これに

【図表2−1】 マーケティングの基本

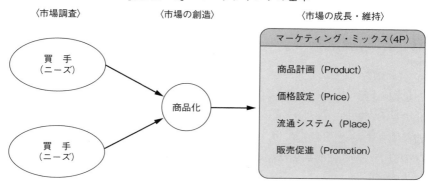

〈市場調査〉　　　　〈市場の創造〉　　　　〈市場の成長・維持〉

買　手
（ニーズ）

買　手
（ニーズ）

商品化

マーケティング・ミックス（4P）

商品計画 （Product）

価格設定 （Price）

流通システム （Place）

販売促進 （Promotion）

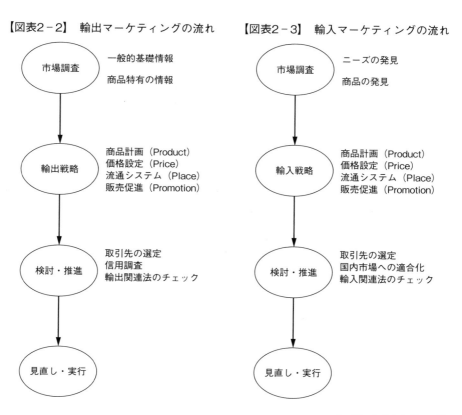

【図表2−2】 輸出マーケティングの流れ　　　【図表2−3】 輸入マーケティングの流れ

市場調査
　　一般的基礎情報
　　商品特有の情報

輸出戦略
　　商品計画 （Product）
　　価格設定 （Price）
　　流通システム （Place）
　　販売促進 （Promotion）

検討・推進
　　取引先の選定
　　信用調査
　　輸出関連法のチェック

見直し・実行

市場調査
　　ニーズの発見
　　商品の発見

輸入戦略
　　商品計画 （Product）
　　価格設定 （Price）
　　流通システム （Place）
　　販売促進 （Promotion）

検討・推進
　　取引先の選定
　　国内市場への適合化
　　輸入関連法のチェック

見直し・実行

合った海外製品をみつけて提供していくことがポイントとなる。

 Ⅱ 市場調査

1 調査項目

　市場調査は，輸出目標となる国の一般的情報と，輸出しようとする商品特有の情報の二つの側面（図表2-4）から行う。

　市場調査を徹底的に行うことにより，市場として適しているか，つまり輸出目標国の法令により何か制限はないか，商品自体の輸入制限はないか，日本の法令で輸出の制限等はないかを調査する。また，輸出しようとする商品の需要があるか，そして，その需要を伸ばす方策があるかを考えて，輸出に対してメリットがあれば，具体的な実行計画に移行していく。

【図表2-4】　市場調査の項目

一般的情報		商品特有の情報	
地理・文化・社会	気候・風俗慣習・所得水準・社会構造等	消費者・供給者	消費者数・供給者数・購入意欲・信頼性等
政治・経済	政治形態・外国政策・国民総生産・成長率等	市　場	販売方法・流通機構・競争力・宣伝活動等
法制度	民法・商法・税法等	需要情報	輸出入量・生産量・販売量・販売額等
金融・為替	金融機関・為替管理・国際収支等	製　品	品質・スタイル・サイズ等
通商政策	貿易管理・貿易統計・関税・通関規則等	価　格	製造原価・小売価格・目標価格等
流通・物流・通信	流通制度・港湾設備・道路交通等	競合製品	競合品の有無・品質・価格・特性等
その他	リスクの生じる可能性等	その他	購入・販売条件等

2　調査方法

　地理・気候・政治・社会構造等の一般情報は，国内における既存情報から入手できる。しかしながら，商品特有の情報は，一部には一般情報と同様に既存情報から入手できるものもあるが，本格的な情報収集にあたっては，現地での調査や専門の調査機関，コンサルタントの起用などを要することもある。

　マーケティング戦略

1　4P のミックス

　市場調査によって，売手と買手とを結びつける「モノ」を商品化したら，次は，開拓した市場を成長させ，維持するにはどうしたらいいかについて，戦略を練ることになる。これを**マーケティング戦略**という。

　マーケティング戦略を考えるにあたっては，Ⅰでみた次の四つの要素を検討する。

① 　商品計画（Product）
② 　価格設定（Price）
③ 　流通システム（Place）
④ 　販売促進（Promotion）

　マーケティング戦略とはこれらを効果的に組み合わせること，つまり効果的なマーケティング・ミックスであるということができる。

2　戦略の検討

　では，4P の各要素について，どのような点を検討すればいいのかその概要をみていこう。

(1)　商品計画（Product）

　製品の仕様を自国の仕様にするのか，取引国の仕様にするのか，もしくは国際標準仕様にするのかなどを検討する。

(2)　価格設定（Price）

　コスト（費用）の面から，採算性をベースとして，競合他社の状況や市場の動向，商品のライフ・サイクル（寿命）等を考慮して，価格を決定する。

(3)　流通システム（Place）

　売買の経路と物流の経路を検討する。たとえば，売買の経路では，直接輸出入

するのか，それとも商社を通して間接的に輸出入するのか，物流の経路では，どこからどんな運送方法や経路を利用して輸出入するのか等が挙げられる。

(4) 販売促進（Promotion）

　具体的な広告，宣伝，販売方法を検討する。

規制の確認

　取引しようとする製品について，自国の法令により輸出入の規制がないかどうかを確認する。

取引先の発見

1　国内での情報収集

　国内での情報収集は，次の方法で行うことができる。
　a．ダイレクトリー・海外発行の専門誌などのチェック
　b．同業者・貿易関係機関・取引先などへの紹介依頼
　c．見本市・展示会などでの商談活用
　d．日本貿易振興機構（JETRO）・商工会議所・貿易関係団体などへの照会
　e．在日外国機関（大使館商務部・貿易促進団体事務所）などへの照会
　しかしながら，輸出については，市場が海外のために，情報を入手するのは困難である。

2　海外での情報収集

　海外での情報収集は，次の方法で行うことができる。
　a．ダイレクトリー・広告などの情報にもとづき直接コンタクト
　b．海外業界・専門誌などへの広告掲載
　c．見本市・展示会への出展・商談会への参加
　d．現地商工会議所・貿易関係団体などへの取引先紹介依頼
　e．コンサルタントの起用

【図表2-5】 取引先選定情報の入手方法

情報入手法	入手できる情報
インターネット上のビジネスパートナー・マッチング・システム	
JETRO の TTPP（トレード・タイアップ・プロモーション・プログラム）	インターネット上で日本企業と海外企業間のビジネス・パートナーを探すマッチング・システム 商品取引，投資，技術提携等のビジネス案件を検索，閲覧することができる
J-messe	見本市・展示会データベース

2. 取引交渉

取引見込先を選定したならば，それらを確保するために，さまざまな手法を用いて，アプローチし，契約の締結に結びつけていかねばならない。
ここでは，勧誘（Proposal）から承諾（Acceptance）までの取引交渉の流れを説明していく。

1　売込み活動（勧誘（Proposal））

取引見込先を確保するためには，勧誘（Proposal），すなわち積極的売込みを行うことが必要となる。具体的には，外国の商工会議所などに対し，有力な取引先を紹介してほしい旨の紹介依頼状を送付したり，海外業界・専門誌などへの広告掲載をしたりして行うが，その内容は，相手の興味を引きつけ，引合い（Inquiry）を生じさせるようなものでなくてはならない。

2　引合い（Inquiry）

取引見込先（買手）は，輸出者（売手）の勧誘（Proposal）を受け，興味を持つと詳細を問い合わせてくる。これが，引合い（Inquiry）である。具体的には，商品の価格表・見積り・供給数量・積出可能月などの問合わせやサンプル送付の依頼を行うことである。

3　申込み（Offer）

(1)　オファーとは

売買契約締結に向けて，次のような具体的な条件を相手に示していくのがオファーである。

- ・取引対象となる商品（規格・品質）
- ・数量　　・価格
- ・納期　　・支払条件

この提示を売手側から行うのが「Selling Offer」で，買手側から行うのが「Buying Offer」である。

【図表2-6】 取引交渉（勧誘から承諾まで）の流れ

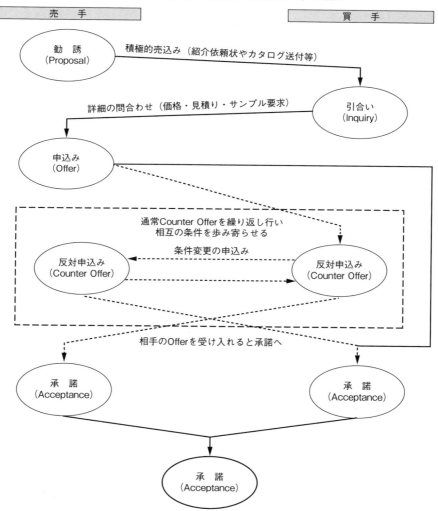

売 手

買 手

勧 誘
(Proposal)

積極的売込み（紹介依頼状やカタログ送付等）

引合い
(Inquiry)

詳細の問合わせ（価格・見積り・サンプル要求）

申込み
(Offer)

通常Counter Offerを繰り返し行い
相互の条件を歩み寄らせる

条件変更の申込み

反対申込み
(Counter Offer)

反対申込み
(Counter Offer)

相手のOfferを受け入れると承諾へ

承 諾
(Acceptance)

承 諾
(Acceptance)

承 諾
(Acceptance)

⑵　ファーム・オファー（Firm Offer＝確定申込み）とは

　回答の有効期限をつけたオファーのことである。これは，期間を限定することによって，市場の動向により価格を変動せざるを得ない場合に対処しようとするものであるが，逆に有効期限内は，提示した条件の変更や撤回ができない。

⑶　反対申込み（Counter Offer）とは

　一方のオファーをもう片方が無条件に承諾すれば，契約は成立するが，実際には，一部修正や変更を加えて回答してくる場合が多い。

　このような部分的変更を条件とした契約成立への意思表示を「反対申込み（Counter Offer）」といい，これはオファー条件を変更した新たな申込みということになる。

　反対申込み（Counter Offer）を双方で繰り返し行うことで，条件について互いに歩み寄り，契約を締結させる。

⑷　その他のオファー

　　a．サブコン・オファー（Offer subject to Seller's Final Confirmation）

　　買主の承諾があっても，直ちに契約が成立するものではなく，売主の確認があって，初めて契約が成立するという条件をつけたオファーのこと。

　　b．先売りごめんオファー（Offer subject to Prior Sale）

　　供給する商品に限りがあるときに使われるもので，相手方の承諾前に商品が売り切れた場合に，オファーの効力は消滅するという条件付きオファーのこと。

4　承諾（Acceptance）

　売手と買手の一方が示したオファーを，その受け手となる方が承諾（Acceptance）し，契約を成立させたいとの意思表示をすることにより，契約が成立する。

　承諾（Acceptance）の通知方法は，口頭，電話，Eメール，ファクス，郵便による文書など，いずれの方法を用いても有効であるが，意思・内容を明確にするために文書記録が残る方法とすべきである。ただし，回答期限をつけたファーム・オファーであっても，承諾の効力発生時期については，国により，また通知方法により異なるので，申込者への到達を明確に条件とすることが必要である。

　また，注文書（Purchase Order　買手側が作成する書式）や注文請書（Sales Note　売手側が作成する書式）により，内容を再確認する場合もある。

3. 信用調査

> 輸出入取引は，金額的にも大きく，文化や商習慣の違いか
> ら，国内取引と比較して，取引先選定に細心の注意を払う必
> 要がある。そこで，良好な取引先を選定するために，綿密な
> 信用調査が必要となる。
> ここでは，その調査の方法および内容をしっかり理解しよう。

 信用調査の重要性

　貿易取引は異なる国の間で行われるため，取引相手についての情報が乏しく，その信用状態に不安のあることが多い（信用リスク）。また，契約から船積みおよび決済までに相当の期間が必要でもある（資金負担リスク）。

　このため，取引交渉において取引先候補が絞られ，具体的な引合いがあったり，申込みをしたり受けたりする時点で，今後その取引先候補と契約を交わして本当に問題がないか，相手の信用調査を行う。

　取引相手の信用調査項目としては，次の項目をチェックすることが重要である。これらは①～③が3C's，①～④が4C'sと呼ばれている。（詳細は後記Ⅲ参照）

① Capital（資産，財政状態）
② Capacity（営業能力，経験，取引量）
③ Character（品格，誠実性）
④ Conditions（政治・経済的事情）

　信用調査の結果をもとに信用度に応じて取引条件を設定し，無理のない取引をすることは，リスクを回避できるだけでなく，相手業者との取引を長期的に継続させて安定取引に導くことになる。

市場調査から契約の成立まで

Ⅱ 調査方法

調査する方法は，次の1〜3の三つの方法があり，通常併用して行われる。

1　銀行に照会して行う方法（Bank Reference）

財務状態の調査に重点を置く場合に，調査対象となる企業名，住所，調査対象企業の取引銀行名等を記載して書面で依頼する。

2　商業興信所に調査を依頼する方法（Credit Agency）

a．ダン社（Dun & Bradstreet）

信用調査機関の最大手。ほとんどの国の信用調査ができ，スピーディに調査してくれる。ダン社の報告書はダン・レポート（図表2-7）として名高い。

b．JETRO（日本貿易振興機構）

JETRO が上記 a に依頼して調査してくれる。JETRO メンバーには割引料金が適用されるため，費用が安いが，新規調査の場合には時間がかかる。

3　相手方の取引先や同業者に照会して行う方法（Trade Reference）

取引を行おうとする相手方の主要な取引先や同業者に，直接手紙等で照会する方法である。

【図表2－7】　ダン・レポートの例

記号		推定正味資産(US＄)			HIGH	GOOD	FAIR	LIMITED
5 A	＄	50,000,000	AND	OVER	1	2	3	4
4 A	＄	10,000,000	TO ＄	49,999,999	1	2	3	4
3 A	＄	1,000,000	TO ＄	9,999,999	1	2	3	4
2 A	＄	750,000	TO ＄	999,999	1	2	3	4
1 A	＄	500,000	TO ＄	749,999	1	2	3	4
B A	＄	300,000	TO ＄	499,999	1	2	3	4
B B	＄	200,000	TO ＄	299,999	1	2	3	4
C B	＄	125,000	TO ＄	199,999	1	2	3	4
C C	＄	75,000	TO ＄	124,999	1	2	3	4
D C	＄	50,000	TO ＄	74,999	1	2	3	4
D D	＄	35,000	TO ＄	49,999	1	2	3	4
E E	＄	20,000	TO ＄	34,999	1	2	3	4
F F	＄	10,000	TO ＄	19,999	1	2	3	4
G G	＄	5,000	TO ＄	9,999	1	2	3	4
H H	UP		TO ＄	4,999	1	2	3	4

推定正味資産　　　　　　　　　　総合評価

4　その他の方法

　株式会社日本貿易保険が発行している「海外商社名簿」（図表2－8）を利用する方法。

　これは貿易保険の引受基準として用いるため，海外の取引先（バイヤー）の信用状態について格付けを掲載したもので，その格付けは一定の目安となる（第8章「1．貿易保険」参照）。

【図表2-8】 海外商社名簿の例

個別コード
↓

（304）U.S.A.   海外商社名簿20XX年版

バイヤーコード	枝番	格付け	社名または名称	住　　　　　所	備考
008321	0	EF	ABC Industries	00) 1234 Orange Rd., Sunset Park. CA 02094	
001050	1	EC	American Trading	00) P.O Box 12-3. Happy Rd., St Mary. MI 48100	
001395	0	EB	Anna International Inc.	00) 4055 Washington Ave., EastWood, NY92925	
004692	0	EF	A&B Brothers Inc.	00) 53-16 North Center Bldg., Regend St., OR12189	

※格付けで「EC」は「信用状態または財務内容に不安あり」を示し、「EB」は「信用危険の発生が通知された者」等を示しているので、取引先から除外する。

Ⅲ 調査内容

信用調査を行ううえでのポイントは，次の四つである。

1　資本力（Capital）

取引見込先の財政状態（Financial Condition）から資本能力，支払能力を調査する。

2　営業能力（Capacity）

取引見込先の経営力を調査する。

3　誠実性（Character）

取引見込先の品格，公正な取引が可能か，履行への責任感，評判等を調査する。

4 企業環境 (Conditions)

　取引見込先の業種の成長性，経済状況等の客観的条件を調査する。

　これらのうち，資本力（Capital）・営業能力（Capacity）・誠実性（Character）を3C's of Credit と呼ぶことがある。

【図表2−9】　信用調査の具体的内容

・設立年月日	・経営者とそのプロフィール
・業種	・収益力
・役員名	・財務内容
・取引銀行および取引年月日，取引の 　量，決算状況	・営業方針
	・将来性
・資本金	・評判
・従業員数	・総合信用度
・業界における規模，地位	

4. 注文書型，注文請書型契約書

ここでは，貿易取引における一般的な契約書である「注文書型契約書」（買主側），「注文請書型契約書」（売主側）について，なぜそのような簡便な書式をとるのかについて理解し，また，その基本的な記載内容について確認していこう。

I 貿易取引における売買契約書

　貿易取引における売買契約は，一方のオファーを他方が承諾すると成立する「諾成契約」なので，本来は口頭でも契約は成立する。しかし，口頭による契約は取決め事項の証拠が残らず，法制度や商習慣が異なる者の間では，後日紛争の原因となることが多い。そこで，実際には本支店間取引のような特殊なケースを除き，合意内容を明確にし，契約の履行を円滑に行うために，**書面で契約書**を作成している。

　契約書の書式には次のようなものがある。

① 注文書や注文請書を売買契約書に使用するもの
② 両者が合意した条件を全て一つの契約書中に記載するもの
③ 全ての取引に共通する基本的取引条件についてはあらかじめ協定しておき，それ以外の個々の売買取引についての条件は，その取引のつど交渉して別に規定していくもの（基本取引条件契約書と個別取引条件の契約書の二つができる）

　一回限りの輸出入契約では②，③のような正式の契約書は作成されず，①のように注文書や注文請書を売買契約書に使用する場合がほとんどである。
　一方，プラント輸出や継続的取引では，契約条件を一つずつ挙げて輸出入者が相互に確認し，取決め事項を全て文書にした基本契約書を作成し，個々の船積みに関しては簡単な書式とする③が使われることが多くなる。代理店契約，買付委

託契約，受託販売契約等の場合には，②，③が必ず作成される。

　通常の小口取引は単なる注文書や注文請書で行うが，取引金額が大きくなるにつれ，リスクをカバーするために，それらの裏面にどの取引にも共通する自社の「一般取引条件」を印刷して，契約書として活用することになる。

Ⅱ 注文書型，注文請書型契約書

　通常，輸出入契約が成立すると，輸出者，輸入者はそれぞれが自社の書式による確認書を相手方に送付し，署名を求めるのが一般的である。

　これらの確認書の名称はまちまちであるが，買主側が作成するものが**注文書型**のものであり，売主側が作成するのが**注文請書型**の書式となる。これらの書式は自社製のため形式は異なっているが，記載項目欄には大差はなく，おおむね図表2-11のような書式となっている。また，一般にこれらの書式の裏面には，どの取引にも共通する自社の「**一般取引条件**」が印刷されている（印刷条項，または裏面約款ともいう。後記「5．タイプ条項と印刷条項」参照）。

　輸出者，輸入者いずれかの書式に双方が署名すれば，その書式が契約書となるが，いずれか一方の署名がなければ，注文書，または注文請書のままである。

注文請書型契約書の記載事項（番号は図表2-10に対応している）

- ❶　頭書
- ❷　日付（DATE）
- ❸　荷印（MARKING）
- ❹　商品名および品質（COMMODITY ＆ QUALITY）
- ❺　数量（QUANTITY）
- ❻　単価（UNIT PRICE）
- ❼　金額（AMOUNT）
- ❽　貨物の引渡し条件（TERMS OF DELIVERY）
　　貨物をいつ，どこで引き渡すかについての条件。FCA，CPT，CIPなどの「貿易条件」によって決まってくる。
　　また，ⅰ）契約の商品について数回に分けて船積みすること（分割船積み），ⅱ）貨物を途中で他の船に積み替えること（積替え）についても，許容するのかしないのかを明確にしておく。

⑨　積出し港（仕出港）（PORT OF SHIPMENT）

⑩　揚港（仕向港）（PORT OF DESTINATION），
　　必要に応じて仕向地（FINAL DESTINATION）

⑪　船積時期（TIME OF SHIPMENT）

⑫　検査（INSPECTION）

⑬　梱包（PACKING）

⑭　保険（INSURANCE）

⑮　支払条件（PAYMENT）

⑯　その他特別条件（SPECIAL TERMS AND CONDITIONS）

⑰　署名欄

【図表2－10】 注文請書型契約書の書式例（売主側の契約書）

CONTRACT OF SALE

❶ ABC Corporation as Seller hereby confirm the sale to undermentioned Buyer of the following goods（the "Goods"）on the terms and conditions given below INCLUDING ALL THOSE PRINTED ON THE REVERSE SIDE HEREOF, which are expressly agreed to, understood and made a part of this Contract :

BUYER'S NAME AND ADDRESS		SELLR'S DEPT.	DATE ❷
		SELLER'S CONTRACT NO.	BUYER'S REFERENCE NO.

MARKING	COMMODITY & QUALITY	QUANTITY	UNIT PRICE	AMOUNT
❸	❹	❺	❻	❼

TERMS OF DELIVERY ❽	TIME OF SHIPMENT ⓫
PORT OF SHIPMENT ❾	
PORT OF DESTINATION ❿	
INSPECTION ⓬	PACKING ⓭
INSURANCE ⓮	SPECIAL TERMS & CONDITIONS ⓰
PAYMENT ⓯	

Accepted and confirmed by   （SELLER）
（BUYER）
⓱

ON   20XX

5. タイプ条項と印刷条項

注文書型，注文請書型の契約書において，裏面の印刷条項にはどのような内容の条件が記載されているのか，また，相手側からこのような印刷条項のある契約書に署名を求められた場合に，どのように対処したらいいのかについて，理解を深めよう。

Ⅰ 一般取引条件とは

　貿易取引の売買契約で交渉すべき取引条件には，全ての取引の基準となり，どの取引にも適用される条件（たとえば，インコタームズ（第5章参照），不可抗力の場合，紛争の解決方法など）と，個々の船積みごとに個別の取り決めるべき条件（たとえば，船積時期，価格，数量など）とがある。このうち前者を，「**一般取引条件（General Terms and Conditions）**」という。

　売買契約の締結時には，建前的には，個々の売買条件に先立って，この一般取引条件について協定すべきであるが，売主と買主とでは互いの利害関係が相反するため，オファー段階でこれらを一つ一つ取り上げていたのでは契約交渉が進展しないことになってしまう。

　そこで，現実的には一般取引条件については協定することなく，注文書型，注文請書型契約書の裏面に印刷しているのが一般的である。

Ⅱ タイプ条項と印刷条項

　注文書型，注文請書型の契約書式は，それぞれの企業が標準的な輸出入取引に利用できるよう，輸出用（注文請書），輸入用（注文書）に用意したもので，表裏の条項で構成されている。表面を「**タイプ条項**」，裏面を「**印刷条項**」という。

　表面には，契約条件項目があらかじめ欄として印刷されており，当事者双方が合意に達した内容を整理して，これらの各欄にタイプで打ち込む書式となっている。裏面には，Ⅰの一般取引条件が印刷されている。

　印刷条項は，建前上は個々の売買条件に先立って当事者間で協定すべきものを，実際には協定することなく一方的に印刷したものであるので，通常，その契約書式を作成した企業にとって都合のよい内容となっている。したがって，準拠法，紛争解決方法などの印刷条項は，相手企業にとっては利害が相反する内容であるといえる。

　オファー段階でこれらの条件を取り上げていたのでは，利害が衝突し契約交渉がなかなか進まないため，契約書の作成段階で印刷条項として盛り込み，契約条件の前提であることを認めさせようとする戦略の一つということができる。

 ## Ⅲ　印刷条項の主要項目

　注文書型，注文請書型の契約書において裏面に印刷される印刷条項の項目としては，たとえば次のようなものがある。

【図表2-11】　裏面一般取引条件主要項目例

条項	輸出	輸入	売主または買主からの条件例
船積条件	○	○	時期の厳守。船積遅延への対処等
支払条件	○	○	信用状の開設，条件。支払不履行への対応等
保険	○	○	保険金額（原則 CIF110％）等。PL 保険
保証	○	○	売主の保証，責任。買主の権利，求償権等
クレーム	○	—	書面による提起，売主の免責事項等
契約不履行	—	○	売主の契約不履行に対する買主の対抗手段
不可抗力	○	—	定義および履行不能，遅延，解約等の選択権
知的所有権	○	○	買主を紛争から守る。買主指示事項は売主無責
紛争の解決	○	○	日本において仲裁で解決する
準拠法等	○	○	日本法，最新インコタームズに準拠
譲渡禁止	—	○	買主の同意なき契約の権利・義務の譲渡禁止
権利放棄	○	○	クレーム・権利は文書承認ない限り放棄なし
包括合意	○	○	本契約書の条件が全てである

GENERAL TERMS AND CONDITIONS

1.INCREASED COST:— If Seller's cost(s) of
performance is(are) increased after the date of this Contract by reason of increased freight rate(s), tax(es), or other governmental charge(s), or insurance premium(s) for War & S.R.C.C. risks, such increased cost(s) is(are) entirely for Buyer's account.

2.PAYMENT:— Buyer shall pay the full contract price
plus all banking charges outside Japan, including advising charges regardless of being charged within or outside Japan, and shall not be entitled to offset any of them against the contract price.
(1) If and when Buyer is to establish a Letter of Credit in favor of Seller, such Letter of Credit shall be (i) Irrevocable and Unrestricted (freely negotiable by any bank), (ii) established by a prime bank satisfactory to Seller immediately after the conclusion of this Contract, (iii) valid for a period over 7 days after the date of shipment and expire thereafter in Japan, (iv) in strict compliance with the terms and conditions of this Contract, and (v) available for sight draft(s) to cover the full invoice amount.
Failure of Buyer to furnish such Letter of Credit as specified above shall be deemed a breach of this Contract, and Seller, without prejudice to any of the remedies stipulated herein, shall have the option(s) to (i) cancel the whole or any part of this Contract, (ii) defer the shipment of the Goods and hold them for Buyer's account and risk, and/or, (iii) resell the Goods for Buyer's account.
(2) If and when payment is to be made by D/P, D/A or Remittance, and if Seller has reason to suspect that due and full payment will not be made, Buyer shall, upon Seller's request, furnish adequate assurance/security satisfactory to Seller, or Seller may suspend the shipment of the Goods or stop them in transit in addition to the rights and remedies stipulated in Clause 9 hereof.

3.SHIPMENT:— In case of FOB, FCA or any other
trade terms under which Buyer has to secure or arrange shipping space, Buyer shall provide the necessary shipping space and give Seller shipping instructions in a timely manner.
In case of CIF, CIP or any other trade terms under which Seller must provide the necessary shipping space, shipment within the time stipulated on the face hereof shall be subject to the availability of shipping space.
The date of the Bill of Lading, Sea Waybill, Air Waybill or any other similar transport documents which indicates that the goods have been taken in charge or received for shipment shall be conclusive evidence of the shipment or delivery.
In case the Goods shall be carried by air, risk of loss of the Goods shall pass from Seller to Buyer upon delivery of the Goods to the carrier or its agent for transportation.
Each lot of partial shipment or delivery, if allowed, shall be regarded as a separate and independent contract.

4.INSURANCE:— Where Seller is to effect insurance
at its own expense, such as in case of CIF, such insurance shall (i) cover 110% of the invoice amount, (ii) be against marine risks only, and (iii) be Free from Particular Average, F.P.A. (Institute Cargo Clauses) or on equivalent terms.
Any additional insurance requested by Buyer shall be on Buyer's account and its premium shall be added to the invoice amount for which the Letter of Credit/Terms of Payment shall provide accordingly.
If Buyer shall provide insurance under D/P or D/A payment terms, Buyer shall inform Seller of his insurance policy/ certificate number, the name of the insurance company or insurer and other necessary information well in time for the scheduled shipment.

5.CLAIM:— Each claim shall be advised by telegram/cable
or any teletransmission to Seller within 15 days after the arrival of the Goods at the destination specified on the face of this Contract or in the transport document.
In addition, each claim shall be confirmed by Seller after arrival in writing to be acce~~~~~~full particulars of the evidence thereof certified b~~~~~~su~~~~~~~~15 days after telegraphing/cablin~~~~~~~~~~~~~~~~~~~~~ment of such~~~~~~

the fitness and suitability of the goods for any particular purpose and/or merchantability.

7.PATENT, TRADEMARK, etc.:—
Buyer shall hold Seller halmless from, and shall waive any claim against Seller for, any liability for infringement of patent, utility model, design, trademark, brand, pattern, copyright, or other industrial and/or intellectual property rights in the Goods whether in the Buyer's country or any other country, provided, however, that Seller shall be liable for any such infringement in Seller's country if the above mentioned rights so infringed are not designated or selected by Buyer.
Nothing herein contained shall be construed as a transfer of any such industrial and/or intellectual property rights in the Goods, and such ownership and right shall be expressly reserved to the true and lawful owner(s) thereof.

8.FORCE MAJEURE:— Seller shall not be liable
for any delay in shipment or delivery, or non-delivery, of all or any part of the Goods, or for any other default in performance of this Contract due to the occurrence of any event of force majeure (hereinafter referred to as "Force Majeure") including but not limited to, flood, earthquake, typhoon, tidal wave, perils of the sea, fire, explosion or other act of God, prohibition of exportation, embargo or other type of trade control, governmental order, regulation or direction, or quarantine restriction, strike, lockout, slowdown, sabotage, or other labor dispute, war, hostilities, riot, civil commotion, mobilization, revolution or threat thereof, boycotting, accidents or breakdown of machinery, plant, transportation or loading facilities, shortage of petroleum products, fuel, electricity, energy sources, water, other raw materials, substantial changes of the present international monetary system or other severe economic dislocation, bankruptcy or insolvency of the manufacturers or suppliers of the Goods, or any other causes or circumstances directly or indirectly affecting the activities of Seller, manufacturer or supplier of the Goods.
On the occurrence of any event of Force Majeure, Seller may, by giving notice to Buyer, (i)extend the time of delivery/shipment of the Goods or of performance of other obligations arising under the terms of this Contract, and/or (ii)cancel unconditionally the whole or any part of this Contract, and Buyer shall accept such of the above action(s) as Seller may take.

9.DEFAULT:— If Buyer fails to perform any other
contract with Seller or if Buyer becomes insolvent or bankrupt, or takes any proceedings admitting the inability to pay or meet his obligations, or if Buyer transfers any or all of its business or important assets, or changes his legal status or organization, Seller may, without prejudice to Seller's right and remedies at law, by giving written notice to Buyer, (i)cancel immediately, or reserve the right to cancel, the whole or any part of this Contract or any other contract with Buyer, (ii)delay or suspend shipment or delivery of the Goods, (iii) stop the Goods in transit, (iv) hold and/or resell the Goods for Buyer's account and risk, and/or (v) accelarate any installment or otherwise postponed or deferred payment for shipment already made under this Contract or any other contract with Buyer.
In any such event, Buyer shall be liable to Seller for any loss or damage, direct or consequential, incurred as a result thereof.

10.NO ASSIGNMENT:— Buyer shall not transfer
or assign the whole or any part of this Contract or any of his rights or obligations accruing hereunder without Seller's prior written consent.

11.NO WAIVER:— No claim or right of Seller under
this Contract shall be deemed to be waived or renounced in whole or in part unless the waiver or renunciation of such claim or right is acknowledged and confirmed in writing by Seller.

12.ARBITRATION:— Any dispute, controversy or
difference which may arise between the parties hereto, out of or in ~~~~lation to or in connection with this Contract, or a~~~~~~~~~eof shall ~~~~d, unless amicably settled without~~~~~~~~~~~~~~~in ~~~~~~in accordance with the C~~~~~~~~~~~cial Arbitratio~~~~~~

出所：財団法人日本貿易関係手続簡易化協会

Ⅳ 印刷条項への対応

1 タイプ条項が印刷条項と矛盾した場合

　表面のタイプ条項は，実際に輸出入者が取引条件の交渉をし，その整理のために記載されるものであり，これに対して裏面の印刷条項は，実際には取引条件として交渉されていない条項についても印刷されているのが通例である。

　したがって，もし表裏の条件に矛盾があった場合には，個別に交渉し合意した表面のタイプ条項が優先されると考えられている。

2 書式の戦いと印刷条項の法的効力

　注文書型，注文請書型の契約書では，輸出入者が合意に達した契約条件が表面に記載されており，これらの契約条件について確認を求めるとともに，交渉事項となっていなかった裏面の一般取引条件についても，あわせて確認を求める次のような文言が表面に記載されているのが一般的である。

> X as Seller hereby confirms the sales to the Buyer of the following goods on the terms and conditions given below INCLUDING ALL THOSE PRINTED ON THE REVERSE SIDE HEREOF, which are expressly agreed to, understood and made a part of this Contract：
>
> （注文請書型契約書の例）

　契約書は，輸出入者の取引交渉における合意事項を書面で確認するものであるから，合意がなされていない自社の一般取引条件を契約書式の裏面に印刷して書式化し，相手方にそれらも契約条件として署名を求めることは，新取引条件の追加，もしくは取引条件の変更とも解釈できる。

　裏面の印刷条項は，その書式を作成した企業が一方的に印刷したものであるから，通常，相手先にとっては不利な内容であることが多い。そこで，このような新取引条件の追加，もしくは取引条件の変更とも解釈できる印刷条項のある書式を送付され，これに署名を求められた側が，その書式には署名せず，逆に自社の書式に合意事項を記載して，相手方に送付し署名を求めるということもよく起こり得る。

　このように，双方が自社の書式を送付して，相手の署名を求め合うことを「書式の戦い（The Battle of the Forms）」と呼んでいる。

この場合，同一取引に2通の契約書式が存在することになるが，いずれの書式にも両者の署名がないことから，契約書は作成されていないことになる。

このように正式の契約書がないまま，契約が履行されることは，現実にはよくあることだが，では，この契約の履行上で紛争が発生した場合，裏面の一般取引条件をどのように考えるかについては，次のような二つの解釈理論がある。

① **最後の書式を優先させる解釈**

契約が現実に履行されている場合，最後に送付された書式の裏面に印刷された一般取引条件が承諾されていると判断し，その条件にもとづいて紛争の解決を図る

② **一般取引条件を未成立とする解釈**

最初の契約書式上の一般取引条件は追加申込みであり，これに対する相手方の契約書式上の一般取引条件がカウンター・オファーであると考える解釈

したがって，両者の合意がないことから，一般取引条件については契約未成立であると判断する

このうち，②の解釈が主流ではあるが，場合によっては裏面の印刷条項も契約条件として理解されてしまうこともあるので，注意が必要である。

3　書式の戦いへの対応

このように，裏面の印刷条項については未成立であるとの解釈が主流ではあるが，異なる解釈もある以上，紛争を招く要因となりかねないので，次の点に留意すべきである。

(1) **書式の戦いへの一般的な対応**

① 自社の輸出用，輸入用の書式は専門家に作成を依頼し，できれば原則案と譲歩案を用意して使い分ける。

② 自社にとって譲れない条項は契約条件として交渉し，タイプ条項の特別条件として取り決めるべきである（たとえば，輸入商品によっては輸出者の製造物賠償責任と補償に関する条項）。

③ 契約成立次第，契約書を相手方より先に送付する。

(2) **相手の契約書式への対応**

① 署名，返送せず，自社書式で契約書を作成し送付する。

② 署名せざるを得ない事情があれば，表面のタイプ条項の完全一致を確認することは当然だが，裏面の一般取引条件を熟読し，どうしても同意できない条項があればこれを削除のうえ，署名，返送する。

③ 自社の妥協的条件を提示し，合意取得に努める（たとえば紛争解決手段を，相手国での訴訟から自国または相手国での仲裁へと変更することを提示する）。

4　ウィーン売買条約（CISG）との関連

　国際的な物品売買契約を規律する統一ルールとして，ウィーン売買条約（国際物品売買契約に関する国際連合条約）がある。

　わが国もこのウィーン売買条約に加入している。このため，条約締結国の企業間の契約で事前の合意がない場合には，自動的にこの条約が適用されることになる。したがって，この条約の内容を理解し，適用を除外したい条項については売買契約のなかで確認することが大切である。

　次の記述について，（　　）内に示した語句のうち，正しいものを選びなさい。

(1)　取引先を確保するために積極的な売込みを行うことを（A　Proposal　　B　Inquiry）という。

(2)　マーケティング戦略で製品の仕様を自国仕様か取引国仕様か，あるいは国際標準仕様にするかを検討するのは（A　Product　　B　Promotion）戦略である。

(3)　売手からのファーム・オファーに対して，その回答期限内にカウンター・オファーを行った場合，それは当初のファーム・オファーに対する（A　部分的変更の承諾　　B　新たな条件の申込み）とみなされる。

　次の記述について，正しいものには○印を，誤っているものには×印をつけなさい。

(1)　注文書型，注文請書型の契約書の裏面には，その契約書作成企業の，どの取引にも共通する一般取引条件が印刷されている。

(2)　貿易取引で使用されている注文書型または注文請書型の契約書の裏面には，一般取引条件が印刷されているが，貨物の価格，数量，標準納期など，個別に取り決める条件は通常，裏面に印刷されない。

(3)　印刷条項は，取引交渉時に取引条件として取り上げて交渉し，輸出者と輸入者とで合意されているものなので，タイプ条項と矛盾が生じた場合，印刷条項が優先される。

　次の記述は貿易取引における売買契約に関するものであるが，誤っているものを選びなさい。

A 貿易取引は「諾成契約」なので，一方が示したオファーを他方が承諾すれば，口頭でも契約は成立する。

B 売手または買手の一方が示したオファーを，他方が電話，ファクス，郵便等による回答で承諾すると，契約成立となる。

C 貿易取引は本来，契約の成立に一定の方式を必要とする「要式契約」なので，書面で契約書を作成し，その書面に署名をして，互いに取り交わさなければその効力は発生しない。

解答と解説

1．(1)− A　取引先を確保するために積極的な売込みを行うことを Proposal という。Inquiry とは，取引見込先が輸出者の Proposal を受け，興味を持つと商品の価格などの詳細を問い合わせる行為をいう。

(2)− A　マーケティング戦略で製品の仕様を自国仕様か取引国仕様か，あるいは国際標準仕様にするかを検討するのは，Product 戦略である。Promotion 戦略は，具体的な広告，宣伝，販売方法を検討することをいう。

(3)− B　売手からのファーム・オファーに対して，その回答期限内にカウンター・オファーを行った場合，それは当初のファーム・オファーに対する新たな条件の申込みとみなされる。

2．(1)− ○

(2)− ○

(3)− ×　タイプ条項は，取引交渉時に取引条件として取り上げて交渉し，輸出者と輸入者とで合意されているものであるが，これに対して印刷条項は，実際には取引条件として交渉されていない条項についても印刷されているのが通例である。したがって，タイプ条項と印刷条項との間に矛盾が生じた場合，個別に交渉して合意したタイプ条項が優先される。

3. C

　貿易取引は諾成契約なので，一方が示したオファーを他方が承諾すれば，口頭でも契約は成立する（選択肢 A，C）。電話，ファクス，郵便等による回答であっても，契約成立となる（選択肢 B）。ただし，こうした簡便な方法による契約は，取決め事項の証拠が正確に残らず，後にトラブルの原因となりかねないので，特殊な場合を除いて契約の履行を円滑に行うため，書面で契約書を作成するのが通常である。

信用状の基礎知識

1. 信用状取引

貿易は異なる国の間で行われる売買なので，互いの国や取引相手をよく知らず，代金回収がきちんとできるか，契約通りの商品がきちんと届くのかといった不安が絶えずつきまとう。これらのリスクを，信用面でも資金面でもカバーしているのが「信用状」であり，これは商習慣から生まれた巧妙なしくみといえる。ここではその信用状のしくみについて，それが貿易取引において果たす役割を中心にみていくことにしよう。

Ⅰ 信用状とは

信用状とは，
① 輸入者の取引銀行である信用状発行銀行が
② 商品代金の受取人である輸出者に対して
③ 輸出者が信用状条件通りの書類を提示することを条件に
④ 輸入者に代わって
⑤ 代金の支払いを確約した保証状

であり，売買契約時に取引条件として，その発行が輸入者に義務づけられることになる。

　貿易取引をスタートさせる場合には，第2章で述べたようにその取引先となる相手について信用調査を行うが，それでもそのときは問題がなかったとしてもいつ問題が起こるかも知れず，貿易取引には常にリスクが伴う。とりわけ輸出者にとって，商品代金を回収できるかどうかのリスク（代金回収リスク）は切実なものである。

　そこでこのリスクを銀行を介在させることによって取り除くために，輸出者は契約時に輸入者に信用状の発行を義務づけるのである。信用状により輸出者は，まず確実に代金回収ができることになり，次に荷為替手形（第9章「2．荷為替手形による決済」参照）と組み合わせて銀行にこれを買い取ってもらうことによ

り，その代金回収がより早いものとなる。

このように信用状は輸出者にとって非常に利点があるので，この利点を受ける輸出者のことを信用状取引では「受益者」というのである。

では次にこの信用状のもたらすメリットについて，輸出者はもとより輸入者の視点からもみていくことにしよう。

Ⅱ 信用状の役割

信用状は，取引国が遠距離であること，また情報入手が困難であることなどが原因となって発生する，輸出者，輸入者双方の次の問題点を解決してくれるものといえる。

1 代金回収リスクの回避

信用状の一番の利点は，何といっても輸出者の代金回収リスクが回避されることである。信用力の高い銀行が輸入者に代わって代金支払いの確約をしてくれることで，輸出者は信用状態について情報の少ない取引相手であっても，安心して貨物を出荷することができる。

具体的には，貨物の出荷後，輸出者が出荷した貨物代金の為替手形を信用状にもとづき振り出すと，銀行がその手形を買い取るという形で代金の立替払いをしてくれる。これは，信用状発行銀行が手形代金の支払いを保証しているため，手形を買い取った銀行は，その買取代り金（立替払いした代金）を確実に回収できることが前提となっている。

信用状なしのD／P，D／A手形を銀行に買い取ってもらうときのように，輸出者は銀行から輸出手形保険付保のための保険料を求められることもない（第10章「9．D／P，D／A手形の場合」Ⅲ参照）。買取りがスムーズにいくということは，その立替払いしてもらった代金で，メーカーなどへの仕入先にもすぐに代金を支払えることになり，メーカーなどからの出荷も受けやすくなる。

2 資金負担リスクの軽減

信用状と組み合わせて為替手形という決済方法を利用することにより，前払いや後払いに伴う不便が解消される。前払いでは輸入者が実際に貨物を受領するまで資金負担することになるし，後払いでは輸出者が，商品を送り出したにもかか

わらず相手の輸入国にその貨物が到着するまで代金を受け取れないこと（＝資金負担）になる。

　ところが信用状にもとづき為替手形を振り出す場合，輸出者は銀行にその手形を買い取ってもらうことができる。このことにより輸出者は船積みと同時に代金が回収できるし，輸入者も銀行への代金支払いとほぼ同時に（一覧払手形のとき）貨物が受け取れることになる。輸入者は一覧払手形であっても本邦ローン（第11章「４．輸入金融」参照）を受けることもできるので，この場合はさらに先に貨物を引き取り，これを売却してその代金を銀行との決済にあてることもできる。

3　商品入手リスクのカバー

　一方，輸入者にとっての一番の懸念は，売買契約通りの商品が確実に出荷されるかどうか，かつその商品が確実に届くかどうかだといえる。そこで信用状取引ではこのことを確認する機能を，そのしくみに取り入れている。つまり信用状上に「契約通りの商品を確実に出荷したことを確認できる船積書類を提示すること」という条件を挿入し，その条件を満たした場合にのみ支払いを確約する「条件付確約」としたのである。

　各船積書類では，出荷に関する次のような事項を確認することができる。

> ①　イ　ン　ボ　イ　ス　→　商品の内容が契約通りであることを示す
> ②　船荷証券（B／L）　→　"確実に出荷された"ことの証明となる
> ③　保　険　証　券　→　運送途上の事故による損害などを補てんする

　ただし買取銀行が確実に出荷されたかどうかを確認する業務は単に書類上だけで，いいかえれば書類さえそろっていればそれで確実に出荷されたとみなし，実際の貨物そのものが契約通りかどうかチェックする必要はない。

Ⅲ 信用状の種類

信用状（L／C ＝ Letter of Credit）はその機能，目的によっていろいろなものがあり，貿易取引に用いられる主なものは次の通りである。

1 取消不能信用状（Irrevocable L/C）と取消可能信用状

取消不能信用状とは，一度開設されると，その有効期間中は信用状関係当事者（信用状発行銀行，輸入者，輸出者，確認信用状（後記2．Ⅲ）の場合は確認銀行）全員の同意がない限り，取消しや変更をすることができない信用状をいう。2007年に改訂された信用状統一規則（UCP600）により，全ての信用状が取消不能信用状でなければならなくなった。また，取消可能信用状とは，信用状発行銀行が一方的に取消しや変更ができるものをいうが，信用状が発行されても，信用状発行銀行が一方的にそれを取り消したり条件を変更できたのでは，受益者は安心して船積準備を進められないため，発行は可能であるが，実務上は取消可能信用状を貿易取引に使うことはない。

2 確認信用状（Confirmed L/C）と無確認信用状

信用状発行銀行が信用状の信用度を高める目的で，信用状発行銀行の支払確約に加えて国際的に信用度の高い銀行に，さらに支払確約を受けている信用状を確認信用状（Confirmed L/C）という。信用状発行銀行のみ支払いを確約している通常の信用状を，無確認信用状という。確認信用状は，信用状発行銀行が決済不能に陥った場合，確認銀行が信用状発行銀行に代わって手形の決済を保証する。

3 譲渡可能信用状（Transferable L/C）

信用状金額の全部または一部を一回に限って（禁止されていない限り複数人を含む）第三者に譲渡することを認めている信用状で，Transferable の文言が記載されている。したがって，この種の文言が発行依頼人の要求に従って信用状上に記載されていない限り，第三者への譲渡はできない。

4 買取銀行指定L／C（Restricted L/C）

荷為替手形の買取りが特定の銀行に指定されている信用状をいう。なぜ指定されているかというと，信用状発行銀行は全ての銀行に決済口座（デポコルレス）

を設けて資金決済を行うことができないので，特定の銀行に決済口座を設け，その銀行と決済を行うからである。しかし，貿易は銀行との与信取引であり，輸出者は，指定されている（リストリクトされている）からといって，取引のない銀行に荷為替手形の買取りを依頼することはできない。したがって，まず自分の取引銀行に荷為替手形の買取依頼をし，その買取銀行が，信用状上に指定されている銀行（リストリクト銀行，再割銀行という）に再度買取依頼をして，最終的にリストリクト銀行が信用状発行銀行に船積書類を送付し，代金の回収を図る。この場合，手数料が取引銀行，リストリクト銀行と二重にかかることになる。また，買取銀行が指定されていない信用状をオープン信用状（Open L/C）という。

5 回転信用状（Revolving L/C）

　信用状金額が手形支払いのたびに，あるいは一定期間後に自動的に復元される信用状で，継続的な取引などに使用される。

2. 信用状の受領

輸入者の依頼にもとづき発行された信用状は，通知銀行を経由して輸出者のもとへ通知され，ここから輸出実務がスタートすることになる。

輸出者は信用状条件通りの手順で船積みの準備を進め，所定の書類をそろえて銀行に荷為替手形を持ち込み，買い取ってもらう。ここでは，信用状を受領したときのチェックポイントをみていこう。

Ⅰ 信用状の通知方法

　輸入者から信用状開設依頼書により信用状の発行を依頼された信用状発行銀行は，通常 ICC の統一フォームにのっとって海外へ向けて信用状を発行する。このときの発行時期や方法は，輸出者と輸入者が取り交わした契約条件にもとづいており，輸出者の出荷準備や船積みの時期に合わせて選ばれる。銀行に信用状を発行してもらうには手数料がかかる。

　信用状発行銀行から輸出地の通知銀行への信用状の発行方法には次の三つの方法があり，手数料に加えて通知料が発生する。これらの方法のどれによるかは，輸入者が信用状発行依頼書を作成する際に選択され，通知料が異なる。

① 郵送
② プレリミナリー・ケーブル・アドバイス方式（Preliminary Cable Advice プレ・アド）

　　初めに電信（ケーブル）で信用状の簡単な内容を伝える事前通知（Preliminary Advice, Brief Cable）が届き，信用状の本体は後日郵送される方法。この場合は事前通知に "Details to follow"（詳細は郵便で）とか "Mail Confirmation follows"（後で署名入り文書の信用状が来る）と明記されている。

③ フル・ケーブル・アドバイス方式（Full Cable Advice）

　　②のような事前通知としての記載がなく，電信（ケーブル）で届いた信用

状の場合には，それが信用状本体となる。

　それではそのようにして送られた信用状は，どのような形で輸出者のもとに届くのだろうか。次の図で大まかな流れを確認してみよう。

【図表3－1】　信用状の発行から通知までの流れ

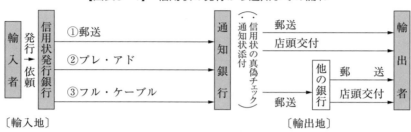

　通知銀行経由で信用状が通知される理由は，その信用状が本物であるかどうかをチェックするためである。信用状発行銀行と通知銀行の間には**コルレス契約**（為替取引契約）が結ばれており，通知銀行には信用状発行銀行の署名が前もって預けられているので，通知銀行は信用状上の署名や暗号などを照合してその信用状が本物かどうかをチェックしている。

　通知銀行で通知状（信用状の送付状のようなもの）が添付され，信用状は輸出者に郵送または店頭交付で通知される。通常は通知銀行から直接通知されるが，他の銀行経由で通知されることもある。これは輸出者の取引銀行がたまたま信用状発行銀行とコルレス契約を締結していないような場合，いったんコルレス先を通知銀行として発行し，そこから輸出者の取引銀行に再度通知するようなケースが考えられる。

　信用状が輸入者から直接送付された場合には，銀行経由で再度送付するよう要求する。なぜなら直接送付を受けたのでは，その信用状が真正なものかどうかが判断できないからである。

Ⅱ 信用状の構成

　信用状とは信用状発行銀行による輸出者への支払いの確約なので，信用状の構成は，全体的にみると，基本的には信用状発行銀行が輸出者にあてた，英文のビジネス・レターの形式をとっている。

【図表3-2】　信用状の構成

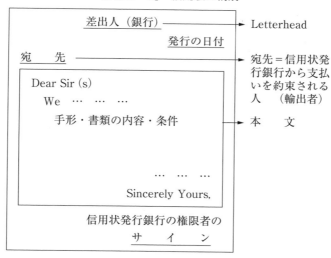

信用状は信用状発行銀行が輸出者にあてた書状なので，その構成は基本的には
信用状発行銀行が自由に決められる。しかし，銀行によってあまりかけ離れたも
のになると，異なる国の間で手続をしにくいので，国際商業会議所（ICC＝
International Chamber of Commerce）が標準フォームを定めており，おおむね
このフォームに沿ったものとなっている。

【図表3-3】 ICC の標準フォーム

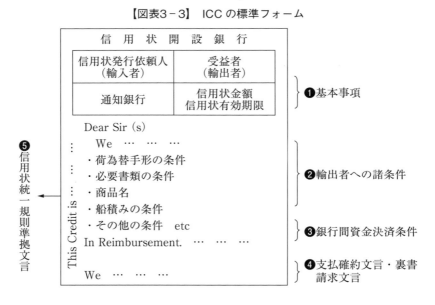

信用状条件は ICC フォームの❶❷の順に記載され，これに❸の銀行間の資金
決済条件が続き，❹❺といった決まり文句が記載される。

Ⅲ 信用状記載事項

1 信用状取引の当事者

　信用状取引は輸出地，輸入地ともに複数の人や機関が関わり，各々がその果たすべき役割を果たすことによって成立している。これらの関係者には，まず売買契約の当事者である輸出者，輸入者，次に銀行が含まれるが，もう少し詳しくみてみると次のようになる。

(1) 信用状開設依頼人（Applicant or Opener）

　銀行への信用状の開設依頼人で通常は買手のことをいう。

(2) 信用状開設銀行（Issuing Bank or Opening Bank）

　信用状開設依頼人の依頼により信用状を開設（発行）する銀行で，信用状条件を満たす荷為替手形に対し支払いを確約する。

(3) 受益者（Beneficiary）

　信用状の受領者。通常は売手で，信用状条件通りに荷為替手形を取り組み，輸出貨物代金を回収する。

(4) 通知銀行（Advising Bank）

　信用状開設銀行の依頼によって受益者に信用状の発行を通知する輸出地の銀行のことをいう。信用状開設銀行は特に依頼人から指定がない限り，為替取引について業務上の取決めをしているコルレス銀行にこの通知を依頼する。

(5) 買取銀行（Negotiating Bank）

　受益者の荷為替手形を買い取る銀行で，信用状面で特定銀行を指定しない場合はどの銀行でも許容する旨を，信用状発行時に明記する。当然，通知銀行であっても差支えない。

(6) 補償（決済）銀行（Reimbursing Bank）

　輸出地の買取銀行は，買取りに際して払った支払金を輸入地の信用状開設銀行から回収することになるが，その場合に買取銀行と信用状開設銀行との間の対外決済を行う銀行のことをいう。補償銀行は通常，信用状開設銀行の勘定を持っているコルレス銀行なので，具体的な決済の方法としてはその勘定から引き落とし，買取銀行の勘定へ振替入金することで両銀行の清算（決済）が成立することになる。

(7) 確認銀行（Confirming Bank）

　信用状の対外的な支払確約を，信用状開設銀行に加えてさらに保証する銀行

を，確認銀行という。確認銀行は，信用状開設銀行が万一支払不能となった場合，代わりに支払いに応じなければならない。

2　信用状記載事項と取引の流れ

　実際の信用状は，次ページ図表3-4の例のように作成され，図中❶～㉓の記載事項は次の通りである。

- ❶　信用状発行銀行
- ❷　取消不能信用状である旨の文言
- ❸　信用状番号
- ❹　発行地と発行日
- ❺　信用状の有効期限
- ❻　信用状発行依頼人（転じて信用状上では輸入者をさす）
- ❼　受益者（転じて信用状上では輸出者をさす）
- ❽　通知銀行（信用状発行銀行とコルレス契約のある銀行）
- ❾　信用状金額（⓮で分割船積みが許容されている場合は，その合計金額）
- ❿　手形条件（手形の支払期限，支払人〈名宛人〉，金額）
- ⓫　要求書類の通数および内容
  - ⓐ　商業送り状（6通）
  - ⓑ　船荷証券（B／L）（全通とは正本3通）
  - ⓒ　保険証券（2通）
- ⓬　商品名
- ⓭　船積条件
  - ⓐ　積出港　　ⓑ　仕向港　　ⓒ　最終船積期限
- ⓮　分割船積みの可否
- ⓯　貨物の積替えの可否
- ⓰　銀行手数料負担区分
- ⓱　書類提示期間
- ⓲　Restrict 文言（買取銀行の指定）
  　　買取銀行を指定しない場合，⓲は記載されず，❿の with の後が any bank となる
- ⓳　銀行間決済条件
- ⓴　信用状発行銀行の署名

㉑　裏書請求文言

㉒　支払確約文言

㉓　信用状統一規則準拠文言

　例として下記の信用状にもとづく貿易の流れを次ページ（図表３-５）でみていこう。図表３-５中　[　　　]　で囲んだ五つが，先述した信用状取引の当事者になり，このケースの場合は通知銀行と買取銀行が同一銀行となっている。

【図表3-4】　L／C（信用状）

```
NAME OF ISSUING BANK                                                    ORIGINAL
❶  ABC BANK LTD.                    ┌───────────────────────┬─────────────────
   HONG KONG,                       │ ❷  IRREVOCABLE        │ ❸  Number
                                    │    DOCUMENTARY CREDIT │    SG-36-25
┌──────────────────────────────────┼───────────────────────┴─────────────────
│ Place and Date of Issue          │ Date and Place of Expiry.
│ ❹  HONG KONG, OCT. 2, 20××       │ ❺  OCT. 30, 20××, TOKYO
├──────────────────────────────────┼──────────────────────────────────────────
│ Applicant                        │ Beneficiary
│ ❻  THE HONG KONG ELECTRICAL, LTD.│ ❼  THE SHOBI CORPORATION
│    100 Victoria RD. #2821        │    2-8-6 Wakabayashi Setagaya-ku
│    HONG KONG                     │    TOKYO, JAPAN
├──────────────────────────────────┼──────────────────────────────────────────
│ Advising Bank                    │ Amount
│ ❽  TOKYO KENTEI BANK, LTD.       │ ❾  USD 5,820.00
│    2-10-8 Otemachi, Chiyoda-ku,  │    (SAY US DOLLARS  FIVE  THOUSAND
│    TOKYO, JAPAN                  │    EIGHT HUNDRED AND TWENTY ONLY)
└──────────────────────────────────┴──────────────────────────────────────────
```

Dear Sir(s).

❿　We hereby issue in your favor this documentary credit which is available by negotiation with the Tokyo Kentei Bank against your draft(s) at Sight drawn on us for 100% of the Invoice value, accompanied by the following documents;

⓫

ⓐ1.　Signed Commercial Invoice in 6 copies

ⓑ2.　Full set of clean On Board Ocean Bills of Lading made out to the order showing FREIGHT PREPAID and marked NOTIFY ABC BANK and also Applicant.

ⓒ3.　Insurance Policy/Certificate in duplicate for 110% of the invoice value endorsed in blank stipulating claims payable in HONG KONG, covering Institute Cargo Clauses (All Risks), Institute War Clauses, Institute S.R.C.C. Clauses.

⓬　Covering: ELECTRICAL INSULATING MATERIAL, 400 Sheets, FUJI BRAND
　　　　　　　CIF HONG KONG

⓭

```
ⓐ  Shipment from: JAPAN           ┌─────────────────────┬─────────────────────
ⓑ  To HONG KONG  ⓒ  Latest Oct. 20. 20×× │ Partial Shipments    │ Transshipments
                                  │ ⓮  Prohibited       │ ⓯  Prohibited
```

Special Conditions;

⓰　All bank charges outside HONG KONG are for the account of beneficiary.

⓱　Documents must be presented within 10 days after the date of issuance of the Bill of Lading or other shipping documents.

⓲　Negotiations under this credit are restricted to the Tokyo Kentei Bank.

⓳　For reimbursement, please reimburse yourselves by drawing sight draft on our Head office A/C with Chase Manhatten Bank, New York, U.S.A.

㉑　THE AMOUNT OF ANY DRAFT UNDER THIS CREDIT MUST BE ENDORSED ON THE REVERSE HEREOF.

㉒　WE HEREBY AGREE WITH THE DRAWERS, ENDORSERS AND BONA FIDE HOLDERS OF DRAFTS DRAWN UNDER AND IN COMPLIANCE WITH THE TERMS OF THIS CREDIT THAT THE SAME SHALL BE DULY HONORED ON DUE PRESENTATION TO THE DRAWEES.

YOURS VERY TRULY,

⓴　———Signed———
　　AUTHOIRIZED SIGNATURE

㉓　THIS CREDIT IS SUBJECT TO UNIFORM CUSTOMS AND PRACTICE FOR DOCUMENTARY CREDITS (2007 REVISION), INTERNATIONAL CHAMBER OF COMMERCE PUBLICATION NO.600

【図表3-5】 図表3-4にもとづく貿易取引の流れ

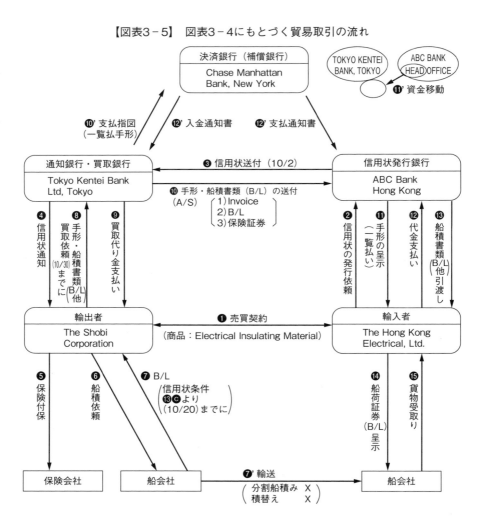

信用状の点検

　最初に，信用状の有効性を確認しつつ，信用状条件の概略を把握する。信用状条件が実行不可能あるいは実行困難なケースには，次のようなものがある。

① 信用状受領後から船積期限または信用状有効期限までが不合理に短いもの

② 買取銀行への呈示期間が船積後数日と短いもの

③ 信用状有効期限内に船積書類が信用状発行銀行に到着するよう義務づけているもの（信用状発行銀行への郵送日数を考えると①②と同じことになる）

④ 契約金額が概算であるのに，金額に対する許容文言（about とか approx. といった表現）が信用状上にないもの

 信用状条件の変更依頼

　取消不能信用状であっても，信用状関係当事者全員（信用状発行銀行，輸入者，輸出者，確認信用状の場合は確認銀行）の同意があれば，条件を変更したり取り消したりすることができる。

　実務的には，輸出者または輸入者いずれかの側から信用状の条件変更や訂正が必要になるケースは少なくない。このような信用状条件の変更を行うには，条件変更手数料が必要である。

(1) 条件変更手続

　信用状発行依頼人（輸入者）が信用状発行銀行に，銀行所定の変更依頼書式で行う。

　したがって輸出者（受益者）が船積期限の延期を依頼してきたような場合，信用状発行依頼人である輸入者は，これに応じるのであれば，信用状発行銀行に所定の依頼書で信用状条件の変更を申し込むことになる。信用状発行銀行もこの変更を承諾した場合には，信用状発行時と同じルートをたどって，通知銀行経由で輸出者に条件変更が通知される。

　逆に，輸入者が信用状金額の減額など輸出者にとって不利となる条件変更を申し出る場合は，通常，輸出者の事前同意を取り付けたうえで，信用状発行銀行に条件変更を申し込む。信用状発行銀行が通知銀行を経由して受益者に条件変更を連絡し，受益者の同意を取り付けた旨の連絡を通知銀行から受け取ると，条件変更が成立したことになる。

(2) **変更通知書**

　輸出者からの依頼に応じて信用状の条件変更をしてもらう場合，発行依頼人である輸入者は，その信用状発行銀行所定の書式である輸入信用状条件変更依頼書によって変更を申し込む。

　この場合，発行時の内容を訂正するのであれば，どの部分を変更するのか明確に記入することが重要となる。信用状の変更は，通知銀行を通して受益者に送られる変更通知書によって行われる。輸出者は荷為替手形を取り組む場合，この**変更通知書（Amendment）**を信用状原本に添えて買取銀行に提出する。

3. 信用状条件との不一致に対する対応策

信用状条件と実際の書類の内容が一致しないことをディスクレ（ディスクレパンシー　Discrepancy）というが，こうした不一致がみつかった場合にはどのようにすればよいか考えてみよう。

信用状条件との不一致

1　ディスクレパンシー

信用状条件と実際の書類の内容が一致しないことを，**ディスクレ（ディスクレパンシー：Discrepancy）** という。

輸出者が買取銀行に荷為替手形を持ち込んだ際，もしディスクレが見つかった場合には，銀行は手形の買取りを拒絶する。これは，信用状にもとづく発行銀行の代金支払い確約が，輸出者が信用状条件通りの書類を買取銀行に呈示することを前提としているため，書類にディスクレがあった場合には発行銀行の支払い確約は撤回され，買取銀行が手形を買い取ってもその代金を回収できなくなるからである。

2　ディスクレがあった場合の対応策

ディスクレが見つかった場合，原則として，直ちに修正できるものは修正し，できないものは前項の信用状条件の変更（アメンドメント：Amendment）を行うが，それでは買取りに間に合わなかったり，その他の理由でどうしてもディスクレのある状態で買い取ってほしい場合には，次の二つの対応策がある。

① **ケーブル・ネゴ**（Cable Nego（Negotiation　買取り））
　信用状発行銀行に対して，電信（ケーブル）で承諾を依頼する。
② **L／G**（Letter of Guarantee　保証状）**付き買取り**（L／G ネゴ）

ディスクレがある状態で銀行が書類を買い取った場合，輸出者が責任を負う旨の保証状（L／G，輸出L／G）を差し入れる。

　それではこの二つの対応策についてもう少し詳しくみてみよう。

(1)　ケーブル・ネゴ（Cable Nego）

　重要なディスクレがあるにもかかわらず，輸出者が輸入者を通して信用状条件の変更（アメンド）を行う時間がないという場合がある。その場合，輸出者は買取銀行に依頼して電信（ケーブル）で信用状発行銀行にあててディスクレの内容を伝え，買取りの可否を照会し，もし，信用状発行銀行から承諾の旨返答があれば，買取銀行は買取りに応じる。この電信による照会にもとづく買取りを「ケーブル・ネゴ」という。

　この場合，照会を受けた信用状発行銀行は信用状発行依頼人（輸入者）の同意を得なければならないので，かなりの日数を必要とする。したがって，ケーブル・ネゴでは，輸出者がその間の資金負担を担わねばならなかったり，相手から値引きを要求されるという事態も考えられる。

(2)　L／G（Letter of Guarantee　保証状）付き買取り

　書類にディスクレがある状態のままで銀行に買い取ってもらいたい場合，輸出者はL／G（輸出L／G）と呼ばれる保証状を銀行に差し入れる。L／G（輸出L／G）とは，信用状発行銀行がその書類のディスクレを理由に支払いを拒絶した場合，輸出者は先に銀行に買い取ってもらった為替手形を異議なく買い戻すという保証状（念書）のことをいう。このときの買取りのことをL／Gネゴという（ネゴとはNegotiation，つまり買取りのことである）。

　買取銀行は書類を信用状発行銀行あてに発送する際，添付するカバー・ノート（送付状）に，ディスクレのある書類を買い取った旨を記載する。

　もちろん買取銀行がL／Gネゴを断ることも可能であるうえ，もしこれを買い取ったとしても，信用状発行銀行の受入可否の判断に影響を及ぼすことにはならず，依然として，信用状発行銀行は書類のディスクレを理由に支払拒絶することができる。つまりL／Gはあくまでも輸出者と買取銀行間での保証であり，輸入地の発行銀行へは何の法的効力も持っていないことに注意が必要である。

　L／Gネゴが最終的に成立するかどうかは，つまりは信用状発行銀行がそれを認めるかどうかにかかっており，輸出者としては結局，信用状決済によるメリットを放棄したのと同じことになる。

それだけでなく，ディスクレの内容や輸入地での市況によっては，最悪の場合契約がキャンセルされ，損害賠償請求を受ける可能性もある。

　このような事態を避けるためには，まずディスクレが発生しないように細心の注意を払うこと，そしてそれに加え銀行買取りの時点までに輸入者と信用状の条件変更について交渉し，銀行へは完全な書類を提示することが大切だといえる。

4. 輸入信用状の実務

輸入の仕事は，まず売買契約にもとづいて信用状を開設（発行）するところから始まる。信用状を発行してからは，輸出者が船積みするのを待って，銀行に手形の代金を支払うか，または手形の引受けをして貨物の引取りに必要な船積書類の交付を受ける。そしてB／Lなどを呈示して，到着した貨物を引き取ることになる。

 銀行への約定書の差入れ

「1．信用状取引」でみたように輸入信用状の開設とは，銀行が自分の信用を輸入者に貸すこと，つまり銀行の**与信行為**といえる。このように銀行の与信を受けようとする場合には，あらかじめ銀行に貿易取引関係の基本約定書を差し入れることが必要となる。**約定書（Agreement）** とは，輸出者または輸入者と取引銀行との，貿易金融取引に関する基本契約書で，たとえば次のようなものが必要となる。

① 銀行取引約定書　銀行取引全体についての約定書（図表3-6）
② 外国為替取引約定書　①にもとづき，さらに細かく外国為替取引について取り決めた約定書（図表3-7）。通常，この約定書とともに，外国為替取引に使用する署名も届け出る
③ 商業信用状約定書　信用状の発行についての包括的かつ継続的な約定書（図表3-8）

【図表3－6】 銀行取引約定書

銀 行 取 引 約 定 書

年　　月　　日

┌──────┐
│ 印　紙 │
└──────┘

株式会社　　　　　　　　　御中

住　　　　　所
本　　　　　人
住　　　　　所
連 帯 保 証 人

私は、貴行との取引について、以下の条項を確約いたします。

第1条　（適用範囲）

① 手形貸付、手形割引、証書貸付、当座貸越、支払承諾、外国為替、信用
状その他いっさいの取引に関して生じた債務の履行については、この約定
に従います。

② 私が振出、裏書、引受、参加引受または保証した手形を、貴行が第三者
との取引によって取得されたときも、その債務の履行についてこの約定に
従います。

第2条　（手形と借入金債務）

手形によって貸付を受けた場合には、手形または貸金債権のいずれによって
請求されても異議はありません。

第3条　（利息、損害金等）

① 利息、割引料、保証料、手数料、これらの戻しについての割合および支
払いの時期、方法の約定は、金融情勢の変化その他相当の事由がある場合
には、一般に行われる程度のものに変更されることに同意いたします。

② 貴行に対する債務を履行しなかった場合には、支払うべき金額に対し
年　　％の割合の損害金を支払います。この場合の計算方法は年365日の日
割計算といたします。

【図表3－7】 外国為替取引約定書と署名鑑

外国為替取引約定書

印　紙

株式会社　　　　　　御　中　　　　　　　　　　　　　　年　　月　　日

　　　　　　　　住　　所

　　　　　　　　氏　　名

　　私は、貴行との外国為替取引について、平成　　　年　　月　　　日差し入れた銀行取引約定書の
各条項を承認の上、次のとおり確約致します。

I　商業信用状約定

第1条　私より差出した信用状発行依頼書記載事項に基づき貴行に於て信用状を発行せられ貴行支店又
　　　は貴行為替取引先に郵便又は電信を以て私の為めこれをご案内下さい。
　　　　私の依頼により貴行が貴行為替取引先に信用状発行を依頼せられる場合並に信用状の条件変更又は
　　　追加についても私より差出した依頼書に従って前記と同様お取扱下さい。

第2条　私の依頼により信用状の発行及条件変更又は追加等を電信を以てご案内になる場合貴行のご便
　　　宜により普通文字若くは暗号文字をご使用下されたく其の費用はご請求次第直にお支払致します。
　　　　尚電信によるご案内は全く私の危険負担に属し従って電信発送中又は到達後生ずる遅滞、誤謬、脱
　　　漏、若くは誤訳並に之等に起因する事項については貴行に異議を申立てません。又これによって生じ
　　　た損害は私に於てお引受致します。

第3条　信用状受益者が信用状に定められた処に従い貴行又は貴行為替取引先に対し荷為替取方を申
　　　出た場合に貴行又は貴行為替取引先が信用状に拠り執られる総ての取扱に対しては私に於て一切其責
　　　に任ずるのみならず信用状条項と相違しても貴行又は貴行為替取引先が買取地に於ける為替業務取扱
　　　に関する協約又は商慣習に従い又は四囲の事情に応じ私に何等の通知をすることなく適宜お取扱下さ
　　　っても異議ありません。

第4条　　　　　引先が荷為替買取方

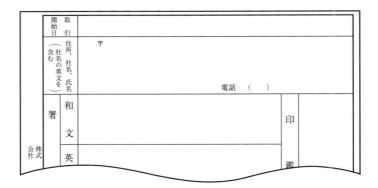

【図表3−8】 商業信用状約定書

┌─────┐
│ 収　入 │
│ 印　紙 │
└─────┘

商業信用状約定書
(Commercial Letter of Credit Agreement)

平成　　年　　月　　日

株式会社　　　　　銀行　御中

今後$\frac{当社}{私}$から信用状の発行を貴行へ依頼いたします場合について、下記条項を確約します。

記

(1)　$\frac{当社}{私}$から差し出した信用状発行依頼書記載条項に基づいて貴行が信用状を発行され、貴行また
　　は貴行為替取引先に郵便または電信で$\frac{当社}{私}$のためにこれを御案内下さい。$\frac{当社}{私}$の依頼によって、
　　貴行が貴行の貴行為替取引先に信用状の発行を依頼される場合ならびに信用状の条件変更または
　　追加についても$\frac{当社}{私}$から差し出した依頼書に従って前記と同様にお取扱い下さい。

(2)　$\frac{当社}{私}$の依頼によって信用状の発行および条件変更または追加等を電信で御案内になる場合は、
　　貴行の御便宜によって普通文字もしくは暗号文字を御使用下さい。その費用は、御請求次第ただ
　　ちにお支払いします。

　　なお、電信による御案内は、全く$\frac{当社}{私}$の危険負担に属し、したがって、電信発送中または到達
　　後起る遅滞、誤り、脱漏もしくは誤訳ならびにこれらに基因する事項については、貴行に異議を
　　申し立てません。また、これによって起った損害は、$\frac{当社}{私}$がお引き受けします。

(3)　信用状の受益者が、信用状に定められたところに従って、貴行または貴行為替取引先に対して
　　荷為替買取を申し出た場合には、貴行または貴行為替取引先が信用状によってとられるすべての
　　取扱に対しては、$\frac{当社}{私}$が一切その責に任ずるのはもちろん、信用状条項と相違しても貴行または
　　貴行為替取引先が、買取地の為替業務取扱に関する協約または商慣習に従ってまたは四囲の事情
　　に応じて$\frac{当社}{私}$になんらの通知をすることなく適宜お取り扱って下さっても異議はありません。

(4)〜(17)　省略

(18)　この規定に関する訴訟については、信用状開設を依頼した貴行営業所の所在地を管轄する地方
　　裁判所または簡易裁判所とすることに同意します。

(19)　この契約の期間は、別にこれを定めず、貴行の都合によって何時解約されても異議はありませ
　　ん。

　　　住　　　所

　　　本　　　人

本人と連帯してこの契約上の債務の履行の責に任じ、貴行に対しては少しも御迷惑、御損失をお
かけいたしません。

　　　住　　　所

　　　連帯保証人

- -

　　　　　　　　銀行使用欄

┌─────┬─────┐
│ 検印 │ 印鑑照合 │
└─────┴─────┘

Ⅱ 信用状の発行依頼

信用状の開設は，基本契約書となる包括的かつ継続的な「商業信用状約定書」を差し入れている外国為替を取り扱う銀行に，開設を依頼するたびに「**信用状開設依頼書**」によって依頼する。

1 信用状開設依頼書

この依頼書は普通，銀行が用意している所定の様式で行う。書式は銀行によって異なるが，記載項目に基本的な差異はない。信用状は依頼すれば必ず開設されるものではなく，開設依頼者である輸入者の信用にかかっているので，担保や輸入貨物の売り先などの連帯保証を求められることもある。

2 信用状開設依頼書の記載上の一般的注意事項

通常は開設依頼書の記載内容がそのまま信用状になる。したがって不明確な表現やミスタイプは混乱の原因となるため，十分注意して作成することが必要となる。

次ページの見本の申込書では，左端に2007年版信用状統一規則（Uniform Customs and Practice for Documentary Credit 2007 Revision ICC Publication No. 600）にもとづいて信用状を発行する旨（㉒）が印刷されている。この文言は信用状面にも記載され，2007年 7 月 1 日から実施となった信用状統一規則（UCP600）の条文が信用状の一部となることを示している。

3 信用状開設依頼書の記載事項

信用状開設依頼書は銀行によって各々の書式が用意されているが，記載項目は次の図表 3 - 9 とほとんど同じである。

【図表3−9】 輸入信用状開設（発行）依頼書

<table>
<tr><td rowspan="5">

輸 入 信 用 状 発 行 依 頼 書

❶ **銀 行** 御中　　平成 年 月 日

</td><td>銀行使用欄</td><td>L/C No.</td></tr>
<tr><td></td><td></td></tr>
<tr><td></td><td>発行日</td></tr>
</table>

先に差入済の商業信用状約定書ならびにこれに付随する各約定書の条項に基づき、下記の取消不能
信用状の発行と受益者に対する通知を依頼します。該当する□内には×印を、不要箇所は抹消、ア
ンダーライン部分は必要に応じ記入します。

1　信用状通知方法ならびに内容

❷❷（縦書き左側）THIS CREDIT IS SUBJECT TO UNIFORM CUSTOMS AND PRACTICE FOR DOCUMENTARY CREDITS' 2007 REVISION INTERNATIONAL CHAMBER OF COMMERCE PUBLICATION No.600

□ AIRMAIL □ AIRMAIL WITH BRIEF PRELIMINARY CABLE ADVICE □ FULL CABLE ❷

APPLICANT'S NAME AND ADDRESS ❸	BENEFICIARY'S NAME AND ADDRESS ❹
ADVISING BANK ❺	CREDIT AMOUNT ❻
	EXPIRY DATE OF CREDIT ❼ ／ LATEST DATE FOR SHIPMENT ❽

❾ PARTIAL SHIPMENTS □ ALLOWED □ PROHIBITED ｜ ❿ TRANSHIPMENT □ ALLOWED □ PROHIBITED

CREDIT AVAILABLE WITH
□ BY SIGHT PAYMENT □ BY ACCEPTANCE □ BY NEGOTIATION
□ DEFERRED PAYMENT AT ⓬

CONFIRMATION OF CREDIT TO THE BENEFICIARY
□ NOT REQUESTED □ REQUESTED

□ AND BENEFICIARY'S DRAFT □ AT SIGHT □ AT ____ ⓭

SHIPMENT FROM ⓫
　　　　　　TO

DRAWN ON YOU OR YOUR CORRESPON-
DENTS FOR ____ INVOICE VALUE

ACCOMPANIED BY THE FOLLOWING DOCUMENTS :
　　SIGNED COMMERCIAL INVOICE IN____ INDICATING SALES CONTRACT NO.____
　　MARINE INSURANCE POLICY OR CERTIFICATE IN DUPLICATE, ENDORSES IN
　　BLANK, FOR 110% OF INVOICE VALUE COVERING INSTITUTE CARGO CLAUSES
　　(ALL RISKS W.A F.P.A.)　INSTITUTE WAR CLAUSES AND INSTITUTE STRIKES
　　RIOTS AND CIVIL COMMOTIONS CLAUSES____
⓮　CLEAN AIR WAYBILL CONSIGNED TO _____
　　　　　　BRANCH
　　AND MARKED FREIGHT : □ "PREPAID"　□ "COLLECT"　NOTIFY : APPLICANT
　　FULL SET OF CLEAN ON BOARD OCEAN BILLS OF LADING
　　FULL SET OF CLEAN NEGOTIABLE COMBINED TRANSPORT DOCUMENTS
⓯MADE OUT TO ORDER AND BLANK ENDORSED.
　　AND MARKED FREIGHT : □ "PREPAID"　□ "COLLECT"　NOTIFY : APPLICANT
　　　　　　　　　　　　⓰　　　　　　　　　　　　　　　　　　⓱

OTHER DOCUMENTS
　　　PACKING LIST IN
　　　CERTIFICATE OF ORIGIN IN

⓲COVERING(brief description without excessive detail) :
　⓳
(TRADE TERMS)　　FOB　C&F　CIF____　(PLACE)_____

SPECIAL CONDITIONS :　　DRAFTS AND DOCUMENTS MUST BE PRESENTED WITHIN
　　　　DAYS AFTER THE DATE OF ISSUANCE OF THE TRANSPORT DOCUMENTS BUT
WITHIN THE CREDIT VALIDITY.
　⓴
　㉑
ALL BANKING CHARGES OUTSIDE JAPAN ARE FOR ACCOUNT OF :　　□ BENEFICIARY
□ APPLICANT.
(INSURANCE IS TO BE EFFECTED BY APPLICANT/WITH)_____

(記名捺印もしくは署名)

❶ 信用状の開設（発行）を依頼する銀行名

❷ 信用状の通知方法

❸ 発行依頼人（輸入者）

❹ 受益者（輸出者）

❺ 通知銀行
　輸出者から特に指定がない場合は，記載しないで信用状発行銀行の任意とする

❻ 信用状金額

❼ 信用状有効期限

❽ 最終船積期限

❾ 分割船積みの可否

❿ 積替えの可否

⓫ 積出地，仕向地

⓬ 手形の期日

⓭ 手形の名宛人
　　⎰ YOU →信用状開設銀行
　　⎱ YOUR CORRESPONDENTS →信用状開設銀行の指定したコルレス先（これが補償銀行となる）

⓮ 必要書類と通数

⓯ B／L 上の荷受人

⓰ B／L 上の表示

⓱ B／L 上の貨物到着案内先

⓲ 商品名

⓳ 貿易条件（建値）

⓴ その他の条件

㉑ 手数料負担区分

㉒ 信用状統一規則準拠文言

信用状の発行

　輸入者から信用状開設依頼書により信用状の発行を依頼された信用状発行銀行は，通常 ICC の統一フォームにのっとって海外へ向けて信用状を発行する。このときの発行時期や方法は，輸出者と輸入者が取り交わした契約条件にもとづいており，輸出者の出荷準備や船積みの時期に合わせて選ばれる。

　信用状を発行すると発行手数料が，また発行後信用状条件の変更を行うと条件変更手数料がかかる。

次の記述の①～④の（　　）に入る最も適切な語句を，語群から選びなさい。

　信用状条件と実際の書類の内容が一致しないことを，（　①　）という。（　①　）があった場合の対応策は，原則として信用状条件の変更を行うが，これを（　②　）という。このほか，信用状発行銀行に対して電信で（　①　）の内容を伝え，買取りの可否を照会する（　③　）や，（　①　）がある状態で銀行が手形を買い取った場合，輸出者が責任を負う旨の保証状である（　④　）を差し入れるなどの対応策もある。

(a)　Remark　　(b)　Cable Nego　　(c)　Full Cable Advice
(d)　L／G　　(e)　Amendment　　(f)　Letter of Indemnity
(g)　Documentary Bill　　(h)　Discrepancy

解答と解説

1．①－(h)　　②－(e)　　③－(b)　　④－(d)

第 **4** 章 品質条件・数量条件等

1. 契約当事者

市場調査，マーケティング，取引先の選定，信用調査を完了して取引関係を設立すれば，いよいよ実際の貿易契約を結び，売買を行うことになる。そのときに売買契約の具体的な内容を明確にするのが「取引条件」である。

ここではまずその「取引条件」のうち，契約当事者についての条件をみていくことにする。

Ⅰ 本人と代理人

まず取引の相手方が，「**本人（Principal）**」であるか，「**代理人（Agent）**」であるかの違いがある。「本人」は，自己の名と計算で取引をし，これによるリスクを負担する者をいい，「代理人」は単に手数料だけをとって買手または売手の代理をするもので，実質上の責任を問われない。

いずれの場合にも，その責任の範囲，権限，義務，手数料について，本人として自己が全責任を負担するのか，あるいは代理人として手数料収入の範囲の責任しかとらないのか，その資格を明確にし，その業務の範囲と責任を明記しなければならない。

Ⅱ 代理店との取引

海外市場における販路開拓，拡大を行うためには，その市場に支店または出張所を設けて行うことが望ましい場合がある。しかし，海外に支店または出張所を設置するためには，事務所開設費，同管理運営費，人件費，営業活動費など相当額の経費が必要であるので，それ以上の取引が見込めなければ採算が取れない。

そこで，その市場の有力な商社や販売会社に自社の代理権を与えて，海外の支店または出張所で行う行為を契約によって代理させる（**Agency Agreement 代理店契約**）。また，そうした営業活動を行わせるための拠点を**代理店**という。

代理店契約では，契約当事者は**本人（Principal）対代理人（Agent）**の関係で

あり，代理人である代理店は，本人に代わって第三者との契約その他の法律行為および商行為を代行して行う権限を与えられている。

したがって，代理店の商行為は全て代理人として行うものなので，商行為の結果生ずる利潤または損失は本人に帰属する。そして，代理人は代理行為に対して，本人との契約にもとづき一定のコミッションを受け取る。

この代理店契約にもとづいて行われる現実の売買取引は，本人である輸出者と輸入国でのエンドユーザーとの契約となる。このため，取引商品は直接本人から取引相手に送付され，代金決済もまた直接決済されることもある。

また，代理店に一定の地域内での**一手販売権**を与えた場合の代理店を，「**総代理店（Sole or Exclusive Agent）**」という。

これらの代理店である場合には，相手方は代理店としての責任しかとらないので，契約時に相手の立場をよく見極め，責任の範囲，義務，手数料などについて，契約書で明確に定めておく必要がある。

Ⅲ 販売店との取引

製造業者が，海外市場の販売業者や輸入業者と「**販売店契約（Distributorship Agreement）**」を締結する場合には，その製造業者と**販売店（Distributor）**の契約書中の関係は，製造業者（輸出者）が「Vendor（売主）」，販売店が「Vendee（買主）」であると明記されており，つまり**本人対本人**の契約となる。

したがって，自社がこれらの販売店に輸出する契約をする場合，あるいは自社が販売店となって輸入する場合には，契約当事者は全て本人となるので，販売店の在庫や輸入地での販売価格は全て販売店の責任となる。この場合も，契約に際して，責任の範囲，権限，義務などについて明確に定めておかなければならない。

販売店にも，代理店の場合と同様，輸入業者に一手輸入権，あるいは輸入国内一手販売権を与える場合があり，このような取引を一手販売権（独占権）付き取引という。このような取引上の独占権を与えられた業者は，一般に，特約輸入店，あるいは**総輸入元（Sole Distributor）**といわれる。

総輸入元（販売店）と，Ⅱの総代理店はよく混同されるが，一手販売権という特権を与えられている点では共通しているものの，総輸入元（販売店）は，契約上は輸出者と本人対本人の取引関係なので，代理人が受ける販売価格等に関する制約は受けない。

2. 品質条件

品質は商品の最も重要な取引の条件であり，品質が契約通りでないとクレーム（Claim　賠償請求）に発展することになってしまう。離れた国との商取引において品質をどのように規定し，明示するのかについて，幾つかの方法をみていこう。

Ⅰ　品質決定の方法

1　見本売買（Sale by Sample）

　売手または買手が契約商品の見本を示して品質を規定する方法で，このとき使用される見本を「品質見本（Quality Sample）」という。見本売買は主に，製品，加工品の貿易取引に利用されている。

　見本売買においては，見本と実際の取引商品とが品質，形状，性能などについて一致していることが重要であるが，実際には貿易クレームの約80％は品質クレームで占められている。したがって，試作品を作って提示するよう売手に求めることもある。このような試作品の見本のことを「反対見本（Counter Sample）」という。

2　標準品売買（Sale by Standard Quality）

　農産物，林産物，水産物あるいは畜産物などの品質は，見本と現物との正確な一致が難しい。そこで標準品を示し，それとの品質のずれを価格によって調整する方法が用いられる。標準品売買には次の品質条件がある。

> ① 　**平均中等品質条件**（**FAQ**＝Fair Average Quality Terms）
> 　　農産物などを収穫する前に売買する場合に，中等品質を規定する
> ② 　**適商品質条件**（**GMQ**＝Good Merchantable Quality Terms）
> 　　漁労品，木材など，売買するに足る適切な品質を備えていることをいう

　契約通りの適正な品質を備えていることの証明は，公的な品質証明機関の**品質検査証明書**（**Certificate of Quality Inspection**）などによって行う。提出すべき

船積書類の一つとして，契約書や信用状で要求される。

3 銘柄売買 （Sale by Trademark *or* Brand）

　トレードマークやブランドが世界的に知られている場合には，その品質は優れているだけでなく安定しているので，それらのマークやブランドが品質条件を示す役割を果たしている。マークやブランドを指定してその商品を売買する。

4 仕様書売買 （Sale by Specification）

　機械器具や化学品などの工業品などの場合には，材料，性質，成分，性能，耐久性，構造などの詳細なデータを数字によって明示した仕様書を作成し，これに図面や写真などを添付して，取引する商品の品質を明らかにする。

5 規格売買 （Sale by Grade *or* Type）

　国際的に規格が決められている商品の場合には，その規格を品質条件とすることができる。国際標準化機構（ISO＝International Organization for Standardization）の定めた ISO 規格，日本工業規格（JIS），日本農林規格（JAS）などがある。

Ⅱ 品質決定時点

　商品によっては海上輸送中に品質が変わったり，劣化するものがある。そこで品質に関する最終決定を船積時点にするか，陸揚時点にするかを明確に決めておく必要がある。前者を「**船積品質条件（Shipped Quality Terms）**」，後者を「**陸揚品質条件（Landed Quality Terms）**」という。

　「船積品質条件」の場合には，輸入者には船積時に本当に契約通りの品質が守られていたのか判断できない。このため，国際検査機関の検査を受け，品質についての検査証明書（Inspection Certificate）を添付するよう，輸入者は輸出者に義務づける。

【図表4－1】 品質検査証明書
(Certificate of Quality Inspection＝Inspection Certificate)

KOKUSAI INSPECTION INSTITUTE

INSPECTION CERTIFICATE

No. 20986

Date：September 26, 20XX

We hereby certify that we have duly inspected (surveyed) the undermentioned merchandise and found them in a perfect condition and of good quality.

Commodity	Description	Quantity	Remarks
Binoculars	"TASMO" 5×35 Coated, Individual focusing	700 p'cs.	

KOKUSAI INSPECTION INSTITUTE

(Signed)

Director

3. 数量条件

取引に用いる数量や重量は，商品や業界によってその単位が異なることが多い。また数量をめぐるクレームは，貿易クレームのなかで比較的多いものでもある。したがって，取引条件として数量を決める場合には，どの単位を使用するのかを明確にしておく必要がある。

Ⅰ 数量単位

1 数量単位の表し方

契約条件の数量は，その商品の国際取引で通常使われている単位にもとづいて表さなければならない。このとき，個数による単位なのか，それとも重量・容積・長さ・包装などによる単位なのかについて，売手と買手は共通の理解にもとづき，交渉を進めなければならない。

【図表4－2】 数量単位（Unit）の表し方の例

重量（Weight）…metric ton＝kilo ton＝M／T，
　　　　　　　　Kilogram＝kg，pound＝lb
容積（Measurement）…cubic meter＝k，cubic feet＝cft，barrel
個数…piece＝pc，each＝ea，dozen＝dz，gross，台＝set，対＝pair
包装単位（Package）…Bag＝袋，Dram＝ドラム缶，Case，Bale，Carton
長さ（Length）…meter＝m，yard＝yd，feet＝ft
面積（Square）…square feet＝sft

2 重量トンと容積トン

重量トン（W／T）には次の種類があり，同じ単位でも重さが異なるので，注意が必要である。

① メートルトン＝仏トン（Metric ton＝2,204.6ポンド＝1,000kg）

② 重トン＝英トン（Long ton＝2,240ポンド＝1,016kg）

③ 軽トン＝米トン（Short ton＝2,000ポンド＝907kg）

容積トン（M／T＝Measurement ton）は，1 M／T＝1 m³で計算する場合と，40立方フィート（cft＝cubic feet＝1.133m³）を1 M／Tで計算する場合とがある。現在定期船の運賃では，1 M／T＝1 m³を採用している。m³はMと表記し，「エムスリー」と呼んでいる。

Ⅱ 数量決定時点

取引契約上の数量と引渡し時点での数量は一致していることが求められる。しかし，輸送に時間のかかる海上輸送などの場合，輸送途上で数量が欠減することも考えられる（アルコールが蒸発したり，砂利がこすれ合って摩滅したりなど）。このため，同じ数量でも，船積時の数量なのか，陸揚時の数量なのかを明確にしておく必要がある。

① 船積数量条件（Shipped Weight Terms）

② 陸揚数量条件（Landed Weight Terms）

Ⅲ 数量過不足容認条件

鉱産物や穀物などのようなバルク・カーゴ（Bulk Cargo　バラ荷）では輸送中に過不足の生ずる危険があり，契約数量通りの貨物の受渡しが困難なので，契約の際にはある一定の範囲の過不足を認めている。この場合には，数量過不足容認条件（More or Less Terms）として，たとえば"5% more or less at the Seller's（またはBuyer's）option［5％以内の過不足は，売手（または買手）の任意］"のように，契約条項をつけ加える。

Certificate No.	（重量容積証明書の番号）	NIPPON KAIJI KENTEI KYOKAI

Shipper

Forwarding Agent No.:

（海貨業者）

CERTIFICATE AND LIST
OF
MEASUREMENT AND/OR WEIGHT

Our Ref. NO.

Page

Date & Place of Issue　（発行日と発行場所）

HEAD OFFICE　　　Tel. (03) 3552-1241
Kaiji BLDG, No9-7 2chome Hatchobori　Fax. (03) 3552-1260
Chuo-ku, Japan

Date & Place of Measuring and/or Weighing

（検量日と検量場所）

BRANCHES
ALL PRINCIPAL PORTS IN JAPAN

Ocean Vessel	Voy. No.
Place of Receipt	Port of Loading
Port of Discharge	Place of Delivery　Final Destination

Marks & Nos.	Number. of P' kgs	Kind of P' kgs	Description of Goods	Gross Weight KG	Measurement CU. METER

8 CASES

（寸法）DIMENSION	（重量）WEIGHT (KG)	（容積）MEASUREMENT (CU. METER)
M CM　M CM　M CM L　　W　　H	EACH　　　TOTAL	EACH　　　TOTAL

荷印

（商品名）

CASE	（縦）	（横）	（高さ）		
				××,×××	××,×××
1	1	×○	×○	×○	(SURCHARGE CARGO......B,H)
				××,×××	×,×××
2	1	×○	×○	×○	(SURCHARGE CARGO........B)
				×××	×,×××
3	1	×○	×○	×○	(SURCHARGE CARGO........B)
4	1	×○	×○	×○	
				××,×××	××,×××

We hereby certify that the measurement and/or weight of the goods were
taken by our sworn measurers in accordance with the
provisions

×…メートル
○…センチメートル

品質条件・数量条件等　4

4. 価格条件

価格を決定する場合の要件として，商品代金以外に輸送費用，保険料，関税などのどの費用を含めるのかを示した①貿易条件，②価格のたて方，③決済通貨の選択，の三つの側面からみていくことができる。

このうち①貿易条件については次章で詳しくみていくので，ここでは②と③について説明することにする。

価格のたて方

価格を決めるためには，まず基本となる原価（＝基本原価）といわれるものがあり，それに実際にかかるいろいろな費用を足したり引いたりして価格を決めていく（建値）。

1 価格決定の構造

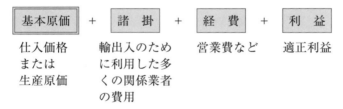

基本原価	+	諸 掛	+	経 費	+	利 益
仕入価格 または 生産原価		輸出入のために利用した多くの関係業者の費用		営業費など		適正利益

2 輸出入諸掛の主な項目

輸出入取引にあたっては，多くの業者を利用することになるが，このときにかかった費用を「諸掛（しょがかり）」という。輸出入それぞれの諸掛には，次のようなものがある（3文字のアルファベットは次章で学習する各貿易条件を示す）。

【図表4－4】 輸出入取引の諸掛

輸出諸掛（コンテナ貨物）				輸入諸掛（コンテナ貨物）			
貿易条件 諸掛項目	FCA	CPT	CIP	FCA	CPT	CIP	貿易条件 諸掛項目
輸 出 包 装 費	○	○	○	○	○	○	引取・国内運賃
引取・国内運賃	○	○	○	○	○	○	倉 庫 料
検 査 料	○	○	○	○	○	○	検 査 料
倉 庫 料	○	○	○	○	○	○	通関・船積費用
通関・船積費用	○	○	○	○	○	○	輸 入 関 税
国 際 輸 送 費		○	○	○			国 際 輸 送 費
海 上 保 険 料			○	○	○		海 上 保 険 料

Ⅱ 取引通貨

　通貨を決める場合には，①自国通貨，②相手国通貨，③第三国通貨のいずれか
で決めることになる。ある国の通貨を他国の通貨に替える場合には外国為替相場
が発生することになるが，為替変動制下では決済する通貨によっては為替差損益
が発生することに注意する必要がある。

　決済通貨を決める場合に通常最も多く使われているのは，基軸通貨である米ド
ルである。

　外国通貨を決済通貨に使用した場合には，為替変動リスクを回避する手段（た
とえば為替予約など）を考えなければならない。

5. 貨物の受渡し条件

貿易取引における受渡し条件とは，具体的には貨物の受渡し
場所，時期，方法をさす。

1　受渡しの場所

貿易条件で決められた，たとえば FOB Yokohama あるいは FCA Los Angeles
のように，インコタームズ（第5章参照）のルールに従って記載された場所が受
渡し場所となる。

2　受渡し方法

貿易取引では，第三者である運送人（Carrier）を荷受人（通常は輸入者）の
受託者として貨物を引き渡す間接引渡しが原則である。

3　受渡しの時期

貿易取引では船積時期（Time of Shipment）を意味するが，航海中の自然現
象や事故，また船会社の配船予定の変更などがよく起こることから，ある特定日
に限定することはできないため，通常はある一定の期間を定めて船積時期とす
る。たとえば次のようなものがある。
① 特定月あるいは特定月の上旬，下旬等の一定期間
② 月をまたぐ一定期間
③ 信用状受領後，特定日数日以内など

4　仕向地

積港，揚港を条件として決めるのはもちろんのこと，途中複数の輸送形態を利
用して輸送する場合には，最終仕向地も条件として明記する。

5　分割船積みの可否

一契約の商品について，複数回に分けて船積みすることを「分割船積み」とい
う。それが許容されるかどうかを条件として明記する。

6　貨物の積替えの可否

　商品を輸送途中で他の船あるいは航空機に積み替えることについて，許容するかどうかを明記する。国際複合輸送が予定される場合は，積替えを可としておく必要がある。

●キーワード

国際複合輸送とは？

　二つ以上の異なった輸送手段を利用しながら，輸送責任を一人の複合運送人が引き受けるもので，この輸送手段の組合わせはいろいろ考えられる。

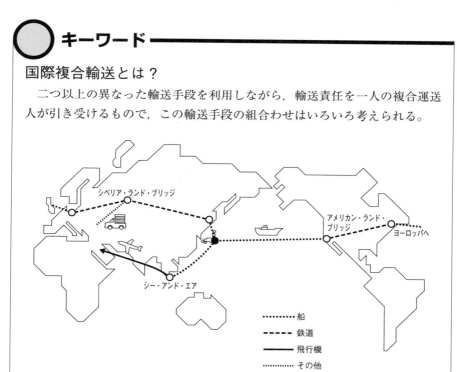

6. トラブルへの対処条件

契約を締結しても，さまざまな理由によりその契約が予定通りうまく履行されないことが起こり得る。ここではそのような事態に備えるために，契約の時点でどのように対処していけばいいのかについてみていこう。

Ⅰ 契約違反と不可抗力

契約違反とは，一方の契約者が契約通りに義務を履行しないことをいう。契約違反の最たるものは代金の不払いである。**不可抗力**とは，契約者のいずれにも責任のない理由で，契約を実行に移すことができないことをいう。

一方の契約者に契約違反があった場合には，被害を受けた側に損害賠償請求権を認めたり，場合によっては契約の解除権を認めることを，契約書上で明確にする。また，数量，品質の違反に関しては，買手を救済するために，商品を受け取ってから一定期間内にクレーム通知（損害賠償請求）を出すことを，契約書に条件として明記する。

不可抗力の場合については，まずどのような事態が不可抗力なのかを契約書上で規定する。次にその不可抗力の事態が発生した場合，売手や買手に与えられる「免責内容」を条件として取り決める。

 キーワード

免責とは？

免責とは，本来負わなければならない責任を問われずに許されることをいう。ここでは，売手，買手にとって本来は果たさなければならない義務を，やむを得ない事情（不可抗力）のために，一定期間免除することをいっている。どのようなときに義務が免除されるかを，契約書のなかで明確にしていくことになる。

Ⅱ 紛争の解決

　売買契約の不履行や解釈の相違により紛争が生じることがあるが，その場合の解決方法を契約書のなかで規定する。解決方法としては，「斡旋」「調停」「仲裁」「裁判（訴訟）」の四つがある。

　斡旋は，第三者が解決のための助言を行い，その判断を当事者に任せるものであり，調停は第三者が両当事者に調停案を示すもので，ともに当事者がこれらに合意しない限り成立しないため，最終的には仲裁か裁判ということになる。裁判は国をまたがる貿易取引の場合には解決が難しいことが多いので，仲裁による解決を契約書に規定するのが一般的である。実際には，契約書上で「**仲裁条項（Arbitration Clause）**」として仲裁地，仲裁機関，仲裁規則を特定して合意しておけばよい。

　次の記述について，正しいものには○印を，誤っているものには×印をつけなさい。

(1)　仕様書売買では，材料，性能，耐久性等のデータや図面，写真などを添付した仕様書をもとに，品質条件が決定される。

(2)　品質決定時点には，船積品質条件と陸揚品質条件があるが，いずれの場合も国際検査機関による検査を受け，品質についての検査証明書が必要となる。

(3)　見本による売買は，主に製品，加工品の貿易取引に利用されている。

(4)　代理店契約にもとづく代理店の商行為は，全て代理人として行うものなので，その結果生ずる利潤または損失は本人に帰属する。

(5)　売買契約の不履行を原因とする損害賠償請求は，売買契約書に定めがある場合にのみ行うことができる。

　次の記述について，（　　）内に示した語句のうち，正しいものを選びなさい。

(1)　フィリピン産のバナナを輸入する場合，品質決定方法として適しているものは，（A　標準品売買　　B　仕様書売買）である。

(2)　品質決定条件で（A　GMQ　　B　FAQ）とは，漁労品・木材などの商品の場合に，売買するに足る適切な品質を備えていることをいう。

(3)　販売店契約では，契約当事者は（A　本人対代理人　　B　本人対本人）の関係となる。

　次の各問について答えを１つ選びなさい。

(1)　貿易取引における売買契約に際し，数量決定時点を船積数量条件とした場合において，輸入者が輸出者に提出を義務づけるべき書類は，次のうちどれか。

　　A　重量容積証明書

　　B　検査証明書

　　C　パッキング・リスト

(2)　次の記述は，数量条件についてのものであるが，正しいものはどれか。

　　A　契約条件の数量は，その商品の国際取引で通常使われている単位にもとづいて表されなければならない。

　　B　重量トン（W／T）については，米トンと英トンとで，呼称が異なっているものの同じ単位なので，重さも同一である。

　　C　数量単位の略語「M／T」は，メートルを表す単位である。

(3)　次の記述は契約当事者についてのものであるが，正しいものはどれか。

　　A　取引の相手方であって，自己の責任と計算で取引をする者を，代理人という。

　　B　海外市場における販路の開拓や拡大のために，その市場の有力な商社や販売会社に自社の代わりに営業活動をさせることを，販売店契約という。

　　C　一定の地域において商品を独占的に販売する権限を与えられた代理人を，総代理店という。

(4)　次の記述は，契約違反，不可抗力および免責についてのものであるが，正しいものはどれか。

　　A　契約違反とは，契約者のいずれにも責任のない理由で，契約を実行に移すことができないことをいう。

　　B　不可抗力とは，一方の契約者が契約通りに義務を履行しないことをいい，その最たるものとして，代金の不払いが挙げられる。

　　C　免責とは，本来負わなければならない責任を問われずに許されることをいう。

解答と解説

1．(1)−○

　　(2)−×　品質決定時点には，船積品質条件と陸揚品質条件があるが，陸揚品質条件の場合には検査証明書は必要ない。一方，船積品質条件の場合，輸入者には船積時に契約通りの品質が確保されているかどうか判

断できないので，通常，輸出者に品質についての検査証明書の添付を
義務づけている。

(3)−○

(4)−○

(5)−× 契約不履行を原因とする損害賠償は，契約書に定めていなくても行
うことができる。

2．(1)−A 農水産物，畜産物などの品質は，見本と現実の正確な一致が難しい
ため，標準品を示し，その品質のずれを価格によって調整する方法が
用いられている。

(2)−A 品質決定条件でGMQ（Good Merchantable Quality Terms）とは，
「適商品質条件」であり，漁労品・木材などの商品の場合に，売買す
るに足る適切な品質を備えていることをいう。一方，FAQ（Fair
Average Quality Terms）とは，「平均中等品質条件」のことで，農
産物などを収穫する前に売買する場合に，中等品質を規定し，条件と
する。

(3)−B 販売店契約では，契約当事者は本人対本人の関係となる。したがっ
て，たとえば自社がこれらの販売店に輸出する契約をする場合，ある
いは自社が販売店となって輸入する場合には，契約当事者は全て本人
となるので，販売店の在庫や輸入地での販売価格は，全て販売店の責
任となる。

3．(1)−A 船積数量条件では，輸入者は船積時に本当に契約通りの数量であっ
たかを確認することができない。したがって，通常，輸出者に重量容
積証明書の提出を義務づける。

(2)−A 契約条件の数量は，その商品の国際取引で通常使われている単位に
もとづいて表されなければならない（選択肢A）。重量トン（W／T）
については，同じ単位でも重さが異なるので注意が必要である。たと
えば，「米トン」は1トンが907kg，「英トン」は1トンが1,016kgで
あり，それぞれ重さが異なっている（選択肢B）。M／Tは，容積ト
ン＝metric ton＝kilo tonを意味する（選択肢C）。

(3)−C 取引の相手方であって，自己の責任と計算で取引をする者を，本人

（Principal）といい（選択肢A），依頼人から手数料を受け取って取引の相手方となる者を代理人（Agent）という。また，海外市場における販路の開拓や拡大のために，その市場の有力な商社や販売会社に自社の代わりに営業活動をさせることを，代理店契約という（選択肢B）。さらに，一定の地域において，商品を独占的に販売する権限を与えられた代理人を，総代理店という（選択肢C）。

(4)- C　免責とは，本来負わなければならない責任を問われずに許されることをいう（選択肢C）。不可抗力とは，契約者のいずれにも責任のない理由で，契約を実行に移すことができないことをいう（選択肢B）。また，契約違反とは，一方の契約者が義務を履行しないことをいい，その最たるものとして，代金の不払いが挙げられる（選択肢A）。

第 5 章

インコタームズの基礎知識

1. インコタームズとは

貿易取引では異なる国の間でモノ（貨物）とカミ（書類）が移動するが，どこまでが輸出者の責任で，どこからが輸入者の責任なのかが明確でないとトラブルのもととなる。しかし各国の法制度や商習慣は異なっており，統一された国際的商法典は存在していない。そこでこれを補うために，長年にわたる貿易取引から生まれてきた慣習を文章化したものが，インコタームズといわれる貿易条件である。

Ⅰ 貿易条件

　売買契約を締結するときに，輸出者，輸入者双方にとって最も重要な項目が「**貿易条件**」である。FOB，CIF などと表現される貿易条件は，英語では **Trade Terms**（トレード・タームズ）といい，取引条件，あるいは交易条件とも呼ばれている。

　貿易条件は，売買する当事者間の**①費用負担の範囲**と**②貨物の危険負担の範囲**（貨物の受渡し時点）の両方を示している。輸出者と輸入者の負担の範囲が明確に規定されていないと，それぞれの解釈が異なりトラブルのもとになる。貿易取引ではこのような紛争を避けるために，取引条件を略語で表現する定型的な貿易条件が長年の取引慣習から生まれてきたのである。これらの定型的貿易条件に関する解釈上の基準を定めたものには，次の三つがある。

① インコタームズ
　（International Rules for the Interpretation of Trade Terms）
② 改正米国貿易定義
　（Revised American Foreign Trade Definitions, 1941）
③ ワルソー・オックスフォード規則（CIF Warsaw-Oxford Rules）
　ただし，③については今日では実際に使用することはない。

Ⅱ インコタームズとは

　インコタームズは<u>In</u>ternational <u>Co</u>mmercial <u>Terms</u> の，アンダーラインをした IN と CO に TERMS を組み合わせた合成語であり，国際商業会議所（ICC = International Chamber of Commerce）が，貿易条件の解釈に関する国際規則として制定した解釈基準である。最初のインコタームズは1936年に誕生し，その後時代の要求に合わせて何度か修正，追加，削除され，2010年版を改正した2020年版が最新版となっている。

　2020年に改訂されたインコタームズは，2分類11条件に分類される。これらは，貿易条件をアルファベット3文字で表記されたものである。なお，これらの11条件は，E，F，C，D の4類型に分類することもできる。インコタームズは法律でも国際協定でもないため，採用するか否かは契約当事者の自由であり，またインコタームズを使う場合でも，2020年版の使用が義務づけられているわけではない。このため旧版を使用してもかまわないが，旧版の使用に際しては，売手，買手の条件合意のためにも何年版のインコタームズであるかを契約書上に明示すべきであるといえる。

　なお，2010年版も2020年版も，共に2分類11条件（11規則）で条件等の数に変更はないが，D 類型の中身が変わっている。2020年版の主な改正点は，次のとおりである。

①　引渡し場所の表記方法

　　インコタームズ2010年版でも言及されていたが，2020年版では貨物の引渡し場所について，引渡地内の正確な地点をできる限り明瞭に特定することが強く推奨されている。その地点が危険負担の分岐点であり，かつ費用負担の分岐点になる場合も多くあるからである。

②　DAT から DPU への変更

　　インコタームズ2010年版における DAT（Delivered at Terminal）と DAP（Delivered at Place）の唯一の相違は，DAT が到着した運送手段から荷卸しされた状態で貨物を引き渡すのに対して，DAP は到着した運送手段の上で買主の処分に委ねられた時に貨物を引き渡されたとする点である。

　　このことを踏まえて，2020年版ではまずこの二つの条件の並び順を逆にし，荷卸し以前に引渡しがある DAP を前にし，それと同時に DAT を DPU（Delivered at Place Unloaded）に改称し，仕向地を「ターミナル」に限定

せず，いかなる場所でも可とした。

③ 積込済みの付記（On Board Notation）のある船荷証券とインコタームズFCA条件

FCA Las Vegas で取引される貨物は，ラスベガスで道路運送業者によって集荷されてロサンゼルスに陸送され，そこで船積みされる。つまり，FCAの下での貨物の引渡しは，貨物の本船船積み前に完了している。したがって，売主が運送人から積込済みの付記のある船荷証券を必ず取得できるかどうかは定かではない。しかし，これが信用状取引の場合，買主から積込済みの付記のある船荷証券を要求される。このような状況に対処するため，2020年版のFCAでは，「買主は，運送人に物品の本船積込後に積込済みの付記のある船荷証券を提供する義務を負う」と追加規定している。

④ CIFおよびCIPにおける保険の補償範囲の相違

2010年版では，CIFおよびCIPともに，売主に自己の費用により，少なくとも協会貨物約款（C）又は同種の約款（旧ICCのEPA）によって規定されている最低限の補償範囲を満たす貨物保険を取得する義務を課していた。

しかし，2020年版では，CIFにおいては協会貨物約款（C）条件のままとし，現状が維持され，一方，CIPにおいては協会貨物約款（A）条件の補償範囲を満たす貨物保険を取得しなければならなくなった。

⑤ FCA，DAP，DPU，DDPの各条件における運送の手配

2010年版では，貨物が売主から買主に運送される場合，当該貨物は第三者である運送人により運送されることが規定されていた。しかしながら，2020年版では，売主及び買主は貨物の運送について，第三者と運送契約を締結することを含めて必要な運送を手配すればよいと明記している。

これは，DAP，DPU，DDPの場合，売主は第三者に外注することなく，自己の運送手段を用いて取引貨物を運送することがあり得るし，買主が商品の買い付けでFCAを利用するときに引き取った商品を自己の施設まで自己の車両を使用することもあり得るということを想定したものである。

⑥ 貨物の引渡しおよび調達

現代の商取引において，特に商品取引所で取引されるような商品（Commodities）では，たとえ商品が運送の途上にあっても，売買が鎖のように連続して行われている。2020年版ではそれを想定し，EXW以外の全ての条件で，貨物の引渡しの義務について，「それぞれの条件に従って貨物を

引き渡さなければならない。またはそのように引き渡された貨物を調達することによって引き渡さなければならない」と調達について言及している。

⑦　安全要件を含めた運送契約の手配と費用の分担

安全確認の要件については，2010年版でも言及されていたが，2020年版ではより明確に示されている。例えば，CPT 取引のように売主が運送手配する場合には，「売主は，仕向地までの運送に関して運送関連の安全要件に従わなければならない」と規定している。また，FCA 取引のように買主が運送を手配するような場合には，売主は「引渡しまでの運送関連の安全要件に従わなければならない」と同時に，買主の要求に応じて，「売主の保有する，買主が運送の手配に必要な情報（安全要件を含む）を提供しなければならない」としている。

運送をどちらが手配するにしても，この安全要件を充足するために要した費用は，ともに相手側に請求できる旨も規定されている。

Ⅲ　インコタームズと改正米国貿易定義

アメリカ合衆国は国土が広く，また運河や，大陸を横断する鉄道があることから，固有の貿易条件「改正米国貿易定義」が規定されている。

米国貿易定義は今日では主として米国での国内取引に使用されているが，特に米国貿易定義の FOB は，インコタームズの FOB と同様の表現であっても，全く異なる取引条件を示すことがあるので，米国企業との取引の際は，いずれの FOB なのかを明確に表示することが必要である。

2. 貿易条件で示される もの

> インコタームズによる貿易条件は11種類あるが，実務上よく 使用されているのが FOB，CFR，CIF の3種類である。そ こでここでは，インコタームズの基礎的な理解のために，こ の主要3条件についてその考え方をきちんと整理しよう。

Ⅰ 貿易条件で示される負担の範囲

　インコタームズによる11種類の貿易条件のなかで，FOB，CFR（C&F），CIF の三つの条件は，実務上よく使われている。

　それぞれの貿易条件は，売主と買主の義務を規定しているが，その骨子は，①**費用負担の範囲**と，②**貨物の危険負担の範囲**である。なお，所有権の移転についてはインコタームズでは規定しておらず，国際私法の定めるところにより適用される各国内法によるとされる。では，インコタームズの主要な貿易条件である FOB，CFR（C&F），CIF の三つの条件は，それぞれこの①②についてはどのような条件になっているだろうか。

1　費用負担の範囲

　FOB は「本船渡価格」という。つまり輸出港の本船上で貨物を引き渡すまでにかかった費用を示しているといえる。これを「Cost」という。

　CFR（C&F）は「Cost」＋「Freight」のことで，FOB に運賃が加わった「運賃込本船渡価格」という。

　CIF は「Cost」＋「Insurance」＋「Freight」のことで，「運賃・保険料込本船渡価格」という。

　この関係を図示すると，図表5-1のようになる。

FOB	Cost 仕入価格（または製造原価），梱包費， 国内輸送費，輸出者利益，その他通関・ 船積緒経費など				

CFR (C&F)	Cost 同上	+	Freight （運賃）	

CIF	Cost 同上	+	Insurance Premium （保険料）	+	Freight （運賃）

2　貨物の危険負担の範囲

　FOB，CFR（C&F），CIF の三つの条件とも，売主から買主への危険の移転は，全ての貨物が本船の船上に置かれた時，または引き渡された貨物を調達した時，とインコタームズでは規定されている。つまり貨物の危険負担の範囲については，三つとも同じなのである。

Ⅱ FOB，CFR（C&F），CIF と書類

　FOB の場合には，運賃・保険料は買主負担ということになる。このため，各種書類への表示では「FOB 輸出港名」と表示され，一般には運賃については「Freight Collect」と表示される。

　CFR（C&F）の場合には，運賃は売主負担のため，貿易条件の後にはそこまでの運賃は支払済みということで，「CFR 輸入港名」と表示される。また「Freight Prepaid」となる。

　保険料を売主が負担するのは，この三つの条件のなかでは CIF だけなので，この場合のみ売主側に保険証券があることになる（図表5-5参照）。

　なお，日本では実務上，在来船時代から続く慣習から，コンテナ船の取引でも在来船取引条件である FOB，CFR，CIF 条件を使用していることが多いが，2000年版インコタームズ以降，国際商業会議所ではトラブル回避のためにも，コンテナ船取引においては，FCA，CPT，CIP 条件を採用することを強くすすめている。

3. インコタームズによる 貿易条件

2020年に改正された最新のインコタームズでは，まず貿易条件を輸送手段により2分類化し，11種類の定型取引条件を規定している。

Ⅰ 2010年版インコタームズの条件

　最新のインコタームズでは，図表5-2のように，2分類かつ①〜⑪の11条件が規定されている。なお，これらの11条件は，2010年版インコタームズと同様にE，F，C，Dの4類型に分類することもできる。4類型の特徴は次の通り。

〈E類型：出荷条件〉

　売主が売主自身の施設等において，物品を買主に提供する取引条件。

〈F類型：主要輸送費買主負担条件〉

　売主が買主によって指定された運送人（船会社，航空会社，複合運送人等）に物品を引き渡すことを求められ，かつ主要輸送費は買主負担となる条件。輸出通関の義務は売主。

〈C類型：主要輸送費込条件〉

　売主が主要輸送費を負担するが，船積みまたは運送人引渡し後に起こった貨物の損害については買主が責任を負う条件。輸入通関の義務は買主。

〈D類型：到着条件〉

　売主が，貨物を目的地まで輸送するのに必要な全ての費用と危険を負担する。

【図表5－2】 2020年版インコタームズ

グループⅠ　いかなる単数または複数の輸送手段にも適した条件			
E 類型 出荷条件	❶ EXW	Ex Works (named place of delivery)	「工場渡条件」 （指定引渡し地）
F 類型 主要輸送費買主 負担条件	❷ FCA	Free Carrier (named place of delivery)	「運送人渡条件」 （指定引渡し地）
C 類型 主要輸送費込条件	❸ CPT	Carriage Paid To (named place of destination)	「輸送費込条件」 （指定仕向地）
	❹ CIP	Carriage and Insurance Paid To (named place of destination)	「輸送費・保険料込条件」 （指定仕向地）
D 類型 到着条件	❺ DAP	Delivered At Place (named place of destination)	「仕向地持込渡条件」 （指定仕向地）
	❻ DPU	Delivered at Place Unloaded (named place of destination)	「荷卸持込渡条件」 （指定仕向地）
	❼ DDP	Delivered Duty Paid (named place of destination)	「関税込持込渡条件」 （指定仕向地）
グループⅡ　海上および内陸水路輸送のための条件			
F 類型 主要輸送費買主 負担条件	❽ FAS	Free Alongside Ship (named port of shipment)	「船側渡条件」 （指定船積港）
	❾ FOB	Free On Board (named port of shipment)	「本船渡条件」 （指定船積港）
C 類型 主要輸送費込条件	❿ CFR	Cost and Freight (named port of destination)	「運賃込条件」 （指定仕向港）
	⓫ CIF	Cost, Insurance and Freight (named port of destination)	「運賃・保険料込条件」 （指定仕向港）

※　2020年版インコタームズは，2クラス11規則としているが，本書では，2グループ11条件
と表現している。

では，①〜⑪の条件がどのようなものかを確認していこう。

① EXW

　　輸出地（積み地）の工場（売主の施設または指定場所）で貨物を引き渡す条件のことで，この時点で危険負担は売主から買主に移る。

② FCA

　　運送人渡条件のことで，輸出地における指定場所で買主の指定した運送人に貨物を引き渡し，この時に危険負担が移転する。具体的にはコンテナ船の場合のコンテナ・ヤード（第6章「2．海上輸送」Ⅰ参照）等での引渡しが該当し，在来船用の FOB に対応する。

③ CPT

　　運送人渡条件における輸入地までの輸送費込条件のこと。危険負担は輸出地において売主の指定した運送人に引き渡した時に移転する。コンテナ船等の場合に使われ，在来船用の CFR（C&F）に対応する。

④ CIP

　　運送人渡条件における輸入地までの輸送費と保険料込条件のこと。危険負担は CPT 条件と同じ。在来船用の CIF に対応する。

⑤ DAP

　　仕向地持込渡条件のことで，売主は輸入地の指定場所に到着した輸送手段の上で買主に貨物を引き渡し，この時点で費用負担と危険負担が買主に移転する。荷卸し作業および輸入通関，関税納付は買主が行う。

⑥ DPU

　　指定仕向地において，到着した運送手段から荷卸しされ，貨物が買主の処分に委ねられた時に引渡しが完了し，貨物の危険負担と費用負担が売主から買主に移転する。運送手段からの貨物の荷卸しは売主側の義務となり，指定仕向地までの輸送費も売主が負担するが，輸入通関費や輸入関税は買主の負担となる。

　　DAP と同様に受渡し場所としてターミナルを含むため，2010年版の DAT はそのままこの DPU に包含された。

⑦ DDP

　　関税込持込渡条件のことで，売主は輸入通関と関税納付を済ませ，輸入地の指定場所に到着した輸送手段の上で買主に貨物を引き渡す。荷卸し作業は買主が行う。

⑧ FAS

　　船側渡条件のことで，輸出港に停泊中の本船の側面に貨物をつけた時に，危険負担が買主に移転する。一般的な貨物ではなく，木材等に使用されている。

⑨ FOB

　　本船渡条件のことで，貨物が本船の船上に置かれた時，または引き渡された貨物を調達した時に，危険負担と費用負担が買主に移転する。

⑩ CFR（C&F）

　　輸入港までの運賃込条件のことである。ただし，危険負担の移転は前項⑨のFOBと同じである。

⑪ CIF

　　輸入港までの運賃と保険料込条件のことである。ただし，危険負担の移転はFOBと同じである。

これら①～⑪の条件を図示すると，下の図表5-3のようになる。

【図表5-3】　インコタームズの11条件

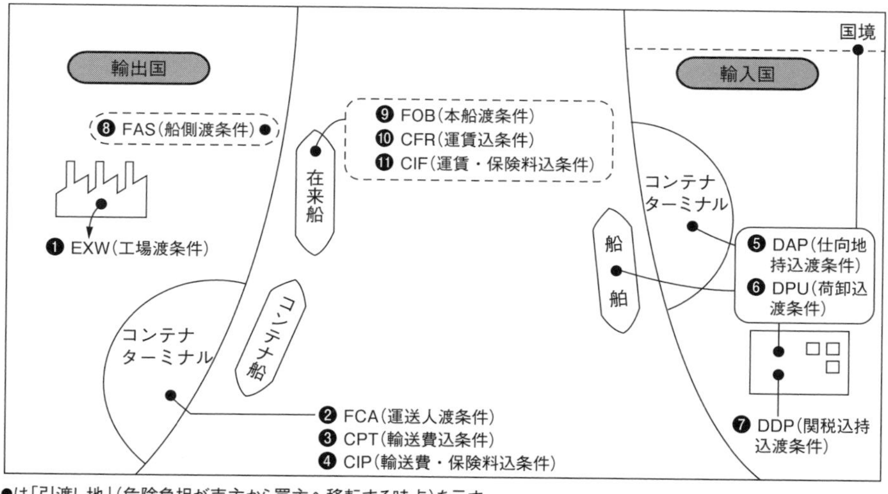

●は「引渡し地」（危険負担が売主から買主へ移転する時点）を示す。
(＿)の⑧～⑪はグループⅡ「海上および内陸水路輸送のための規則」の条件であり，その他はグループⅠの条件。

Ⅱ 各条件の費用と危険の移転時点

　インコタームズは，C類型を除き，貨物の引渡し場所までの費用を売主が負担

【図表5-4】　貿易条件による費用負担と危険負担

	輸出国						国際輸送			輸入国					備考
	製造原価（仕入原価）	輸出梱包費	保管費用	国内運賃・保険料等	許認可等取得費用	輸出通関費	船積費用	海上運賃（国際輸送費）	海上保険料	船卸費用	輸入通関費・関税等	国内運賃	国内保険料	指定仕向地荷卸費用	
EXW			輸出者施設												貨物の引渡しは，輸出国内のいずれの場所（売主の施設を含む）でも可。
FCA				運送ターミナル(CY:CFS等)											
CPT				運送ターミナル(CY:CFS等)											運送人への引渡し時に売主の危険負担は買主に移転する。
CIP				運送ターミナル(CY:CFS等)											
DAP														指定仕向地	
DPU														指定仕向地	輸入国内の合意された引渡し地点で，貨物が買主に引き渡されたときに，危険負担は売主から買主に移転する。
DDP														指定仕向地	
FAS							船側								
FOB							本船甲板								本船甲板上に，安全に貨物を置いたときに，売主の危険負担は買主に移転する。
CFR							本船甲板								
CIF							本船甲板								

（縦方向の帯）輸出国：国際運送人への引渡し／国際輸送：船会社への引渡し／輸入国：輸入国内運送人への引渡し

▨：輸出者の費用負担の範囲（白地の部分は輸入者の費用負担の範囲）
▩：指定仕向地が輸入国内陸の場合には，輸出者の費用負担の範囲
▧：輸出者の危険負担の範囲（白地の部分は輸入者の危険負担の範囲）

注1：EXW以外は，売主が輸出地での通関を行う
注2：CPT，CIPは，輸出国内で国際運送人に貨物を引渡した場合には，危険負担も同時点で移転する
注3：DDPは，輸入地の内陸部まで持込む場合として表示

することになり，原則として費用負担に合わせて危険負担が移転する。では，貿易条件の種類による貨物の引渡し場所を確認しよう。

　E 類型：売主の営業所（工場，店頭，倉庫など）

　F 類型：輸出地で船側，本船または運送人への引渡し時点

　C 類型：輸出地で本船または運送人への引渡し時点，ただし売主の費用で輸送
　　　　　あるいは輸送および保険を手配

　D 類型：輸入地側の指定場所

　なお，売主から買主への貨物の引渡しは，FCA，CPT，CIP 条件では貨物を運送人の管理下に引き渡した時になる。FOB，CFR，CIF 条件では，引渡しは船積港における本船上となるが，危険の移転は本船の船上に置かれた時，または引き渡された貨物を調達した時と規定されている。

 ## Ⅲ 輸送方法と貿易条件

　通常貿易取引に使用されるインコタームズは，在来船による場合は FOB，CFR，CIF のインコタームズを使用し，コンテナ船，航空輸送，陸上運送あるいは国際複合輸送の場合は，FCA，CPT，CIP のインコタームズを使用するのが実態に即している（図表 5-5 および図表 5-6 参照）。また現地に支店や事務所のような現地法人がある場合には DAP，DPU，DDP のインコタームズを使用することが多くなる。

　インコタームズはもともと在来船による海上運送時代に誕生したものだが，今日では通常の貨物はコンテナ船や国際複合輸送によって運ばれるのが普通であり，在来船はコンテナ船の配船がない航路や特別な貨物の場合などに利用されている。

　コンテナ船や国際複合輸送の場合，輸送人の責任は貨物の受取時点，つまりコンテナ・ヤード，コンテナ・フレート・ステーションなどから開始する。したがって貿易取引のなかで重要な書類である船荷証券や輸送証券も貨物を受け取った時点，つまり受取式で発行される。ということは，コンテナ詰貨物の場合の貿易条件には，輸送人への引渡し時点で危険が移転する FCA，CPT，CIP 条件が適していることになる。特に輸出取引では，危険負担を明確にするために，輸送方法に適した貿易条件で交渉を進めるべきだといえる。

【図表5-5】 FOB, CFR, CIF の比較表

			FOB (輸出港本船渡条件) Free on Board	CFR (運賃込本船渡条件) Cost and Freight	CIF (運賃・保険料込 本船渡条件) Cost, Insurance and Freight
Terms（条件）の 表示方法と例示			FOB 輸出港名	CFR 輸入港名	CIF 輸入港名
			FOB Yokohama	CFR Los Angeles	CIF New York
負担の範囲	①費用	運　賃	買主負担	売主負担	
		保険料	買主負担		売主負担
	②貨物の危険		いずれの条件も，輸出地の港で船舶に貨物を積み込んだ時点 （厳密には本船の船上に置かれた時），または引き渡された貨物 を調達した時に，貨物の危険負担が輸出者から輸入者へ移転		
船荷証券（B/L） や航空運送状（Air Waybill）の運賃表 示			FREIGHT COLLECT （運賃着払い）	FREIGHT PREPAID （運賃前払い）	
書類	運送書類 （B/L，AWB など）		輸出地側で発行		
	保険証券		輸入地側で発行		輸出地側で発行

【図表5-6】 FCA, CPT, CIP の比較表

			FCA （運送人渡条件） Free Carrier （…named place）	CPT （輸送費込条件） Carriage Paid to （…named place of destination）	CIP （輸送費・保険料込条件） Carriage and Insurance Paid to （…named place of destination）
Terms（条件）の 表示方法と例示			FCA 指定地	CPT 指定仕向地	CIP 指定仕向地
			FCA Yokohama	CPT Chicago	CIP Baltimore
負担の範囲	①費用	運　賃	買主負担	売主負担	
		保険料	買主負担		売主負担
	②貨物の危険		指定場所で，FCA では買主によって指名された運送人に，CPT，CIP の場合には売主によって指名された運送人に，貨物を引き渡した時点で，貨物の危険負担が売主から買主へ移転		
船荷証券（B/L）や航空運送状（Air Waybill）の運賃表示			FREIGHT COLLECT （運賃着払い）	FREIGHT PREPAID （運賃前払い）	
書類	運送書類 （B/L，AWB など）		輸出地側で発行		
	保険証券		輸入地側で発行		輸出地側で発行

次の記述について，正しいものには○印を，誤っているものには×印をつけなさい。

(1) FCA 条件で取引をした場合，船荷証券の運賃表示は，"FREIGHT PREPAID" となる。

(2) インコタームズは，費用負担の範囲と貨物の危険負担の範囲，さらに，所有権の移転について規定したものである。

(3) インコタームズを貿易条件として使用する場合，国際協定によって2020年版の使用が義務づけられている。

(4) 日本から貨物を輸出する場合の貿易条件の表示が FOB KOBE となっている場合，運賃は売主負担である。

(5) インコタームズの CIP 条件での売主の危険負担は，売主の指定した運送人に貨物を引き渡した時点で移転する。

次の記述について，（　　）内に示した語句のうち，正しいものを選びなさい。

(1) 貿易条件が「CIF New York」と表示されていたら保険証券は（A　輸出地側　　B　輸入地側）で発行されることになる。

(2) 輸入取引の条件が DDP である場合，本邦到着後の通関手続および関税納付は（A　輸出者　　B　輸入者）が負担する。

次の各問について答えを1つ選びなさい。

(1) 次の記述は2020年版インコタームズに関するものであるが，その記述の正しいものはどれか。

A　インコタームズが表示する貨物の費用負担の範囲と危険負担の範囲は，同

一である。

　B　信用状取引を行う場合，インコタームズは信用状統一規則により，必ず採用しなければならない。

　C　インコタームズを使う場合，特に2020年版の使用が義務づけられているわけではない。

(2)　2020年版インコタームズにおける次の三つの貿易条件のうち，輸出港から輸入港までの運賃を輸入者が負担する条件はどれか。

　A　DDP 条件

　B　FCA 条件

　C　CPT 条件

(3)　次の三つの費用のうち，貿易条件が CFR の場合，輸出者が負担する費用について関係のないものはどれか。

　A　海上保険料

　B　輸出包装費用

　C　国際輸送費

解答と解説

1．(1)－×　FCA 条件の場合の B/L の運賃欄の表示は，FREIGHT COLLECT（運賃着払い）である。

　(2)－×　インコタームズは，所有権の移転については規定していない。

　(3)－×　インコタームズは法律でも国際協定でもないため，採用するか否かは契約当事者の自由である。

　(4)－×　FOB 条件とは，契約履行時点が本船に貨物を船積みした時点であり，それ以降に要する費用を買主，つまり輸入者が負担する取引条件である。本問の場合，運賃は買主負担である。

　(5)－○

2．(1)－A　CIF 条件では，Cost（費用），Insurance Premium（保険料），Freight（運賃）が売主（輸出者）負担になる。したがって，保険証券は輸出地側で発行される。

(2)-A　DDPとは，関税込持込渡条件のことで，売主は輸入地の指定場所（倉庫，工場，事務所等）まで貨物を持ち込み，買主に引き渡す。この時点で費用負担と危険負担が買主に移転する。通関手続および関税納付も売主に負担義務がある。

3. (1)-C　インコタームズを採用するか否かは契約当事者の自由であり（選択肢B)，また，インコタームズを使う場合でも，2020年版の使用が義務づけられているわけではない（選択肢C)。インコタームズが表示する貨物の費用負担の範囲と危険負担の範囲は，原則は同一であるが，CFR，CIF，CPT，CIPは費用負担の範囲と危険負担の範囲が一致しない（選択肢A)。費用負担は，CFR，CIFの場合，仕向港において売主から買主に移転し，CPT，CIPの場合は，仕向地において売主から買主に移転する。一方，危険負担は，CFR，CIFでは物品が本船の船上に置かれた時，または引き渡された貨物を調達した時に，CPT，CIPでは物品が運送人に引き渡された時に，売主から買主に移転する。

(2)-B　2020年版インコタームズの11条件のうち，輸入港までの運賃を買主が負担する条件は，E類型とF類型の条件となる。したがってFCA条件が該当する（選択肢B)。DDP条件およびCPT条件は，運賃売主負担となる（選択肢A，C)。

(3)-A　貿易条件がCFRの場合に含まれる輸出諸掛は，輸出包装費用，国内運賃，検査料，倉庫料，通関・船積費用，国際輸送費などである（選択肢B，C)。海上保険料は買主（輸入者）負担となる（選択肢A)。

第 **6** 章　貿易運送

1. 貿易運送の種類

貿易取引において貨物を運送する輸送手段にはどのようなものがあるのかについて、概観しよう。

また、各輸送手段のうち、どの形態がどの程度の頻度で利用されているのかについても、その実態を把握しておこう。

Ⅰ 主要な輸送方法

わが国は島国であることから、貿易取引で貨物を移動させるためには輸送手段として、船舶か航空機を利用することになる。したがって、貿易取引の主な輸送形態としては、次の三つが挙げられる。

① 海　上　輸　送　→　船舶による輸送
② 航　空　輸　送　→　航空機による輸送
③ 国際複合輸送　→　二つ以上の異なった輸送手段を組み合わせて行う輸送

①の海上輸送は、運賃は比較的安いが、通常、航空輸送に比べて輸送に時間がかかる。ただし、最近では韓国や台湾などの近隣諸国向けに、ジェット船などの高速船が出ており、かなり輸送時間が短縮されてきている。

定期船による海上輸送では、以前は貨物を手作業で船舶に積み込む形態だったが、最近では貨物をコンテナに詰めて輸送するコンテナ船が圧倒的に増えてきており、以前からの荷役形態に頼る船は在来船と呼ばれ、ごくわずかに利用されるだけになっている。

②の航空輸送は、運賃は海上輸送に比べて割高であるが、何といっても輸送時間が短いのが最大のメリットである。このため、生鮮食料品や生花、医薬品、電子機器、半導体などの輸送に利用されている。航空輸送には、直接、航空会社と運送契約をする方法のほか、**利用航空運送事業者（通称「混載業者」）** と呼ばれる専門業者が複数の小口貨物を取りまとめて輸送契約をする方法もあり、この場合には運賃が航空会社との契約と比べて割安になる。

③の国際複合輸送とは，一人の運送人が，船舶と航空機，船舶と鉄道など二つ以上の輸送手段を組み合わせて，一貫して輸送責任を持つ新しい輸送形態で，コンテナの出現により発達してきた。コンテナによる輸送では，貨物の荷役は天候に関係なく，またコンピュータによる自動制御で行えるようになり，他の輸送手段への積替えも容易になったため，このような輸送形態が出現してきたのである。

　国際複合輸送における運送人のことを「**複合運送人**」という。

　また，輸出入者にとって運送契約の相手方となる運送人は，船舶，航空機を運行する船会社，航空会社とは限らず，自らは輸送手段を持たずにこれらの運送人の運送手段を利用する「**利用運送事業者**」を，運送人として起用する例が多くなっている。③の国際複合輸送の場合にも，船会社が運送人となる以外にこれらの利用運送事業者が頻繁に利用され，運送人となっている。

Ⅱ その他の輸送方法

　このように，一般的な貿易取引の輸送方法は海上輸送，航空輸送，国際複合輸送であるが，このほかにサンプル商品や個人輸入品など一定重量までの小口貨物に対して，ドア・ツー・ドアによる輸送サービスを提供する次のような方法がある。

1　国際宅配便

　国際宅配便は，一つの契約のもとで軽量小型の書類または物品について航空輸送サービスを行う方法である。

　その特色は①ドア・ツー・ドアの一貫輸送であること，②所要時間が航空輸送より短く正確であること，③輸入税は買主である輸入者負担だが，通関込みの配達となること，にある。

　国際宅配便の対象は，クーリエおよびスモール・パッケージの二つのサービスである。クーリエ・サービスは信書以外の署名を要する書類等の一貫輸送であり，スモール・パッケージ・サービスは印刷物やサンプル，部分品などの各種小型少量貨物の一貫輸送である。

　国際宅配便は，わが国では当初，国際宅配業者が小口物品を取り集め，混載業

者に委託する形態で行われていたが，現在では混載業者が国際宅配便の運送人となるのが一般的である。

米国の国際宅配便では，航空輸送事業の規制緩和策により，宅配便業者が航空会社となることも認められており，「小口貨物航空企業」と呼ばれる。このような企業は自社機でクーリエ，スモール・パッケージを輸送しており，Federal Express 社，United Parcel Service（UPS）社はわが国へ航空機を乗り入れている。

2　国際郵便

信書以外の書類，印刷物，小口貨物も一般郵便としての小包郵便制度があり，通常30kg まで送付することができる。このほか，特別の郵便制度も設けられている。

このように，輸送形態が進歩するとともに，貿易取引にかかる手続や代金決済方法，書類などが大きく変化し，複雑になってきた。また，これら数ある輸送形態の選択肢のなかから，その取引により適した方法を選択するためにも，運送形態の全体構造をつかむことが特に大切になってきている。

そこで図表6-1に，貿易運送の主要な輸送方法である海上輸送，航空輸送，国際複合輸送について，輸送形態ごとに，輸送方法，契約方法，運賃，運送書類についてまとめた。次節から，これらについて輸送形態ごとにみていくことにしよう。

【図表6-1】 主な貿易運送の種類

| | 〈契約形態〉 | 〈運賃体系〉 | 〈船の種類〉 | 〈運送書類〉 |

海上輸送

- 定期船 ──→ 個品運送契約 ──→ 海運同盟の表定 ──→ ほとんどが ──→ 受取船荷証券
  運賃率による運賃　コンテナ船　　（Received B/L）
  （＝ライナー・ターム）

- 不定期船 ──→ 用船契約 ──→ 荷主と船会社との ──→ 在来船 ──→ 船積船荷証券
  契約による運賃　（または専用船）　（Shipped B/L）

航空輸送

- 航空会社（ま ──→ 直接貨物輸送 ──→ IATAの運賃率に ─────────→ 航空運送状
  たは代理店）　契約　　　　　　　よる運賃　　　　　　　　　　　　（Air Waybill）
  と直接契約す
  る場合

- 利用航空運送 ──→ 混載貨物輸送 ──→ 利用航空運送事 ─────────→ 混載航空運送状
  事業者（混載　契約　　　　　　　業者（混載業者）　　　　　　　　（House Air Waybill）
  業者）と契約　　　　　　　　　　による運賃
  する場合

国際複合輸送

- 複合運送人が船会社の場合 ─────┐
  　　　　　　　　　　　　　　　　　　　　┌─ 複合運送人が ──→ 受取船荷証券
  　　　　　　　　　　　　　　　　　　　　│　船会社の場合　　（Received B/L）
  　　　　　　　　　　　──→ 複合運送人と荷主 ─┤　　　　　　　　　または複合運送証券
  　　　　　　　　　　　　　とで決めた運賃　　│　　　　　　　　　（Combined
  　　　　　　　　　　　　　　　　　　　　│　　　　　　　　　　Transport B/L）
- 複合運送人が利用運送事業者 ──┘　　└─ 複合運送人が ──→ 複合運送証券
  （NVOCC）の場合　　　　　　　　　　　NVOCCの場合　　（Combined
  　　　　　　　　　　　　　　　　　　　　　　　　　　　　　　Transport B/L）

2. 海上輸送

貿易の最も中心になる輸送形態は海上輸送である。ここでは海上輸送の契約種類と，運賃の体系，そして海上運送証券であるB／L（船荷証券）についてみていくことにしよう。

Ⅰ コンテナ船と在来船

　コンテナの普及に伴い，定期船による海上輸送では，貨物をコンテナに詰めて輸送する「**コンテナ船**」が頻繁に利用されるようになってきた。コンテナに貨物を積載することにより，コンテナ内の各貨物の梱包は従来に比べて簡易なものでもよくなり，またコンテナであれば天候に関係なく荷役作業ができることから，作業効率も高まった。

　一方，従来通りあらゆる種類の貨物と港に適し，手作業で貨物を積み込む形態の船舶を「**在来船**」といい，その利用のほとんどが，コンテナ荷役設備のない港を持つ航路の場合であり，次第に姿を消しつつある。

　また，在来船は，かつては必要なときに船をチャーターする用船契約（後記Ⅲ）が主流であったが，貿易量の増大による船型の大型化に伴い，特定の単一貨物を効率的に輸送するのに適した船型と荷役装置を持つ専用船化が進んだ。タンカーや自動車専用船などがその典型である。

　コンテナ船に貨物を積み卸す際には，港湾にある「**コンテナ・ターミナル**」という巨大な施設で積卸しが行われる。したがって，この施設のない港へは，コンテナ船による輸送はできない。

　コンテナ・ターミナルは，主として「**コンテナ・ヤード（CY = Container Yard）**」と「**コンテナ・フレート・ステーション（CFS = Container Freight Station）**」とから構成されている。

　コンテナ船が接岸するバース（Berth）は，区画ごとに特定の船会社に貸し渡され，それぞれの船会社が**ヤード・オペレーター（Yard Operator）**として，コンテナ・ヤード全体の管理を行っている。通常，CYに隣接してCFSがある。

【図表6-2】　コンテナ・ターミナルの例

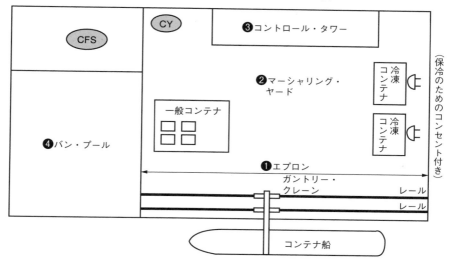

❶エプロン	ガントリー・クレーンでコンテナの積卸しがされる場所
❷マーシャリング・ヤード	積卸しのためのコンテナを置いておくところ
❸コントロール・タワー	ヤードのオペレーションを管理する司令室
❹バン・プール	空きコンテナの置き場

1　コンテナ・ヤード（CY＝Container Yard）

　CY とは，コンテナを本船に積み込んだり，荷卸ししたりする場所，つまり，海上運送と陸上運送との接点の役割をする地域のことをいう。

　一荷主の貨物でコンテナを満載する大口貨物，すなわち**FCL 貨物**の輸出の場合には，コンテナは直接 CY へ持ち込まれ，そのまま船積みされる。また，FCL 貨物が仕向港に到着した場合にも，仕向港の CY に荷卸しされた貨物は，コンテナごとそのまま輸入者側に引き渡される。

2　コンテナ・フレート・ステーション（CFS＝Container Freight Station）

　CFS とは，貨物の量がコンテナ1単位に満たない小口貨物（**LCL 貨物**）を取り集めてコンテナに詰め合わせたり，船から卸したコンテナから，詰め合わせていた小口貨物を取り出して仕分けしたりする場所のことで，通常は，CY の一部，あるいは CY に近接した地域に設置されている。

Ⅱ 定期船と不定期船

定期船（Liner）とは，船会社が仕向港，出港予定日，運賃等を**航海スケジュール**にもとづき公表しているものをいう。荷主はこの航海スケジュールにもとづ

【図表6-3】 航海スケジュール

KAWASAKI KISEN KAISHA, LTD.

CALIFORNIA						LB	OAK	CHI	KANS CBUS	DAL	NY BOS	HOU	ATL	MEM	NO
Concord Bridge	3FHX8	4E	10-11	11-12	12-13	⇨	21	24	26	27	28	28	28	27	31
Brooklyn Bridge	3EZJ9	59E	17-18	18-19	19-20	⇨	28	31	2	3	4	4	4	3	7
Seto Bridge	JMQY	53E	24-25	25-26	26-27	⇨	4	7	9	11	11	11	11	10	14
Akashi Bridge	JMQN	53E	31- 1	1- 2	2- 3	⇨	11	14	16	17	18	18	18	17	21
Newport Bridge	3FGH3	56E	7- 8	8- 9	9-10	⇨	18	21	23	24	25	25	25	24	28
Bosporus Bridge	3FMV3	53E	14-15	15-16	16-17	⇨	25	28	30	1	2	2	2	1	5

PACIFIC NORTHWEST						TCM	VAN	PLD	CHI	CBUS	TRT	MONT	NY BOS
Transworld Bridge	ELJJ5	43E	10-11	11-12	⇨	20	22	23	25	26	28	28	27
Tower Bridge	ELJL3	28E	17-18	18-19	⇨	27	29	30	1	2	4	4	3
Bay Bridge	ELES7	30E	24-25	25-26	⇨	3	5	6	8	9	11	11	10
Golden Gate Bridge	3FWM4	33E	31- 1	1- 2	⇨	10	12	13	15	16	18	18	17
Rainbow Bridge	3EYX9	86E	7- 8	8- 9	⇨	17	19	20	22	23	25	25	24
Transworld Bridge	ELJJ5	44E	14-15	15-16	⇨	24	26	27	29	30	2	1	1

EUROPE			Kobe	Nagoya	Tokyo		RTM	HAM	FLX	LEH	ANR	LIS	LIX	BIO	GOT	GIB
Ming Zenith	BDED	J833W	13-13	14-14	15-16	⇨	9	11	12	14	(10)	(15)	(16)	(20)	(15)	(16
Ming East	BLIO	J834W	20-20	21-21	22-23	⇨	16	18	19	21	(17)	(22)	(23)	(27)	(22)	(23
Normandie Bridge	ELJC8	J835W	27-27	28-28	29-30	⇨	23	25	26	28	(24)	(29)	(30)	(4)	(29)	(30
Rhein Bridge	3ECE7	J836W	3- 3	4- 4	5- 6	⇨	30	2	3	5	(1)	(6)	(7)	(11)	(6)	(7
Ming West	BLIP	J837W	10-10	11-11	12-13	⇨	7	9	10	12	(8)	(13)	(14)	(18)	(13)	(14
Humber Bridge	JKRK	J838W	17-17	18-18	19-20	⇨	14	16	17	19	(15)	(20)	(21)	(25)	(20)	(21

SOUTH & WEST AFRICA			Y'hama	S'mizu	Nagoya	Kobe	Moji		Port Elizabeth	Cape Town	Durban	Tema (via DUR)	Lagos(viaDUR) (Tincan Island)
Ligwa	DZNY	6214F	17-17	18-18	18-18	19-19	20-21	⇨	15	18	21	10	13
New Oasis	3ENO4	6322F	24-24	—	25-25	26-26	27-28	⇨	22	25	28	22	25
Nedlloyd Colombo	PGDL	6497F	31-31	1-1	2- 2	3- 4	4- 5	⇨	29	2	5	22	25

INDIA / PAKISTAN / M.E.			Tokyo	Y'hama	Shimizu	Nagoya	Kobe		Singapore	Jebel Ali	Karachi	Mumbai
Orchid Bridge	3FHN8	8S	18-19	19-19	19-20	20-21	21-22	⇨	30	11	9	8
Malaysia Bridge	3FEI7	26S	25-26	26-26	26-27	27-28	28-29	⇨	6	21	16	15
Tokyo Bridge	JMNG	122S	1- 2	2- 3	3- 4	4- 5	⇨	13	28	23	22
Orchid Bridge	3FHN8	9S	8- 9	9- 9	9-10	10-11	11-12	⇨	20	5	30	29

EAST AUSTRALIA			Y'hama	Shimizu	Osaka	Y'ichi	Nagoya	Hakata		Sydney	Mel-bourne	Ade-laide	Bris-bane
Australia Bridge	ELNZ6	61S	24-25	25-25	26-27	28-28	28-29	1- 1	⇨	13	15		24
Southern Cross Maru	JFVC	92S	31- 1	—	2- 2	—	4- 5	—	⇨	19	22	24	1
Australian Endeavour	VNGK	63S	3- 4	—	6- 7	11-11	13-13	15-15	⇨	27	29	—	8
Arafura	VRRY	61S	11-12	—	15-16	17-17	17-18	—	⇨	3	5	8	15

INDONESIA / W. AUST			Tokyo	Y'hama	S'mizu	Nagoya	Osaka	Kobe	Moji		SIN	JKT	BLD	SUB	SRG	FTL
Orchid Bridge	3FHN8	8S	18-19	19-19	19-20	20-21	—	21-22	—	⇨	30	2	3	3	4	8
Maenam Bridge	3FJK7	001S	21-21	22-22	—	21-21	20-20	—	—	⇨	31	2	3	4	4	8
Malaysia Bridge	3FEI7	26S	25-26	26-26	26-27	27-28	—	28-29	—	⇨	6	9	10	10	11	15
Harbour Bridge	ELJH9	002S	28-28	29-29	—	28	27-27	—	26-26	⇨	9	12	13	13	14	18
Tokyo Bridge	JMNG	122S	1- 2	2- 2	—	3- 4	—	4- 5	—	⇨	13	16	17	17	18	22
St.Irene	P3NZ6	010S	4- 4)	5- 5	—	4- 4	3- 3	—	2- 2	⇨	14	16	17	17	18	22
Orchid Bridge	3FHN8	9S	8- 9	9- 9	—	9-10	—	11-12	—	⇨	20	23	24	24	25	29
Erawan Bridge	3FOD7	003S	11-11)	12-12	—	11-11	10-10	—	9- 9	⇨	21	23	24	24	25	29

き，貨物の状態に合わせて仕向港行きの最も適した船を選び，船会社または船会社の代理店を通して口頭等で運送を申し込む。これを**スペース・ブッキング**（Space Booking）という。

　一般の貿易取引における貨物は，一回の取引量が100トン以下というような少量貨物がほとんどのため，こうした貨物は，通常，定期船に他の貨物とともに船積みされることになる。

　一方，**不定期船**（Tramper）とは，大量の単一貨物の輸送にあたり，公表されている航海スケジュールとは別に，特にそのために用船された船をいう。不定期船は通常，コンテナ船でなく従来からの船である**在来船**と，特に特定の単一貨物の効率的な輸送に適するように造られた専用船が利用される。

Ⅲ　輸送契約

　貿易貨物の海上輸送には，「個品運送契約」と「用船（傭船）契約」の二つがある。

1　個品運送契約

　大量の単一貨物の場合に不定期船（Tramper）を用船して行う用船契約に対して，船会社が不特定多数の荷主の貨物の運送を引き受け，主として「**定期船**（Liner）」で運送する契約を**個品運送契約**という。

　定期船の場合，船会社が航海スケジュールを公表しているので，荷主は貨物の状態に合わせて仕向地行きの最も適した船を選び，船会社または船会社の代理店を通して口頭等でスペース・ブッキングを行う。

　個品運送契約は，船会社が荷主からこの運送の申込みを受けた時に成立し，契約書は作成しない。そしてこの契約にもとづいて実際に貨物が輸送あるいは船積みされると，契約の証明となる**船荷証券**（B／L＝Bill of Lading）が発行される。

2　用船契約（Charter Party）

　用船契約の場合は，船主（船会社または船の持ち主）が荷主に対して，船の一部または全部を貸し切って運送する。荷主は船を借り切るので，何を運びたいかによってどんなタイプの船を選ぶかが異なってくる。

　用船契約を利用する貨物としては，一般に，包装せずそのままバラの状態で船

積みされる穀物，石炭，鉄鉱石などのバラ荷（バラ積貨物　Bulk Cargo）が挙げられる。用船契約では，これらの貨物を特定の港から港へ輸送するために**不定期船**が利用される。

　用船契約は，①**期間（定期）用船契約（Time Charter）**と，②**航海用船契約（Voyage Charter）**とに大別できる。

　期間用船契約は，一定期間あるいは一航海に要する期間に限って期間単位で用船する契約をいい，船会社が他の船会社と用船契約を行い，船の運航も用船者である船会社が行うことが多い。

　航海用船契約は，貨物の積揚港を決め，その両港間の一航海を荷主等が借り切る航海を単位とした用船契約のことをいう。船腹の全てを借り切る「**全部用船契約**」の場合と，船腹の一部分を借りる「**一部用船契約**」の場合とがある。

　いずれのケースも用船契約の場合には，船主と荷主との間で用船契約を締結し，その契約書として用船契約書を作成する。

海上運賃

1　定期船の運賃

　定期船においては，運賃はその船会社が定めたものではなく，海運同盟の定めた運賃率（タリフ・レート）によって定められている。

(1)　海運同盟とは

　定期船の航路は，1社のみが就航しているわけではなく，数社が参加しているが，多くの輸送需要に対して複数の船会社が，個々の船積みごとに運賃や港までの持込条件の交渉をしていたのでは，定期的な安定配船ができなくなるおそれがある。また船会社同士で運賃をめぐって競争が激化するおそれもある。

　そこで，船会社が協定して運賃表を作り，多数の輸送需要に対応することになった。この一種の国際カルテルを「**海運同盟**」（Shipping Conference）という。その協定内容のうち最も重要なものが運賃についての協定であることから，別名「**運賃同盟**」ともいわれている。

　このような協定が認められているのは，海運企業は船舶等の購入に多額の投資を行って，貿易の発展に寄与し，公共的性格を有しているが，一方では不況などの影響を受けやすい特殊性が考慮されたためである。

　ただし船会社のなかには同盟に加入しないで海上輸送する船会社もあり，これ

らは「**盟外船（Outsider）**」と呼ばれて，海運同盟の規定に拘束されずに独自の
ルートやタリフ（Tariff　運賃表）を決めて運航している。

(2)　海運同盟の運賃計算

①　タリフ・レート

同一地域間を定期的に配船している船主が組織している海運同盟は，商品あ
るいはコンテナごとに，どの荷主に対しても同一の運賃を提供し，その安定を
図っている。この運賃率はあらかじめ公示されていて，「**タリフ・レート**」
（**Tariff Rate**　表定運賃率）という。

②　海運同盟と契約運賃制

盟外船に荷主を奪われるのを防ぐため，海運同盟は「契約運賃制（二重運賃
制　Contract Rate System, Dual Rate System）」や，「運賃延戻制（Deferred
Rebate System）」などの荷主引留め手段を講じている。

「契約運賃制」とは，同盟船のみに船積みすることを同盟と約束した荷主に，
一般よりも低い契約運賃率を提供するものである。「運賃延戻制」とは，次の
一定期間にも同盟船に船積みすることを条件に，前の一定期間に支払った運賃
の一部を返戻することをいう。

③　支払時期

運賃の支払時期は，海運同盟のルールによって決められている。

　a　運賃前払い（Freight Prepaid）

船積完了後直ちに支払う方法をいい，B／L上に"Freight Prepaid"と表
示される。

　b　運賃後払い（Freight Collect）

貨物が輸入地に到着後支払う方法をいうが，一部認められない国向けの輸
送もある。

④　運賃計算の基本

海運同盟に加わっている定期船の運賃は，船会社が独自に定めるのではな
く，海運同盟が協定してタリフ・レートとして公表している。このタリフ・
レートでは，運送される貨物を品目別に細かく分類して，主要港間の基本運賃
（Base Rate）が決められている。

基本運賃には，船への貨物積込み，および船からの荷卸費用が含まれてお
り，このような運賃体系を「**バース・ターム（Berth Term）**」という。

定期船のバース・タームは用船契約の場合のそれと特に区別して，「ライナ

ー・ターム（Liner Term）」と呼ばれることもある。

　運賃は重量や容積に対する運賃率だけでなく，従価建て，コンテナ単位など
いろいろな基本運賃がある。いずれにしても定期船の運賃は，特定航路を除
き，米ドル建ての基本運賃に割増運賃および諸費用を加えたものである。

コンテナ船のタリフの例

Revised Jan. 14. 20-

Item No.	Cargo Description	Per 20' Container		Per 40' Container		LCL Rate			
						M3		1000kg	
		Contr.	Non-Contr.	Contr.	Non-Contr.	Contr.	Non-Contr.	Contr.	Non-Contr.
		US $	US $	US $	US $	US $	US $	US $	US $
	DANGEROUS CARGO/ DANGEROUS CHEMI-CALS								
07900S06	Alkyl Aluminium	4,600	5,060	10,120	11,132	214	235.4	279	306.9
C197A000	Ammonium Water	3,400	3,740	7,480	8,228	158	173.8	206	226.6
07900C10	Methacrylic Acid	1,900	2,090	4,180	4,598	88	96.8	115	126.5
07900S01	Sodium Cyanide, in	2,000	2,200	4,400	4,840	93	102.3	121	133.1
	drums/plywood boxes	2,500	2,750	5,500	6,050	116	127.6	152	167.2
07900S08	Tertiary Butyl Alcohol	5,500	6,050	12,100	13,310	229	251.9	343	377.3
07900000	DANGEROUS CARGO/ DANGEROUS CHEMI-CALS, NOE (INCL FOLLOWING ITEMS)								

（注1）「Contr.」とはContractの略で当該海運同盟船のみに船積みすることを約束した荷主に対する一般よりも低い運賃率

（注2）「Non-Contr.」はそれ以外の一般の荷主に対する運賃率

在来船のタリフの例

Item No.	Except as otherwise provided herein, rates are in US Dollars and apply perton of 1,000kgs (W) or 1 cubic meter (M). whichever produces the greater revenue	Rate Basis	Japan to × × ×	
	Commodity		Contract	Non-Contract
			US $	US $
1065	Footwear, ie, Boots, Shoes & Slippers including Parts & Accessories			
	(1) Rubber, Canvas or Chemical	W	215.70	238.30
		M	193.50	213.80
	(2) Leather	W/M	256.50	283.45
			228.95	253.00
1080	Furniture, Wooden	M		

（注1） W = Weight Ton（重量トン），M = Measurement Ton（容積トン）

（注2） WとMの両方が表記された品目については，①重量×レート，②容積×レートの両方を算出し，数値の大きい方が運賃となる。

（注3） W/Mは重量／容積建運賃で，重量と容積の両方を検量し，大きい方を運賃トンとして，これにレートを乗ずる。

2 用船契約の運賃

　用船契約の場合の運賃は，用船のつど荷主と船主とで決められ，その決め方は次の四つに分けることができる。

【図表6-5】　用船契約の運賃のしくみ

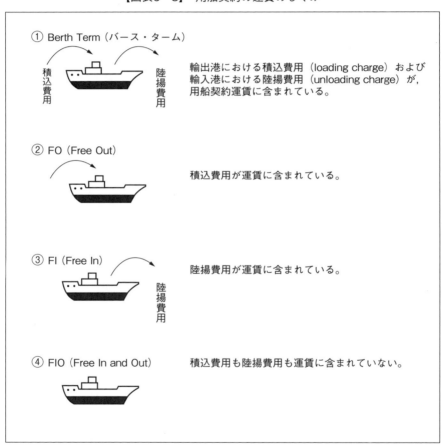

① Berth Term（バース・ターム）

積込費用　陸揚費用

輸出港における積込費用（loading charge）および輸入港における陸揚費用（unloading charge）が，用船契約運賃に含まれている。

② FO（Free Out）

積込費用が運賃に含まれている。

③ FI（Free In）

陸揚費用

陸揚費用が運賃に含まれている。

④ FIO（Free In and Out）　積込費用も陸揚費用も運賃に含まれていない。

3 定期船・不定期船の運賃計算の単位

(1) 重量建運賃

重量建運賃は，不定期船では英トン（ロング・トン）や米トン（ショート・トン）も使われるが，定期船では，一般に，**メトリック・トン**（M／T＝1,000kg ＝2,204lbs）が用いられ，**W**と表記する。

(2) 容積建運賃

容積建運賃は現在，定期船では1m³を単位としており，**m³（エムスリー）**は**M**と表記する。

(3) 重量／容積建運賃

定期船の運賃は，重量建て，あるいは容積建ての単一建てではなく，貨物の重量または容積のトン数のうち，いずれか大きい方を運賃トン（フレート・トン Freight Ton）として適用するのが一般的である。このような運賃建てはタリフ上，**W／M**と表記される。

(4) コンテナ建て運賃

標準サイズである20フィートおよび40フィートのコンテナ1本当たりの運賃体系を，ボックス・レート（Box Rate）と呼び，品目別のCBR（Commodity Box Rate）が一般的である。

4 割増運賃

海上輸送では基本運賃が決められているが，この基本運賃の実収入は，外国為替市場における通貨の変動や，燃料費の変動などにより増減する。このため，基本運賃の実収入を確保する目的で，ほとんどの航路で調整運賃が用いられている。これらの割増運賃の主なものは次の通りである。

(1) CAF（Currency Adjustment Factor）

カレンシー・サーチャージとも呼ばれ，通貨変動による為替差損（益）を調整する運賃をいう。CAFは，円高のときは増加，円安のときは減少し，基本運賃の何％として表示される。

(2) BAF（Bunker Adjustment Factor）

バンカー・サーチャージとも呼ばれ，船舶燃料の急激な変動に対処するために，基本運賃の何％，または1フレート・トン当たり何ドルと表示される。

(3) 長尺，重量割増運賃

貨物が一定の長さ，重量を超える場合の割増運賃。

(4) CFS チャージとコンテナ・ターミナル・チャージ

コンテナ単位に満たない貨物は，船会社が CFS で他の貨物とともにコンテナに混載したり，コンテナから取出しをする作業と，それに加えて CFS と CY 間の搬送が必要となるので，これらの費用を「CFS チャージ」として徴収する。また FCL 貨物のコンテナ・ターミナル内の取扱費用を徴収する航路もある。

 # V 船荷証券（Bill of Lading = B/L）

コンテナ船の場合も在来船の場合も，貨物が船積みされたり，船会社に引き渡されると，**船荷証券**（B／L＝Bill of Lading）が発行される。

船荷証券は手形や小切手と同様の有価証券であり，輸入地で輸入者が貨物を引き取るためには，この船荷証券が必要となる。また，どのように発行されるかによって，幾つかの種類がある。

ここではそれらを一つ一つみていくことにしよう。

1 船積船荷証券（Shipped B/L）と受取船荷証券（Received B/L）

定期船で用いられる船荷証券の基本形式として，「**船積船荷証券（Shipped B/L）**」と「**受取船荷証券（Received B/L）**」の 2 種類がある。

(1) 船積船荷証券（Shipped B/L）

船積船荷証券（Shipped B/L）は，貨物が特定の船舶に積み込まれたときに発行されるもので，On Board B/L ともいわれる。在来船による輸送の場合には，原則として船積船荷証券（Shipped B/L）が発行される。

(2) 受取船荷証券（Received B/L）

一方，受取船荷証券（Received B/L）は，貨物を船会社が受け取ったことを示している船荷証券で，コンテナ船の場合に発行される。

コンテナ船の場合，貨物は船会社が管理する CY（Container Yard　コンテナ・ヤード），または CFS（Container Freight Station　コンテナ・フレート・ステーション）で船会社に引き渡されるため，受取船荷証券（Received B/L）となる。

その船荷証券が，船積船荷証券（Shipped B/L）なのか，受取船荷証券（Received B/L）なのかは，図表6-6のように，B/L表面の約款の出だしを確認することで判断ができる。

(3) 受取船荷証券と On Board Notation

銀行が信用状にもとづき荷為替手形の買取りを行う場合，B/L は貨物が確実に出荷されたことの証明として要求されるので，船積船荷証券（Shipped B/L）

【図表6-6】 受取船荷証券（Received B/L）

Shipper THE EXPORT CORPORATION	B/L No. 82-SG9546
Consignee TO THE ORDER OF ABC BANK LTD. HONG KONG	UENO LINES, LTD BILL OF LADING
Notify party 1) ABC BANK, HONG KONG B-29 WALNUT ST.#280 HONG KONG 2) THE HONG KONG ENTERPRISE, 282 peacest, #1085 HONG KONG	Received by the carrier （約定）

ここが "Received" だと、「受取船荷証券」であり、
"Shipped" だと、「船積船荷証券」となる。

【図表6-7】 On Board Notation

Exchange rate	Prepaid at Tokyo, JAPAN	Payable at	Place and date of issue TOKYO, JAPAN OCT 21, 20XX
	Total prepaid in yen	No. of original B/L THREE(3)	UENO LINES, LTD.
Date	LADEN ON BOARD THE VESSEL Signature		－ Signed －
	October 21, 20XX	－ Signed －	

であることが必要である。受取船荷証券（Received B/L）はこのままでは，船会社が貨物を受け取ったことを証明しているだけで，貨物を船積みしたことの証明とはならないので，信用状にもとづく手形の買取時に銀行に買取りを拒絶されてしまう。

しかし，受取船荷証券（Received B/L）であっても，船への積込みを完了した旨と積込み年月日を記載すれば，船積船荷証券（Shipped B/L）と同様に扱われる。この船積証明のことを，「**On Board Notation**」といい，B/L下部に日付の記入と署名がされることで行われる。

2 無故障B/L（Clean B/L）と故障付B/L（Foul B/L）

船会社に貨物が持ち込まれたとき，その物品や包装に瑕疵（かし　キズのこと）があった場合には，発行されるB/Lにその旨の付加条項または特記が記載される。これらの特記のことを「**リマーク**」という。

例）　1 case broken（1箱破損）
　　　Old barrels repaired, contents leaking
　　　　　　　　　　　　　（古樽，修理あり，中身もれ）

リマークは，その瑕疵が船会社の運送によってできたものではなく，船会社に持ち込まれた時点から存在していたものであることを示している。したがって，このようなリマーク付きのB/Lにもとづく貨物を受け取った輸入者は，船会社に運送責任を追及することはできず，直接輸出者にクレーム（賠償請求）していくことになる。

リマークのついたB/Lを**故障付B/L（Foul B/L）**といい，リマークのついていないB/Lを**無故障B/L（Clean B/L）**という。信用状取引では，手形の買取時に銀行に呈示するB/Lについて，無故障B/L（Clean B/L）であることを要求しているので，故障付B/L（Foul B/L）の場合には，銀行は手形の買取りを拒絶する。

3　B／L（船荷証券）の性質

(1)　有価証券としてのB／L

　船会社が荷主と貨物の海上運送契約を結んだ場合には，荷送人（Shipper）の請求によりB／Lを発行する。B／Lは各種船積書類のなかで，唯一の「**有価証券**」であり，「貨物の引渡し請求権」が証券化された有価証券であるから，現金と同様の価値があることになる。

(2)　B／Lの流通性

　輸出者の振り出す荷為替手形を銀行が買い取るのは，信用状で手形代金の支払いが確約されているからであると同時に，手形に添付されたB／Lが担保としての意味を持っているからである。手形とともに買い取られたB／Lは，荷送人である輸出者から銀行に渡り，最終的には輸入者まで流通することになり，そのときどきでB／Lを持っている者にB／L上の貨物引渡し請求権が移っていかなければ担保としての価値がない。そこでB／Lは，その所有者を次々に変えられる性質，つまり流通性を持たなければならないことになる。B／Lに流通性があることから，銀行はその担保としての価値を認め，荷為替手形の買取りに応じるのである。

(3)　貨物引換証としてのB／L

　日本の商法では，B／Lについて，次のように定めている。

- ・貨物の処分はB／Lをもって行うこと
- ・B／Lの引渡しは貨物の引渡しと同一の効力を有すること
- ・B／Lと引換えでなければ船会社に貨物の引渡しを請求できないこと

　以上(1)〜(3)をまとめてみると，B／Lの性質として，次のようなものがあるといえる。

---

①　船会社が輸出港で貨物を受け取ったことを示す「**受取証**」

②　輸入港で貨物を受け取るための「**引換証**」

③　貨物の引渡し請求権を化体化した「**有価証券**」

④　流通性を持つ「**流通証券**」

　たとえば，横浜港で荷送人である輸出者が貨物を本船に船積みすると，船会社からB／Lが発行されるが，これは①の「受取証」として発行されるものである。輸出者はこのB／Lを荷為替手形とともに取引銀行に持ち込み，手形の買取りを

依頼する。銀行はB／Lが「有価証券」であり，かつ「流通証券」であることから担保としての価値を認め，手形の買取りに応じる。B／Lはその後，輸入地側の銀行に送付されて，最終的に輸入者へと交付される。輸入者は「引換証」としてのB／Lで貨物を引き取る。

4　B／Lの荷受人指定と裏書

　B／Lの性質の一つに「流通性」を挙げたが，B／Lが流通性を持つためには，そのB／Lの荷受人が指図人（order）となっている，「指図式」に作成されることが必要である。もしB／Lが「記名式」に作成されるとそのB／Lは記名された者しか使用できなくなり，流通性がなくなるので，信用状付荷為替手形の担保となり得ず荷為替手形が取り組めなくなってしまう。

　ではまず，この「指図式」と「記名式」との違いについてみていこう。

(1)　指図式船荷証券（Order B/L）

　指図式B／Lとは，B／Lの荷受人（Consignee）欄に次のように記載されている場合をいう。

①　order of Shipper　または　order（単純指図人式）
②　order of ○○（○○に具体名が入る）（記名指図人式）
③　○○ or order（選択指図人式）

　ここでの「order」は「指図人」という意味で，B／Lの権利者に指図された不特定の者（だれであってもよい）をさす。①はShipper，つまり荷送人である輸出者によって指図されただれかという意味であり，②は記名された○○という者によって指図されただれか，という意味になる。○○は，通常，信用状発行銀行などの輸入地の銀行名となることが多い。

　いずれの場合にも，指図する者が指図の意思表示をする必要があり，それはB／Lの裏面に指図する者が署名する，「裏書」という方法によって行われる。

　①～③のなかでは一般的に①が多いが，たとえば①の場合には，最初の貨物の権利者である輸出者（Shipper）に，次の権利者を指図する権利があり，具体的には輸出者がB／Lの裏面に署名をする（次の図表6-8参照）。このとき，次の権利者をだれにするかは特に指定しないで署名するため，この署名による裏書は「白地裏書（Blank Endorsement）」と呼ばれている。次の権利者名の欄が「空欄」

つまり Blank になっているからである（B／L 裏面には，実際には欄などなく，どこに裏書してもかまわない）。

B／L 裏面に輸出者が白地裏書をすると，以後は B／L を持っている者が輸出者によって指図された者（order）であるとみなされるので，B／L の引渡しによってのみ B／L の所有権が移転することになる。

②の場合には，次の権利者を指図する権利は○○にある。したがって B／L の裏面には，輸出者ではなく，○○の白地裏書が必要となる。

【図表6－8】　Shipper の白地裏書

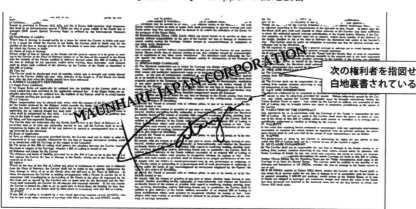

次の権利者を指図せず，白地裏書されている

(2)　記名式船荷証券（Straight B/L）

これに対し，荷受人（Consignee）欄に特定人名が記載された B／L を記名式 B／L といい，この場合には記載されたその特定人しか貨物の引渡し請求権を持っていない。したがって流通性がないので，荷為替手形の担保になり得ず，通常，信用状付荷為替手形に取り組まれることはない。

この B／L の貨物の所有権は最初から荷受人として記名されたその特定人にあり，送金による決済の場合 B／L は，荷送人（輸出者）から特定人へ直送されるので，Straight B/L の名がある。

流通性がないため，信用状を伴わない荷為替手形を取り組む場合や送金による決済の場合に利用される。たとえば，無料の見本を送付するとか，代金が既に送金で前払いされているような場合が挙げられる。

(3) 銀行の裏書

B／Lはその「貨物の引換証」としての性質から，最終的には必ず輸入者に引き渡されることになる。なぜなら，輸入者が輸入地に到達した貨物を引き取るのにはB／Lが必要だからである。

B／Lが荷為替手形とともに取り組まれる場合には，その流通は手形代金の決済と大きく関わってくる。これは，B／Lが手形の担保としての機能を持っているからである。信用状を伴わない荷為替手形の場合，輸入地の銀行は，輸入者が手形代金を支払うか，または手形が期限付手形の場合には将来の手形期日に支払うことを約束する（引受け）と，他の船積書類とともにB／Lを輸入者に引き渡す。

銀行が輸入者に前記(1)の②で「order of ○○銀行」となっているB／Lを引き渡す場合にも，B／Lにその銀行の裏書がされるが，この場合の裏書はB／Lの次の権利者を輸入者に特定した，**「輸入者の指図式裏書」**にされるのが普通である。

このように裏書されると，貨物は輸入者の指図人に引き渡されることになり，そのためにはB／L裏面に輸入者の裏書が必要になる。輸入者が裏書しない限り，そのB／Lで貨物を引き取ることはできないので，B／Lの紛失や盗難の場合にも，第三者に貨物を引き取られてしまう危険を回避することができる。

前記(1)①のShipperの指図式B／L（荷受人欄が「to order of Shipper」または「to order」となっているもの）の場合でも，輸出者が白地裏書をした後，流通してきたB／Lを最後に輸入地の銀行が輸入者に引き渡すときには，銀行は実務上，B／Lの紛失，盗難に備えて，白地裏書でなく「輸入者の指図式裏書」を行う。

輸入者は通常，乙仲といわれる業者に貨物の通関，船積みの手続を代行しても

【図表6-9】 銀行の裏書の例

Deliver to the order of 輸入者名
○○○　Bank △△△ Branch
– Signed –
Manager of Foreign Business Department

らうので，その業者にB／Lを渡す際に裏書をして渡せば，業者がそのB／Lを
船会社に呈示して貨物を引き取れることになる。

3. 航空輸送

航空輸送は緊急品などの輸送に利用されるほか，高額商品や鮮度を保つ必要のあるもの（魚介類や花など）についても利用され，最近は航空輸送の割合が増えている。航空輸送にはさまざまな輸送の形態があり，これを理解することが，航空輸送を理解するポイントになる。

航空貨物代理店と利用航空運送事業者

貿易取引における航空輸送では，航空会社と直接に運送契約を結ぶ場合と，利用航空運送事業者と運送契約を結ぶ場合の二つのケースがある（後記Ⅱ参照）。

1 航空貨物代理店

航空会社と直接に運送契約を結ぶといっても，実際には航空貨物代理店と契約することが一般的であり，この場合の代理店は特定の航空会社だけの代理店ではなく，一般に **IATA（国際航空運送協会）** の代理店となっている。

航空会社は，自社の航空機で運送する貨物を世界中の各地で自ら集荷することは困難なので，各地域で集荷能力や業務処理能力に優れた業者を代理人として起用する。これが「**航空貨物代理店制度**」である。

IATA 航空貨物代理店は，民間航空の世界的組織である IATA の承認が必要なことから，個々の航空会社の代理店ではなく，IATA の代理店となる。したがって，IATA に加入している航空貨物代理店であればどこの航空会社の業務でも代行することができる。

航空貨物代理店の業務は，国際輸送に耐え得る適正な梱包がされた貨物を引き受け，航空運送事業者（航空会社）のために運送契約の締結の代理を行い，その証拠書類として **航空貨物運送状（エア・ウェイビル　AWB＝Air Waybill）** を発行し，航空会社に貨物を引き渡すことである。荷主側からみると，空港外で代理店に貨物を引き渡すことは航空会社に引き渡したのと同じような意味を持つが，実際の航空会社の責任は空港で貨物が航空会社の管理下に置かれた時に開始する。

2 利用航空運送事業者

　利用航空運送事業とは，荷主の需要に応じ貨物を集め，航空運送事業者（航空会社）の行う運送サービスを利用して貨物を運送する事業である。多数の荷主の貨物を取りまとめ（混載して），自らが荷主となって航空会社と輸送契約を行い，航空輸送を行うことから，混載業者（Consolidator）とも呼ばれる。

　自らは航空機を持たず，航空会社の航空機を利用して運送事業を行うことから，正式には「利用航空運送事業者」と呼ばれる。

　利用航空運送事業の特色として，一貫運送責任体制であることが挙げられる。混載業者は，複数の荷主から小口貨物を集めて，自らが大口貨物の荷送人として航空会社（または代理店）と輸送契約を締結するので，到着地の空港で荷受人としてその貨物を引き取らなくてはならない。

　また，貨物引取り後，混載されていた小口貨物を仕分けして，それぞれの受取人に引き渡す必要がある。

　つまり，貨物の積出しと荷受けの両方を，同じ事業者がそれぞれ荷送人，荷受人の立場で，一貫した体制で行うことが必要なのである。

【図表6‐10】　利用航空運送事業のしくみ

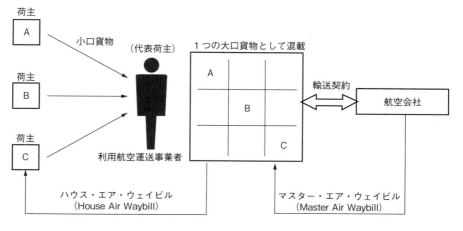

Ⅱ 輸送契約

航空貨物輸送契約には，次の三つの種類がある。航空輸送についても利用航空運送事業者（自らは輸送手段を持たない混載業者）が，輸送人として認められており，航空貨物輸送契約の多くは利用航空運送事業者による②の方式による。

- ① 直接貨物輸送契約
- ② 混載貨物輸送契約
- ③ チャーター輸送契約

1 直接貨物輸送契約

直接貨物輸送は，荷主が航空貨物代理店を通して，または航空運送事業者つまり航空会社と直接契約し，空港から空港までの輸送契約となる。実際にはほとんど代理店を通しての契約となる。

航空貨物代理店は航空会社との代理店契約にもとづいて，集荷，運送の引受け，運送状の発行を行う。通常代理店は，IATA の代理店資格を取得しており，IATA 加入の航空会社であれば全て，代理店としての業務を行うことができる。

直接貨物輸送の契約は航空会社の運送約款，規則，運賃率などにもとづいて締結される。

2 混載貨物輸送契約

混載貨物輸送（利用航空運送）とは，航空機を持たない運送人である利用航空運送事業者が，複数の荷主から小口の貨物を預かって自らが荷主となり，集めた小口貨物を大口貨物にまとめ，重量が大きくなるにしたがって運賃率が安くなる「重量逓減制」等を利用して航空会社に輸送させることをいう。

したがって利用航空運送事業者は，小口の貨物を持ち込む荷主に対して仕向地までの独自のタリフ（Tariff　運賃表）を持ち，そのタリフの運賃と航空会社のタリフの運賃の差が，主として利用航空運送事業者の収入となる。

これらの利用航空運送事業者は，契約についても独自の運送約款を持っており，その約款と運賃率などにもとづいて，荷主との間で運送契約が締結されることになる。

3 チャーター輸送契約

チャーター（不定期）航空運送とは，海上輸送における不定期船の用船契約と同様，荷主と航空会社との間で，運送期間，日時を指定して，各航空会社が独自に設定した運賃で航空機の全スペースを借り切る契約をいう。

 Ⅲ 航空運賃 ━━━━━━━━━━━━━━

通常の航空運送は，定期船と同様，一つの路線に対して IATA に加盟している各航空会社が共通に定めた運賃にもとづいて輸送契約をしている。このときの運賃率や運送約款は，IATA が定め，関係国政府の認可を受けた，空港から空港までのものである。

これに対して，利用航空運送事業者による混載貨物輸送の運賃率は，IATA 運賃率の，一般貨物に対する重量逓減制や，コンテナ利用割引制度などを活用して，個々の利用航空運送事業者が特定仕向地向けに設定したものである。

いずれの運賃も国際航空貨物運賃は，原則として出発地国の通貨建てになっている。

 キーワード ━━━━━━━━━━━━━━━

IATA とは？

International Air Transport Association ＝国際航空運送協会。

1944年に国際航空の安全性と秩序を監視するための国際管理機構として，ICAO（International Civil Aviation Organization 国際民間航空機関）が発足した。

IATA はこの ICAO 加盟国の航空会社が1945年に設立したもので，民間航空事業を行う定期航空会社の協力機関として活動している。現在世界のほとんどの定期航空会社が，この IATA の定めた運賃と運送約款によって航空輸送を行っている。

Ⅳ 航空運送状（Air Waybill＝AWB）——————

1 直接貨物輸送契約の航空運送状

　直接貨物輸送契約では，航空会社の運送約款，規則，運賃率などにもとづいて運送契約が締結されると，IATAの規則にもとづいた**航空運送状（Air Waybill）**が発行される。図表6－11の航空運送状は特定航空会社用のものだが，航空貨物のEDI（Electronic Data Interchange　電子データ交換）化に対応して，各航空会社に共通して使用されるIATA制定のニュートラル・エア・ウェイビル（NAWB）（図表6－12）を使用する航空会社が増加している。

2 混載貨物輸送契約の航空運送状

　個々の小口貨物の荷主と混載業者との間で混載貨物輸送契約が締結されると，個々の荷主からの小口貨物をまとめて大口貨物とした混載業者が，代表荷主となって航空会社と運送契約を結ぶことになる。このとき混載業者には，航空会社から通常の航空運送状（Air Waybill）が交付される。

　一方，個々の小口貨物の荷主に対しては混載業者が運送人の立場となるので，混載業者が**混載航空運送状（House Air Waybill＝HAWB）**を発行する。

　したがって，混載業者が航空会社から受け取る通常の航空運送状を，このHouse Air Waybillと区別するために特に，**マスター・エア・ウェイビル（Master Air Waybill）**と呼んでいる。

　なお，わが国の航空貨物運送協会（JAFA）が航空会社使用のニュートラル・エア・ウェイビル（NAWB）と同一の様式を導入したことから，混載業者による自社の様式から図表6－12の様式への切替えが進んでいる。

3 航空運送状の特徴

(1) 有価証券ではない

　航空運送状（Air Waybill）は海上輸送の場合のB／Lと同様に輸送契約の証拠書類であるが，B／Lとは異なり，有価証券ではない。したがって，航空貨物の受取りには航空運送状を必要としない。

(2) 必ず受取式（Received）かつ記名式である

　航空運送状は受取式（Received）であり，かつ記名式なので，貨物は到着地で航空運送状に記載されている荷受人（Consignee）に引き渡される。

【図表6-11】 航空運送状（Air Waybill）の例

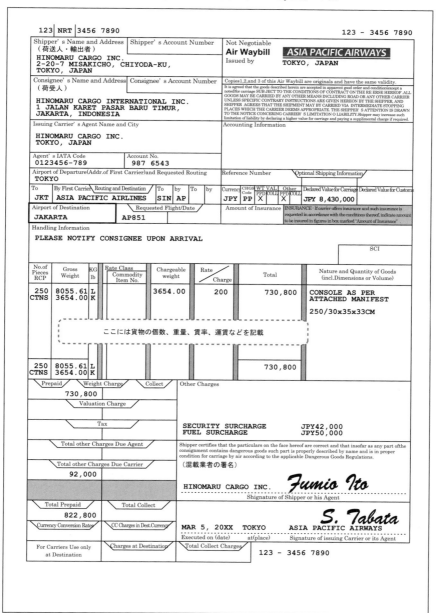

【図表6-12】 混載航空運送状（JAFA Neutral House Air Waybill）

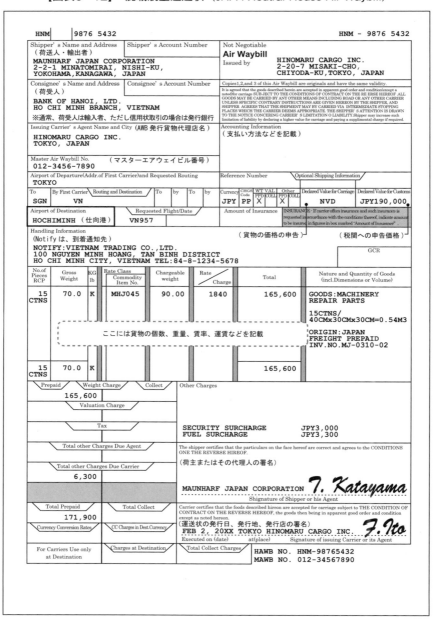

(3) 貨物の価格の申告

　航空貨物では，もし何らかの事故が起こったときに，運送人に対して貨物の損傷などの補償を求めようとする場合に備え，事前に貨物の価格を運送人に申告することになっている。この場合には，航空運送状上の「Declared Value for Carriage」欄に金額を記載することになっている。この価格は運送中の貨物の損傷に対する運送人の最高責任限度額となる。

　しかし，通常は，この欄に「NVD」と記載するのが一般的である。これは「無申告（No Value Declared）」という意味で，無申告と記載するのも申告の一種である。無申告とした場合の運送人の貨物に対する責任額は，IATA の約款により，1 kg 当たり US$20.00が限度となる。

4. 国際複合輸送

現在では世界中の主要航路および日本に関係のある航路は，ほとんど全てコンテナ化されている。コンテナの普及は荷役を著しく効率化し，またその状態のままで異なった輸送機関への積替えを可能にした。その結果，国際複合輸送が飛躍的に発展したのである。

Ⅰ 国際複合輸送とは

①二つ以上の異なった輸送手段（モード）を組み合わせて，②輸送責任を一貫して一人の運送人が引き受ける輸送形態を「**国際複合輸送**」，「**複合一貫輸送**」という（以下複合輸送と略す）。

複合輸送は，「1.　貿易運送の種類」で学んだように，コンテナの発展に伴い発達してきた。コンテナ輸送においては，コンテナに積み込んだ貨物をそのままの状態で他の輸送手段に積み替えることが容易であり，また，荷役も天候に左右

【図表6‐13】　国際複合輸送

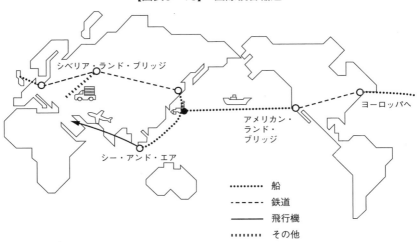

シベリア・ランド・ブリッジ

ヨーロッパへ

アメリカン・ランド・ブリッジ

シー・アンド・エア

```
..........  船
‐‐‐‐‐‐‐‐‐‐  鉄道
──────  飛行機
........  その他
```

されることなく行えることから，複数の輸送手段を用いて貨物受取人の指定地まで一貫して輸送することが可能になったのである。

Ⅱ 複合運送人

複合輸送を一貫して引き受ける運送人を「**複合運送人**」と呼んでいる。複合運送人には，**船会社**がなる場合と，自らは国際輸送手段（船舶，航空機，列車など）を持たない**利用運送事業者**（NVOCC = Non-Vessel Operating Common Carrier）がなる場合とがある。

複合輸送は当初，船会社が引き受ける形で発達してきたが，コンテナ化の進展に伴い，単に港までではなく，列車に積み替えたりして，内陸地まで一貫した責任体制で輸送を引き受けるようになったのである。

しかしこの場合には，複合運送人の船会社の航路が，その輸送方法のなかに含まれていることが必要で，次第にそれ以外の輸送手段の組合わせが要求されるようになったため，船会社以外にも NVOCC がいろいろな輸送手段の輸送業者を利用して，その貨物の全輸送区間に対して一貫した輸送責任を持つサービスを提供するようになった。

Ⅲ 国際複合輸送の運賃

国際複合輸送は，あらゆる輸送方法の組合わせが可能であり，輸送先も荷主の要望に応える形で多岐にわたっている。このため，運賃は，荷主と運送人との運送契約のつど決められている。

Ⅳ 国際複合輸送の運送証券

船会社による複合輸送では，**通常の受取船荷証券（Received B/L）**を使用したり「**複合運送証券（Combined Transport Bill of Lading）**」を使用したりする。

NVOCC による複合輸送では，日本の NVOCC が発行する運送証券は，「**複合運送証券**」を用いているが，その様式，目的，機能は通常のB／Lとほとんど同じである。

【図表6-14】 利用運送事業者（NVOCC）の複合運送証券

SHIPPER	B/L No.

LMN LMN Transport System,Ltd.

COMBINED TRANSPORT BILL OF LADING

CONSIGNEE

Received in apparent good order and condition except as otherwise noted the total number of containers or other packages or units shown below for transportation from the place of receipt or the port of loading to the place of destination or the port of discharge subject to the terms hereof.

One of this original Combined Transport Bills of Lading must be surrendered duly endorsed in exchange for the Goods or Delivery Order. In accepting this Bill of Lading, the Merchant (as defined by Article 1 on the back hereof) agrees to be bound by all the stipulations, exceptions, terms and conditions on the face and back hereof, whether written, typed, stamped, data processed or printed, as fully as if signed by the Merchant, any local custom or privilege to the contrary notwithstanding, and agrees that all agreements or freight engagements for and in connection with the transport of the Goods are superseded by this Bill of Lading.

NOTIFY PARTY

PRE-CARRIAGE BY	PLACE OF RECEIPT	Party to contact for cargo release
OCEAN VESSEL VOY. NO.	PORT OF LOADING	
PORT OF DISCHARGE	PLACE OF DELIVERY	FINAL DESTINATION (FOR MERCHANT'S REFERENCE ONLY)

PARTICULARS FURNISHED BY SHIPPER

MARKS AND NUMBERS CONTAINER NO. & SEAL NO.	NO. OF PKGS OR CONTAINERS	DESCRIPTION OF PACKAGES AND GOODS TYPE OR KIND OF — PACKAGES — OR — CONTAINERS	GROSS WEIGHT	MEASUREMENT

COPY

FREIGHT & CHARGES	R/TONS	RATE	PER	PREPAID	COLLECT

EX. RATE @ ¥	PREPAID AT	PAYABLE AT	PLACE OF B(S)/L ISSUE DATED
	TOTAL PREPAID IN YEN	NO. OF ORIGINAL B(S)/L	IN WITNESS WHEREOF three (3) original Bills of Lading have been signed, not otherwise stated above, one of which being accomplished the others shall be void.

LADEN ONBOARD

LMN Transport System,Ltd.

DATE : _____   BY : _____   BY : _____

AS CARRIER

チェック問題 **1**

次の記述について、正しいものには○印を、誤っているものには×印をつけなさい。

(1) 定期船の運賃は、重量建て、あるいは容積建ての単一運賃ではなく、貨物の重量または容積のトン数のうちいずれか大きい方を運賃トン（フレート・トン）として適用するのが一般的である。

(2) 原油の高騰などによる船舶燃料の急激な変動に対応するための調整運賃のことを、「CAF」という。

(3) 契約上の貿易条件が FOB の場合、B／L 上の運賃表示は通常「Freight Collect」と記載される。

(4) 自らは国際輸送手段を持たないで、いろいろな輸送手段の輸送業者を利用して、その貨物の全輸送区間に対して一貫輸送責任を持つ運送人のことを、総合運送人という。

(5) コンテナ船への船積みの場合には、貨物を CY または CFS の運送人に引き渡した時に B／L が発行されるので、これを Shipped B/L という。

チェック問題 **2**

次の各問について答えを1つ選びなさい。

(1) 次の記述は、海上運賃に関するものであるが、誤っているものはどれか。

A 定期船の基本運賃には、船への貨物積込み費用および船からの荷卸し費用が含まれており、このような運賃形態を「Liner Term」という。

B 海運同盟に加入しないで海上輸送する船会社の船を盟外船（Outsider）というが、海運同盟の規定に拘束されるので、独自のルートやタリフを決めることができない。

C コンテナ建て運賃の場合、標準サイズである20フィートおよび40フィートのコンテナ1本当たりの運賃体系をボックス・レートと呼び、品目別の CBR（Commodity Box Rate）が一般的である。

(2)　次の船荷証券について，「On Board Notation」の記載がない限り，銀行が買取りに応じないものはどれか。

A　船積船荷証券

B　受取船荷証券

C　無故障船荷証券

(3)　次の記述は，船荷証券に関するものであるが，誤っているものはどれか。

A　船荷証券は，船会社が輸出港で貨物を受け取ったことを示す受領証である。

B　船荷証券の荷受人（Consignee）欄が「to order」となっているものを記名式船荷証券という。

C　船荷証券は，輸入港で貨物を受け取るための引換証である。

チェック問題 3

次の記述の①～⑭の（　　　）内に入る最も適切な語句を，語群から選びなさい。

(1)　貿易取引で貨物を移動させる運送手段として，最も中心的な役割を果たしている海上輸送は，定期船と不定期船の二つの輸送形態に分けることができる。定期船の場合，その輸送契約は（　①　）契約となり，船会社が荷主からこの運送の申込みを受けた時に成立する。そして，この契約にもとづいて実際に貨物が輸送あるいは船積みされると，契約の証明となる船荷証券が発行されるが，定期船のほとんどがコンテナ船であることから実際に発行される船荷証券は，通常（　②　）となる。

　　一方，不定期船の場合の輸送契約は，（　③　）契約となり，その貨物の性質上，在来船や専用船を利用することが多い。そのため発行される船荷証券は，通常（　④　）となる。

　　なお，（　②　）は，船会社が貨物を受け取ったことを証明するにとどまるため，買取銀行は，信用状にもとづく手形の買取りを拒否する。そこで（　②　）の場合には船会社に船積み年月日の追記および署名をしてもらう必要がある。これを（　⑤　）という。

(2)　エア・ウェイビル（（　⑥　））は，B／Lと異なり（　⑦　）ではないので，航空貨物の受取りに（　⑥　）は必要ない。また，（　⑥　）は，受取式かつ（　⑧　）なので，貨物は到着地で（　⑥　）に記載されている荷受人に引き

渡される。

(3) 荷主が航空貨物代理店もしくは航空会社と直接結ぶ運送契約を（　⑨　）契約という。一方，混載業者は，独自の運送約款を持っており，集めた小口貨物を大口貨物にまとめ，IATA のタリフの（　⑩　）等を利用して，より安い運賃を提供する。この場合の運送契約を（　⑪　）契約という。この契約において混載業者が代表荷主になって航空会社に貨物を持ち込んだときに，航空会社から発行される（　⑫　）を（　⑬　）という。また，混載業者が運送人の立場で，個々の小口貨物の荷主に対して発行する（　⑫　）を（　⑭　）という。

> (a) MAWB（マスター・エア・ウェイビル）　　(b) 船積船荷証券
> (c) 個品運送　　(d) 用船　　(e) On Board Notation
> (f) 受取船荷証券　　(g) 複合運送証券
> (h) HAWB（ハウス・エア・ウェイビル）　　(i) 直接貨物輸送
> (j) 航空運送状　　(k) 指図式　　(l) 有価証券
> (m) 混載貨物輸送　　(n) 重量逓減制　　(o) 記名式

解答と解説

1. (1)－○

(2)－×　CAF（Currency Adjustment Factor）とは，通貨変動による為替差損（益）を調整する運賃をいう。原油の高騰などによる船舶燃料の急激な変動に対応するための調整運賃は，BAF（Bunker Adjustment Factor）という。

(3)－○

(4)－×　設問のような運送人を「複合運送人」という。複合運送人には，船会社がなる場合と，自らは国際輸送手段（船舶，航空機，列車など）を持たない利用運送業者がなる場合がある。

(5)－×　設問の B／L は「Received B/L」という。

2. (1)－B　海運同盟に加入せずに海上輸送する船会社の船を盟外船といい，独自のルートやタリフを決めて運航している（選択肢 B）。定期船の基

本運賃には，貨物積込み費用と荷卸し費用が含まれており，このような運賃形態を「Liner Term」という（選択肢A）。コンテナ建て運賃の場合，20フィートおよび40フィートのコンテナ1本当たりの運賃体系をボックス・レートと呼び，品目別のCBRが一般的である（選択肢C）。

(2)-B　受取船荷証券は，運送人が貨物を受け取った事実を証明する船荷証券であり，たとえば貨物を船会社指定の倉庫やコンテナ・ターミナルに搬入した時に発行される。船積船荷証券と同等の扱いを受けるには，実際に船積みされたことを証する船積証明である「On Board Notation」を船荷証券上に記載してもらう必要がある（選択肢B）。

(3)-B　船荷証券の荷受人（Consignee）欄が「to order」となっているものを指図式船荷証券という（選択肢B）。また，船荷証券は，船会社が輸出港で貨物を受け取ったことを示す受領証であり（選択肢A），輸入港で貨物を受け取るための引換証でもある（選択肢C）。

3. (1)　①-(c)　　②-(f)　　③-(d)　　④-(b)　　⑤-(e)
　　(2)　⑥-(j)　　⑦-(l)　　⑧-(o)
　　(3)　⑨-(i)　　⑩-(n)　　⑪-(m)　　⑫-(j)　　⑬-(a)　　⑭-(h)

1. 貨物海上保険の契約手続

貨物海上保険とは，貿易取引に係る貨物が船舶，航空機等で輸送されている間，不測の事故によって被った損害に対して保険金が支払われる保険であり，貿易取引においては外国為替，輸送とともに，その取引が無事完結するためになくてはならないものである。ここでは貨物海上保険契約の手続についてみていくことにしよう。

Ⅰ 貨物海上保険の申込み

　保険契約は，申込人（契約者）の申込みが保険者（保険会社）によって承諾された時に成立する，「**諾成契約**」である。

　申込みは，船腹の予約時とは異なり書面で申し込むが，申込書は次の図表7-1のようにそれぞれの保険会社が所定の様式を用意して，申込者に提供している。

貨物海上保険申込書記載事項

❶　被保険者名
❷　予定申込番号（予定保険がある場合）
❸　特約書番号（包括予定保険証券〈Open Policy〉がある場合）
❹　商業送り状（インボイス）番号
❺　保険金支払希望地。他の地を希望する場合はそれを記入
❻　保険条件。戦争，ストライキ条件が不要なら抹消する
❼　本船への接続輸送手段
❽　保険の開始地
❾　積載船（機）名（航空機は Aircraft）
❿　積込港（地）
⓫　出航日
⓬　荷卸港または積替港
⓭　最終仕向地およびそこまでの輸送手段
⓮　貨物の明細（コンテナ積みの場合は In Container と記入）

⑮　発行依頼部数

⑯　保険金額付保割合（輸入税を付保する場合は税額を Duty 欄に記入）

⑰　インボイス金額（FOB 建ての場合は運賃を加算）

⑱　保険申込者サイン（自署または記名捺印）

【図表7−1】　海上保険申込書

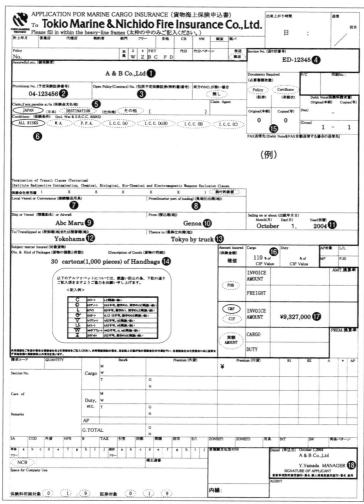

出所：東京海上日動火災保険株式会社「貨物保険案内」

Ⅱ 予定保険契約と確定保険契約 ────────

　貨物海上保険の申込みに必要な項目が全て確定している場合には,「確定保険契約」ができるが, その項目の一部, たとえば貨物の数量や金額, あるいは船名などが前もって確認できない場合もある。その場合には不確定の項目をそのままに,「予定保険契約」を締結し, 項目が確定したら確定保険に切り替える方法をとる。保険料は確定保険への切替時に支払うことになる。

　たとえばインコタームズの貿易条件により輸入者が貨物海上保険を付保する場合, 輸入者は輸出地での貨物の輸送状況を的確に把握することができないので, 保険の申込みに必要な危険の開始時期（契約条件によっては輸出者の倉庫搬出時, あるいは船積時）がいつなのかを, 事前に知ることができない。

　保険は, 危険の開始時からリスクをカバーしておかなければ, 万一の事故に備えることはできないので, 事前に十分な情報の入手が難しい輸入者のために予定保険制度というものがある。

　予定保険契約は, 個別的に行うこともできれば長期にわたって保険会社と契約することもできる。

1　個別予定保険（Provisional Insurance）

　個別取引ごとの保険契約時に, 船名が未定, 保険金額が概算であるなど, 告知事項に不明または未定箇所のあるような場合に予定保険契約をすると,「個別予定保険証券（Provisional Policy）」が発行される。

　未定または不明事項が後日確定したときには, 改めて確定申込みをして「確定保険証券（Definite Policy）」（通常の保険証書）の発行を受ける。

2　包括予定保険（Open Cover）

　大量に, しかも継続的に貨物を輸出入する場合などに, 個々の輸送ではなく, 一定期間中の全ての船積みについて確定保険を申し込むことを包括的に約束する契約で, 期間中全体についてまず包括予定保険契約をし, 個別の船積みごとに明細を保険会社に確定通知として通知することになる。

　契約時に保険会社は「包括予定保険証券（Open Policy）」または「包括予定保険特約書（Open Contract）」を発行し, 後日確定申込みを受けた時に確定保険証券または「保険承認状（Certificate of Insurance）」を発行する。

【図表7-2】 海上保険証券

Tokio Marine & Nichido Fire Insurance Co.,Ltd.

Head Office:2-1, Marunouchi 1-Chome, Chiyoda-ku, Tokyo, 100-8050 Japan Phone:Tokyo (03) 3212-6211

Assured (s) ,etc.

A & B CO., LTD.

(Code: 1111-9000-Q1234-000-0)

POLICY
No. 11-12345678

Invoice No.
ED-12345

Amount insured
US$26,400.00 ON CARGO
US$3,000.00 ON DUTY

印紙税申告納
付につき麹町
税務署承認済

Claim, if any, payable at/in
SAN DIEGO
IMMEDIATE CLAIM NOTICE MUST BE GIVEN TO
TM CLAIMS SERVICE INC.,
800 EAST COLORADO BOULEVARD PASADENA, CALIFORNIA
91109-7316, U.S.A.
(TELEPHONE: 626-568-7800) (FAX: 626-356-0088)
AND CLAIMS WILL BE PAID BY THE SAID AGENT.

Conditions

ALL RISKS

SPECIAL REPLACEMENT CLAUSE (AIR FREIGHT)
(APPLICABLE TO THE GOODS TO BE CARRIED BY VESSEL)
IT IS SPECIALLY UNDERSTOOD AND AGREED THAT CHARGES FOR
FORWARDING PART OR PARTS FOR REPLACEMENT OR REPAIR
PROVIDED FOR IN THE INSTITUTE REPLACEMENT CLAUSE
ATTACHED HERETO SHALL INCLUDE THOSE FOR FORWARDING BY
AIR.

SPECIAL REPLACEMENT CLAUSE (DUTY)
NOTWITHSTANDING THE PROVISION IN THE INSTITUTE
REPLACEMENT CLAUSE ATTACHED HERETO, IT IS SPECIALLY
UNDERSTOOD AND AGREED THAT THIS COMPANY SHALL ALSO BE
LIABLE TO PAY FOR LOSS, IF ANY, SUSTAINED BY PAYMENT OF
DUTY ON PART OR PARTS FOR REPLACEMENT
OR REPAIR IN CASE THE FULL DUTY IS NOT
INCLUDED IN THE AMOUNT INSURED.

Local Vessel or Conveyance
TRUCK

From (interior port or place of loading)
TOKYO

Ship or Vessel called the
XYZ MARU

at and from
YOKOHAMA

Sailing on or about
OCT. 1, 2005

arrived at/transhipped at
LOS ANGELES

thence to
SAN DIEGO BY TRUCK

Goods and Merchandises

1 SET OF PRINTING MACHINE

Marks and Numbers as per Invoice No. specified above.

Valued at the same as Amount insured.

Signed in
TOKYO

Dated
SEPT. 2, 2005.

No. of Policies issued
ONE

This insurance is subject to the following clauses printed or attached on the front or on the back of this Policy.

For Tokio Marine & Nichido Fire Insurance Co.,Ltd.

J. Hoken

AUTHORIZED SIGNATORY

出所：東京海上日動火災保険株式会社「貨物保険案内」

保険承認状は保険証券の内容を簡略化したもので，保険証券と同様の効果がある。保険会社は輸入貨物の場合には，保険証券の代わりに保険承認状を発行するのが一般的である。

 保険金額と保険料率

1 保険金額（Amount Insured）

保険金額（Amount Insured）は，保険会社が一回の事故について損害のてん補として支払う最高限度の金額として，保険契約者と取り決めた金額をいう。

保険金額は，売買契約で特に定めのない限り，インコタームズおよび信用状統一規則で，CIFまたはCIP価額に輸入者の希望利益10％を加算した金額と定められている。

2 保険料率（Rate of Insurance Premium）

保険料は1の保険金額に保険料率を乗じて算出される。その保険料率は，積載する船舶の規格や，航路，貨物の性質・状態・荷姿，損害率などにより算定されたうえで％で表示され，自由料率（各保険会社で自由に設定できる）となっている。

なお，標準規格の船に適さない場合など，各種割増保険料が必要になる場合もある。

また，戦争，ストライキ危険の料率は，ロンドンにある戦争保険料率算定委員会によって算出された料率を，日本の全保険会社が使用している。

 保険料請求書（Debit Note）

保険を申し込むと，保険証券または保険承認状の発行と同時に，Debit Noteも作成される。これは保険料請求書であるが，同時に，税関への輸入申告に際し，保険料を証明する書類として提出される。これは，日本への輸入取引でFOB，CPT条件など保険料が含まれない条件の場合，税関への輸入申告は全てCIF価格で行われるため，保険料がいくらであったかを証明できる書類が必要であるからである。

【図表7-3】 保険料請求書 (Debit Note)

▲▲ THE OPQ FIRE & MARINE INSURANCE COMPANY, LIMITED ORIGINAL

STATEMENT OF PREMIUM DUE

Assured(s), etc.

UNICA ELECTRONICS CORPORATION

Invoice No.

| Prov. No. POLICY No. 5193-10600-7 | Code Nos. 32 | - | 3813 | Amount insured ¥2,307,000.00 |

Claim, if any, payable at/in

Conditions

ALL RISKS
BREAKAGE (EX.5%-W.)

Local Vessel or Conveyance   From (interior port or place of loading)

Ship or Vessel "HANJIN ROTTERDAM"   From ANTWERP   Sailing on or about APR. 19, 20XX

Via/Transhipped at YOKOHAMA   Thence to INTERIOR PLACE(S) IN JAPAN

Subject-matter insured

ST84
3,000 PIECES

Marks and Numbers as per Invoice No. specified above.   Valued at the same as Amount insured.

Place and Date signed in   Numbers of Policy (ies) issued
TOKYO   MAY 7, 20XX

Including War & S.R.C.C.

	Exchange Rate or Per	Cargo Amount insured	Duty Amount insured	Currency
	1.00	2,307		03
CARGO W 0.75000		¥ 17,303	
CARGO W 0.02750		¥ 634	
CARGO T 0.77750		¥ 17,937	
DUTY M		¥	
DUTY W		¥	
DUTY T		¥	
A		¥	

ORDER NO. GVB 2/93B

BONUS	%	A/C	%	PREMIUM
				O-Y 17,937
M 0.00	W 0.00			T 17,937

THE OPQ FIRE & MARINE INSURANCE CO., LTD.

T. Kuriyama

AUTHORIZED SIGNATORY

7
貨物海上保険

2. 貨物海上保険の基本条件

貨物の損害が貨物海上保険によって問題なくカバーされるか
どうかは、どんな保険条件で契約しているか、その損害の種
類（原因）についてカバーされる条件なのかどうか、による。
貨物の種類、性質（水に弱いなど）、輸出入国の状態（戦争
はないかなど）により、付保すべき保険条件を選択すること
が重要である。

Ⅰ 損害の種類

貨物海上保険の対象となる損害には貨物自体の損害と費用的損害があり、一般
に次のように分類される。

1 共同海損（General Average）

船舶の火災や座礁などで船舶と積載貨物が共同の危険にさらされたとき、船長
の判断で船舶あるいは一部の貨物を犠牲にすることがある。この場合に、船会社
および全荷主が、犠牲となった貨物等の費用や応急処置費用を、定められた割合
に応じて負担する場合の費用的損害をいう。

2 単独海損（Particular Average）

海上輸送中、個々の貨物に生じた損害で、被害を受けた被保険者の単独の負担
となる損害をいう。

⑴ 全損（Total Loss）

運送契約をした貨物が、船の沈没、座礁、衝突、火災などの危険によって価値
の全てが失われる損害。全損には、**現実全損**と**推定全損**（現実に全損が確実視さ
れるが証明できないときや、貨物の回収や修理が可能であっても費用がかかって
採算に合わない貨物）がある。推定全損の場合には、委付という手続により全損
として保険金を支払う。

⑵ **分損**（Partial Loss）

　貨物の一部が滅失したり，損傷を受ける損害。これには船舶の特定事故に起因する**特定分損**とそれ以外の**その他の分損**とがある。

3　費用損害

　貨物への損害の他，損害防止費用，救助費用，サーベイ費用等の付帯費用も海上保険の対象である。

Ⅱ　旧 ICC と新 ICC

　貨物海上保険は，200年以上前に作られた英国のロイズ S.G. 保険証券（Lloyd's S.G. Policy）をベースとして，ロンドン保険業者協会が制定した約款にもとづいたものが，世界の多くの国々で使用されている。

　貨物海上保険は，**契約締結地準拠主義**となっており，保険契約を日本で行えば日本の法律および慣習に従い，また，ニューヨークで保険証券が発行された場合には米国の法律および慣習に従って，保険の申込みから保険料の支払い等が行われる。

　ただし，保険金の請求については，米国，日本をはじめ多くの国は，歴史的に法慣習の確立している**英国の海上保険法および判例に準拠**する旨を保険証券の本文約款で規定している。英法は判例法であり，海上保険に関する幾多の判例を帰納的に体系化，成文化した1906年の海上保険法（Marine Insurance Act, 1906, 略称 MIA）が英国の海上保険法体系の中核をなしている。

　貨物海上保険の保険証券（Policy）および保険約款は，中世英語の文・節・句・単語でまとめられ，構成・文言は複雑難解である。また，文や語には判例にもとづいた意味が付加されて約款を構成しているので，さらに難解となっている。

　このため，UNCTAD（国連貿易開発会議）の国際海運立法作業部会において，新保険証券および新約款をつくる動きが出てきた。この動きを封じ込めるため，ロンドン保険業者協会は自ら旧約款改定を行い1982年1月新保険証券と新約款（新 ICC）を制定した。なお，2009年1月に約款の改定が行われているが，1982年，2009年いずれの約款も適用可能となっている。

Ⅲ 協会貨物約款

　日本の貨物海上保険証券がロンドン保険業者協会の制定した Lloyd's S.G. Policy をもとに作られていることは既にみてきたが，この保険証券の本文の規定だけでは，多様化した貿易の実態をカバーしきれないため，各種の特別約款を保険証券に添付，挿入することによって，その内容を補充している。

　こうした特別約款のうち，基本的かつ定型的なものが，ロンドン保険業者協会制定の「協会貨物約款（Institute Cargo Clauses = ICC）」と呼ばれるものである。この協会貨物約款は，日本で引き受けるほとんど全ての貨物海上保険に使用されている。このような基本的な約款には，次のようなものがある。

① 協会貨物約款（Institute Cargo Clauses = ICC）
　　FPA（分損不担保）
　　WA（分損担保）
　　A／R（全危険担保）
② 協会航空貨物約款（全危険担保）（Institute Air Cargo Clauses（All Risks））
③ 協会戦争危険担保約款（Institute War Clauses（Cargo））
④ 協会ストライキ・暴動・騒乱担保約款
　　（S.R.C.C. Clauses = Institute Strikes Riots and Civil Commotions Clauses）

Ⅳ 旧 ICC による基本条件

1　FPA（Free from Particular Average）分損不担保

　共同海損以外の損害を単独海損と称しているが，このうち全損と特定分損以外の分損は担保されない保険条件をいう。つまり，①共同海損および②全損と，③特定分損（本船，はしけの座礁，沈没，大火災があった場合の分損（SSB），および本船の衝突に起因する分損事故（C）），並びに④損害防止費用等の費用損害のみをてん補する条件（新 ICC（C）に相当。図表7−5参照）。

2　WA（With Average）分損担保

　FPA がカバーする損害に加えて，海水濡れ損害などの海固有の危険によって被った分損を，一定の損害割合以上の場合にてん補する条件（新 ICC（B）に相

当）。

3 A／R（All Risks）全危険担保

　FPA，WA でカバーする危険以外に，保険期間中，貨物の運送に付随して外部的な原因によって生じるあらゆる偶発的な事故による損害をてん補する条件

【図表7−4】　旧保険証券（旧 ICC）のてん補内容の概要

海損の種類	損害の種類	てん補範囲	保険条件		
共同海損	共同海損	・共同海損犠牲損害 ・共同海損費用 ・共同海損分損額	F P A （分損不担保）	W A （分損担保）	A／R （オールリスク担保）
単独海損	全損	・現実全損 ・推定全損			
	特定分損	・沈没・座礁・大火災による損害（S.S.B.） ・衝突（C.），火災，爆発および遭難港における荷卸しに合理的に起因する損害 ・積込み，積替え，荷卸中の梱包1個ごとの全損			
	費用損害	・損害防止費用，その他の特別費用（避難港などでの荷卸し，保管，積替え，継搬などの費用） ・救助料，付帯費用（サーベイ費用等）			
	その他の分損	・特定分損以外の分損（潮濡れ，高潮・津波・洪水による濡れ損，流失損，その他荒天による分損）			
	各種の付加危険	個別追加可能（控除免責歩合〈EXCESS〉の取決め） 盗難，破損，淡水濡れ，不着等			
		各種付加危険一括担保（免責歩合なし）			
不担保損害		遅延，保険の目的（貨物の梱包等）の固有の欠陥もしくは性質に近因した滅失・損傷，費用	全条件		

注：① 　FPA，WA 条件に各種の付加危険を個別に追加付保することも可能。
　　② 　WA 条件ではその他の分損については小損害の免責歩合（FRANCHISE）が適用されるが特約により不適用とするのが一般的である。
　　③ 　特定分損の沈没，座礁は船舶以外の運送手段では，たとえば航空機の墜落，陸上輸送具の転覆，脱線等に読み替える。

（新 ICC（A）に相当。戦争，ストライキ，暴動などはカバーしない）。

旧 ICC によるこれらの基本保険条件は，戦争やストライキといった危険をカバーしない。したがって，これらの危険についてもてん補したい場合には，「War Clauses」や「S.R.C.C. Clauses」を追加契約することが必要となる。

付加危険

人為的な危険や特殊な危険については，基本条件に追加して保険条件を設定する場合がある。これを付加危険といい，たとえば WA に付加する条件としては，次のものが一般的である。

① Shortage　不足損害
② RFWD（Rain & /or Fresh Water Damage）　雨，淡水，濡れ損
③ TPND（Theft Pilferage & /or Non Delivery）　盗難，抜荷，不着損害
④ Leakage　漏れ損
⑤ Breakage　破損
⑥ Bending & Denting　曲損，へこみ損
⑦ Contamination　汚染損害

旧 ICC と新 ICC の相違点

新 ICC では，旧 ICC の基本保険条件と比べて，次の図表7–5のような相違点がある。

新 ICC	旧 ICC	新 ICC の概要および主たる相違
Institute Cargo Clauses（A）	A／R	「オール・リスクス」という表題がなくなったが，内容は同じ。ただし，保険会社の免責危険が約款上に具体的に明示された（旧 ICC では同様な免責危険は英国海上保険法の規定によっていた）。
Institute Cargo Clauses（B）	WA	保険会社の責任と免責危険が具体的に明示された。（主たる相違） カバーされなくなったもの：荒天遭遇による荷崩れ 新たにカバーされるもの：湖水，河川の水の船舶その他への浸入（従来は海水のみ），地震，噴火，雷
Institute Cargo Clauses（C）	FPA	(B)条件同様，保険会社が責任を負う危険と免責危険が具体的に明示された。（主たる相違） カバーされなくなったもの：船舶，はしけへの積込み・荷卸中の海没，落下による梱包１個ごとの全損 新たにカバーされるもの：保険会社が責任を負うべき危険が原因であれば分損もてん補される（従来は本船の特定事故でない場合は分損はてん補されなかった）。

7

貨物海上保険

Ⅶ　メモランダム条項（Memorandum Clause）

　メモランダム条項とは，共同海損，本船の座礁・沈没・大火災によって生じた損害は，損害の大小をとわずてん補し，それ以外の損害（単独海損）は，保険価格の３％あるいは５％に達した場合にのみてん補することを定めた条項である。

　この３％あるいは５％のことを免責歩合といい，たとえば毛布，皮革等は５％とされている。そして，損害がその割合に達すれば全額がてん補される。これをフランチャイズ方式という。

　ところで，このメモランダム条項とは，分損の中での問題なので分損不担保のFPA条件では適用されない。

　たとえば，WA条件では，メモランダム条項は適用されるが，適用しない場合には，WA（I.O.P.）と表示される。

　次の記述について，正しいものには○印を，誤っているものには×印をつけなさい。

(1)　貨物海上保険の保険金額は，売買契約で特に定めのない限り，インコタームズおよび信用状統一規則でインボイス価格と同額の金額と定められている。

(2)　貨物海上保険の保険料率は，ICC統一料率である。

(3)　貨物海上保険の旧ICCによる基本条件のFPAとは，共同海損および全損と，本船・はしけの座礁，沈没，大火災があった場合の分損，本船の衝突に起因する分損事故，損害防止費用等の費用損害，並びに海水濡れ損害などの海固有の危険によって被った分損を，てん補する条件である。

(4)　戦争，ストライキ危険の料率は，ロンドンにある戦争保険料率算定委員会によって算出された料率を，日本の全保険会社が使用している。

(5)　貨物海上保険は航空貨物や陸上貨物にも適用されるため，特定分損の沈没，座礁は，たとえば，航空機の墜落，列車の脱線等に読み替えることができる。

　次の各問について答えを1つ選びなさい。

(1)　次の記述は，貨物海上保険に関するものであるが，正しいものはどれか。

　A　わが国での輸入申告の際，貨物海上保険の保険証券を保険料の証明書として税関に提出しなければならない。

　B　A／R（All Risks）は，貨物の海上運送中に発生するあらゆる偶発的な事故による損害をてん補する保険であるが，戦争・騒乱・ストライキ・暴動による損害はカバーしない。

　C　海上保険の申込みに必要な項目の一部が不確定な場合には，とりあえず保険料を支払って予定保険を付保し，項目が確定したら確定保険に切り替える。

(2)　次の記述は，貨物海上保険に関するものであるが，誤っているものはどれか。

　A　輸入貨物について保険契約を結ぶ場合には，保険会社は保険証券の代わりに保険承認状を発行するのが一般的である。

B　わが国での輸出申告の際，貨物海上保険の保険証券を，保険料の証明書として税関に提出しなければならない。

C　保険料率は，積載する船舶，航路，貨物の性質，状態，荷姿，損害率などにより算定され，各保険会社で自由に設定されている。

解答と解説

1．(1)−×　貨物海上保険の保険金額は，売買契約で特に定めのない限り，インコタームズおよび信用状統一規則により，CIF または CIP 価格の110％と決められている。

(2)−×　貨物海上保険の保険料率は，各保険会社で自由に設定できる自由料率である。

(3)−×　FPA とは，共同海損および全損と，本船・はしけの座礁，沈没，大火災があった場合の分損（特定分損），および本船の衝突に起因する分損事故，並びに損害防止費用等の費用損害のみをてん補する条件である。海水濡れ損害などの海固有の危険によって被った分損を一定の損害割合以上の場合にてん補する条件は，WA である。

(4)−○

(5)−○

2．(1)−B　A／R（All Risks）は，貨物の海上運送中に発生するあらゆる偶発的な事故による損害をてん補する保険であるが，戦争・騒乱・ストライキ・暴動による損害はカバーしない。これらの危険をカバーしたい場合には，別途，契約が必要となる（選択肢 B）。貨物海上保険の発行と同時に作成される保険料請求書（Debit Note）は，わが国での輸入申告の際，保険料の証明書として税関へ提出されることがある。輸入申告書には CIF 価格を用いるため，輸入取引で FOB，CPT 条件など保険料が含まれていない条件の場合では，保険料を証明する書類として保険料請求書が必要となる（選択肢 A）。貨物海上保険の申込みに必要な項目の一部が不確定な場合は，不確定の項目をそのままに，「予定保険契約」を締結し，項目が確定したら「確定保険」に切り替

えることになるが，保険料は，確定保険への切替え時に支払う（選択肢 C）。

(2)− B　輸出申告の際に，貨物海上保険の保険証券等を，保険料の証明書として税関に提出する必要はない。輸出申告書には FOB 価格を用いるため，貨物海上保険の保険料は加算要素とならない（選択肢 B）。輸入貨物について保険契約を結ぶ場合には，保険会社は，保険証券の代わりに保険承認状を発行するのが一般的である（選択肢 A）。保険料率は，積載する船舶，航路，貨物の性質，状態，荷姿，損害率などにより算定され，各保険会社で自由に設定されている（選択肢 C）。

第 **8** 章

貿易取引に関する
その他の保険

1. 貿易保険

貿易保険は原則として，貨物海上保険がカバーする物の損害
については，カバーしない。この保険は，損害保険会社の保
険が対象としない取引上の金銭的な危険をカバーすることに
より，取引企業に安心を与え，貿易を促進させるのが目的で
ある。
具体的には，貿易保険は取引相手の破産などの信用危険，取
引当事者に責任のない不可抗力的な政治危険などの非常危険
をカバーする保険である。貿易取引におけるどのようなリス
クがカバーされるのかみていこう。

 貿易保険とは

　貨物海上保険が輸送，保管中に貨物に生じた損害をカバーするのに対し，貿易
保険は，輸出入取引や海外投資における取引先の代金不払いなどの**信用危険**や，
輸出入国の政策変更あるいは外国における戦争などによる送金停止等の**非常危険**
から発生する**金銭的損害をカバー**する。

1　保険者

　貿易保険はその保険期間が長期に及ぶこと，また非常危険では取引相手国単位
のリスクとなることから巨額な保険事故ともなりかねない。また，貿易保険はそ
の引受けにあたって国別の引受規制等の管理により，国家的な貿易・投資政策の
手段としても用いられる。このため，民間企業が貿易保険を営業種目とすること
は困難であり，わが国では主に独立行政法人「日本貿易保険」が法律にもとづき
収支のバランスがとれるよう保険引受けを行っている。世界各国においても政府
が保険者となるか，政府支援のもとに政府機関あるいは民間の損害保険会社が運
営している。

2　貿易保険の対象となるリスク

契約当事者の責任の有無により，**信用危険**と**非常危険**に分けられる。

(1)　信用危険

契約当事者の責任による事由から発生する，代金，融資金等の回収不能や輸出自体が不能となる危険のことで，取引の相手方を政府，民間企業別にみれば次のようなケースが考えられる。

　　＜取引の相手方が外国政府・政府機関等の場合＞

　　　・相手方が契約を一方的に破棄

　　　・相手方の責めに帰すべき相当の理由による輸出者の輸出契約の解除

　　＜取引の相手方が民間企業の場合＞

　　　・相手方の破産など経営上の理由

(2)　非常危険

海外取引で発生する，取引の相手方に責任がない次のような不可抗力の事由で起こる輸出不能および代金回収不能危険のことで，"Political Risk"とも呼ばれる。

・仕向国における輸入の制限・禁止，戦争・革命・内乱による輸入不能

・外国における為替取引の制限，禁止，戦争・革命・内乱による為替取引の途絶

・本邦外で発生した事由による仕向国への輸送不能

・わが国の法令による輸出の制限，禁止

3　取引相手の信用格付け

貿易保険は政府が保険金を支払う保険者となるので，保険契約にあたっては，取引相手の信用状態が一定の基準を満たしていることが前提となる。このため，貿易保険を利用するには，まず，取引相手が株式会社「日本貿易保険」の公表している**「海外商社名簿」**に登録されていなければならない。また，信用危険をカバーする場合は，さらに海外商社名簿上の格付けが一定の評価基準に達していることが要求される（第2章図表2-10参照）。

この格付けでは，海外の取引相手について政府・政府機関，民間企業，銀行，信用状態不明者の四つの管理区分が設けられ，それぞれ評価基準が定められている。

したがって貿易保険の付保にあたり，保険契約の対象となる海外取引先が海外商社名簿に記載されていない場合は，所定の「海外商社登録申請書」に世界的に信用のある調査機関による信用調査書を添付して，株式会社「日本貿易保険」に

登録申請を行うことが必要である。

 Ⅱ **貿易保険の種類** ━━━━━━━━━━━━━━━━━━━━━

貿易保険のうち，最も一般的な保険種目は次の二つである。

① 貿易一般保険

② 輸出手形保険

上記①②以外にも，次の保険種目がある。

・輸出保証保険：プラント類の輸出・技術提供に関連して発行されたボンド（履行保証）の，不当没収による損失。

・前払輸入保険：輸入貨物前払金の返還がなされないために被る損失。

・海外投資保険：投資先企業の収用・戦争リスク，投資先国が行った為替制限等による送金不能損失，破産による損失。

・海外事業資金貸付保険：長期事業資金貸付けの回収不能損失。

・企業総合保険・限度額設定型貿易保険・中小企業輸出代金保険：輸出・仲介貿易に伴う代金の回収不能損失。

・知的財産等ライセンス保険：知的財産権のライセンス契約に係るロイヤリティ等の回収不能による損失。

・貿易代金貸付保険：輸出代金貸付け，仲介貿易代金貸付け，技術提供契約にもとづく支払代金貸付けに伴う貸付金の回収不能損失。

 Ⅲ **輸出手形保険** ━━━━━━━━━━━━━━━━━━━━━━

輸出手形保険は輸出貨物代金回収のために，「海外商社名簿」のＧ格，確認済みEE，EA，EM，EF格のバイヤーあてに振り出された，主として信用状を伴わない荷為替手形を外国為替銀行が買い取り，手形が不払いとなった場合，買取銀行の損失をてん補することで手形買取りを円滑にするための制度である（信用格付けと付保の可否の関係は，図表8-2参照）。

この保険を利用しようとする輸出者は，日本貿易保険と保険契約をしている銀行に，実務上は自ら保険料を負担することで手形を買い取ってもらうことにより，保険契約が成立する。手形が不払いとなった場合，その原因が輸出者にない限り，被保険者である買取銀行は日本貿易保険から受け取った保険金の範囲にお

いて輸出者に償還を遡及できないことになっている。

　輸出手形保険の保険金額は手形額面の95%で設定され，保険事故が発生した場合，非常危険・信用危険とも，保険金は損失額に保険金額の手形額面に対する割合を乗じた比例てん補制である。したがっててん補は，非常危険・信用危険とも一律に95%であり，手形金額と保険金の差額は手形振出人（輸出者）に償還請求がなされる。

【図表8-1】　輸出手形保険のしくみ

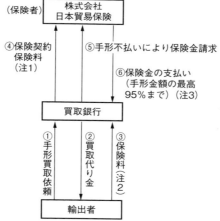

（注1）被保険者は買取銀行
（注2）保険料は輸出者持ち
（注3）保険金額は非常危険，信用危険とも手形額面の95%

【図表8-2】 信用格付けと付保の可否

格付け	格付基準	輸出手形保険の付保
GS GA GE	中央銀行，財務省，国連，国際金融機関 上記以外の政府機関，地方公共団体 政府関係法人，特殊法人	可
EE EA EM EF EC	優良企業 良好 保険残高が大きい 引受けに一定制限必要 不安あり	EE，EA，EM，EF では，輸出者が事前に（独）日本貿易保険の個別保証枠の確認を得た場合は可 EC は不可
SA SC	優良な銀行等（GS または GE を除く） 預金取付，営業停止命令を受けた銀行等	SA は可 SC は不可
PU PT	信用状態不明 経営実態なし。戦争等により信用調査不能。名簿上の所在確認不可	不可

注：信用危険について事故が発生しているバイヤーは各グループとも R（債務不履行等），B（破産，保険金支払の対象等）に事故管理区分されている。

2. PL 保険

PL とは，Product Liability（生産物責任）の略語であり，企業が製造，販売したもの（生産物），あるいは仕事の結果に起因して事故が発生した場合の賠償責任のことをいう。
わが国で1995年に施行された製造物責任法（PL 法）では，輸入品について輸入者が責任の主体とされたので，これまで主として PL 対策がとられていた輸出取引だけでなく，輸入取引についても PL 保険が必要となっている。
ここでは，PL 責任について理解し，それを輸出用および輸入用 PL 保険でどのようにカバーできるのかについてみていこう。

PL 責任と PL 保険

　輸出した商品や，輸入した商品がもとで事故が発生すると，企業は法律にもとづいてその責任を追及され，場合によっては多額の損害賠償を負うケースもある。
　ここでは，そのような事故が起こった場合の生産物責任（PL = Product Liability）と，それをカバーする PL 保険とは何かについてみてみよう。

1　わが国の PL 法上の製造物責任とは
　製造物責任（PL = Product Liability）とは，製品の欠陥によって（通常備えるべき安全性を欠き），消費者等の第三者が生命，身体および財産上の損害を被った場合に，製造者（輸入業者，一定要件のもとでの販売業者などを含む）に課される損害賠償責任のことをいう。

2　無過失責任
　米国，EU 加盟国等では，早くから製造物責任は無過失責任を導入していたが，わが国では，1995年の製造物責任法（PL 法）の施行により，初めて無過失責任が実現した。

無過失責任とは，製品に欠陥があり，その欠陥が原因で第三者が損害を受けた場合，製造業者や輸入者などは過失がなくても，被害者に対して損害賠償責任を負うことをいう。

　わが国では，PL法施行以前には，被害者は損害賠償請求をするにあたり，①製品の欠陥，②製造者の過失，③欠陥と損害の間の因果関係，の三つを立証しなければならなかった。

　しかし，大規模かつ大量の製造，販売時代に入り，製造工程が高度化かつ複雑化するなかで，専門的な知識を持たない消費者が製造者の過失を立証することは不可能に近く，被害者の救済が十分に行われていないという批判があった。

　一方，米国やEU諸国といった先進諸外国では，次々に無過失責任のPL法が成立し，消費者の権利意識も高まってきたため，日本でもようやく1995年にPL法が施行されることになったのである。

　PL法における無過失責任では，製造者責任についての被害者の立証負担を軽減し，消費者保護を図る観点から，消費者が次のことを証明すれば，製造業者等は過失がなくても賠償責任を負うことになった。

　①　損害があったこと
　②　製品に欠陥があったこと
　③　欠陥によって被害が生じたこと（因果関係）

3　日本のPL法

　わが国のPL法における，製造物の範囲，欠陥，および製造業者等の定義は，次のように規定されている。

(1)　製造物の範囲

　PL法第2条では，製造物責任の対象となる製造物の範囲を，**製造・加工された動産**に限定している。したがって，不動産，米・野菜・果実・魚などの未加工農林水産物，電気などのエネルギーや役務（サービス）の提供，コンピュータのソフトウェアなどは含まれない。

(2)　欠陥の定義

　PL法第2条第2項では，欠陥とは，次の三つおよびその他の製造物にかかる事情を考慮して，**「製造物」**が**「通常有すべき安全性を欠いていること」**と規定

している。

---

① 製造物の特性
② 通常予見される使用形態
③ 製造物を引き渡した時期

---

(3) 製造業者等の定義

PL 法では，製造業者に該当する者として，次の五つの者を挙げている。

---

① 業として製造した者
② 業として加工した者
③ 業として輸入した者
④ 当該製造物に製造業者等の表示をした者
⑤ 当該製造物の実質的な製造業者と認めることができる者

---

③で輸入者が責任の主体に挙がっているのは，輸入品によって消費者が損害を被った場合，その被害者が海外の製造業者等に責任追及を行うことは困難であり，一方輸入者は海外の製造業者等との売買契約において，責任を輸出者に転嫁する措置等をとれる立場にあるとの考え方によるものである。

最後の⑤は，販売業者が当該製造物の設計や製造に関与していたり，大きな影響力を与えているかのような表示がなされ，消費者がその販売業者を実質的な製造業者と信じてしまうような場合を想定している。

たとえば，医薬品の有名な大手製薬会社が，あまり名の知られていない小さな製薬会社の製造した医薬品の販売元になっているような場合が考えられる。そのような場合，消費者は，有名な大手製薬会社が指導，管理して製造した物と誤認してしまう可能性が高くなる。消費者の信頼を保護し，消費者の信頼に乗じて利益をあげている大手製薬会社に責任を負わせるというのが，上記⑤のケースといえる。

4 PL 保険の役割

このように，わが国の PL 法でも無過失責任が導入され，輸入者もその責任主体となったことから，輸入品に対する PL 責任への関心も高まってきた。それにつれ，国内における PL 責任への対応策として，国内 PL 保険への関心が高まってきたのである。

わが国における PL 責任に対する保険は，1950年代に「一般賠償責任保険」の一種として，これに生産物賠償責任約款を付けることで付保可能となった。

　また，輸出 PL 保険については，当初日本国内での付保ができず，外国での保険手配に苦慮していたが，1970年代に入り，わが国の損害保険会社が米国の保険約款に準じた英文の賠償責任保険証券を発行するようになり，輸出品への生産物賠償責任保険の国内手配が可能となった。

　PL 保険には，このように，輸入品を含む日本国内で販売される製品を対象とした「国内 PL 保険」と，輸出製品を対象とする「輸出 PL 保険」の二つがある。

 # 国内 PL 保険

1　国内 PL 保険の約款

　製造物責任（PL）に対する保険は，わが国でも1950年代に「一般賠償責任保険」の一種として，生産物賠償責任約款によって付保可能となった。具体的には，従来からあった「賠償責任保険普通保険約款」に「生産物特別約款」と「生産物特別約款追加特約条項」とが付加され，**「生産物賠償責任保険」**として引き受けられるようになったのである。

　この生産物賠償責任保険（国内 PL 保険）は，輸入品だけの保険ではなく，日本国内で販売される輸入品を含む製品全てをその対象としている。したがって当然国産品にも適用されるので，**和文で書かれた証券や約款**となっている。

　この約款では，事故発生地が外国の場合，法律，訴訟手続等が国内と異なることから，事故発生地域を日本国内に限定しており，**国内用の保険**となる。

2　PL 法と国内 PL 保険との対象の相違点

　PL 法が対象とする製造物の範囲について，同法第 2 条では，**製造・加工された動産**に限定している（前記 I - 3 参照）。

　一方，国内 PL 保険では，PL 法が対象とする製造物および加工品に限定されず，民法上の有体物である工業製品，農水産物等の全てが対象となり，完成品，未加工品，部品，原材料なども対象となる。また，有体物に加えて，機械の設置や据付作業等の仕事の欠陥に起因する賠償責任も保険の対象としている。

　つまり国内 PL 保険は，PL 法のみならず，民法，商法等によって損害賠償責

任（不法行為責任，製品の製造業者としての債務不履行責任）が問われた場合にもその賠償金が保険でカバーでき，またその場合の訴訟費用についても，保険会社の同意を得た訴訟費用および弁護士費用であれば，勝訴，敗訴にかかわらず保険の対象となる。

3　国内 PL 保険の保険期間

　国内 PL 保険の保険期間は原則として 1 年で，保険者のてん補責任は**事故発生ベース**となっており，輸入品の販売時期とは関係ない。これはつまり，保険期間中に発生した事故による損害賠償請求のみが対象となることを意味している（輸出 PL 保険の場合は，保険期間中の賠償請求ベース）。

　もし，1 年の間に何の事故も起こらず，保険期間が終了した後で事故が起こったら，その事故に関わる損害賠償については，保険ではカバーできないことになってしまう。そこで通常，保険契約の継続が必要となる。

　ただし，医薬品等のように，事故発生時期の特定が困難な生産物については，保険期間中に賠償請求がなされることを条件とする契約も可能である。

 輸出 PL 保険

　製造物責任（PL）について，既に多くの経験と実績とがある米国や EU 諸国等へ製品を輸出したり，現地で事業を行う日本の法人は，PL に対する正確な知識を持ち，十分な対策を講じなければならない。そのような備えがなければ，思わぬ損失を被るばかりでなく，場合によっては事業の命取りにもなりかねない。

1　輸出 PL 保険の約款

　以前，日本の法人は，米国向け輸出品に対して，米国内での保険手配に苦慮していたが，1970年代に入ってわが国の損害保険会社は，米国の保険約款に準じた英文の賠償責任保険証券を発行するようになり，輸出品への生産物賠償責任保険の国内手配が可能となった。

　現在では，輸出貨物に対する生産物責任について日本の損害保険会社は米国の保険会社が一般的に採用し，世界各国で通用している英文の賠償責任保険証券（General Liability Policy）の生産物責任保険特別約款により，保険を引き受けて

いる。この英文の保険約款は，米国の ISO（Insurance Service Office）約款に準拠しており，英文普通約款と特別約款とで構成されている。

2 輸出 PL 保険のてん補範囲

輸出 PL 保険では，通常次の損害が保険金支払いの対象となる。

> ① 法律上の賠償責任を負うことによって被害者に支払うべき損害賠償金
> ② 訴訟解決のための諸費用。この保険では，保険会社が被保険者を守るための裁判または損害賠償請求の解決のために要した防御費用，たとえば裁判費用，弁護士報酬，示談解決のための費用など

国内 PL 保険では，保険会社の同意を得た訴訟費用および弁護士費用であれば，勝訴，敗訴にかかわらず保険の対象となったが，輸出 PL 保険では保険者は，**被保険者（輸出者など）に対する訴訟が根拠のないもの，誤ったもの，あるいは不正のものであっても，被保険者を防御する権利と義務を有している**（上記②）。このことは，輸出者にとっては保険契約の最も大きなメリットであり，輸出 PL 保険を必要とする理由でもある。

ただし，米国における懲罰的損害賠償金（Punitive Damages：主に不法行為訴訟において，加害行為の悪質性が高い場合に，加害者に対する懲罰および一般的抑止効果を目的として，通常の損害賠償のほかに認められる損害賠償）の場合は，保険会社は免責となるので，注意が必要である。

3 追加被保険者

輸出 PL 保険の被保険者は，通常，保険契約をした輸出者であるが，このほかに輸出者と海外の輸入者との売買契約において，海外の輸入者や販売者等もカバーする PL 保険を輸出者側が付保する条件がつけられている場合がある。この場合には，これらの者を輸出 PL 保険の被保険者として追加する必要がある。

被保険者には**記名被保険者**と**追加被保険者**との 2 種類があり，記名被保険者とは，自己の名義で製造，販売を行う者で，追加被保険者として追加できる者は，記名被保険者が製造，販売を行った製品の流通過程に関わる者である。ただし，追加被保険者が保険の適用を受けられるのは，記名被保険者の生産物に限られる。

しかし，国によっては自国の保険会社への付保が要求される**自国保険主義**の国もあり，この場合にはわが国の保険会社が発行する保険証券において，その国の

輸入者や販売者等を追加被保険者として追加することができない。自国保険主義の国では、これに違反したときに罰金が課せられるので、外国の輸入者等をわが国の輸出 PL 保険の被保険者に加える場合には、事前確認が必要である。

上記のように、売買契約で海外の輸入者や販売者等もカバーする PL 保険を輸出者側が付保する条件がつけられている場合のほか、輸入者から日本の輸出者への責任転嫁契約をしている場合にも、輸入者等を追加被保険者とすることがある。

責任転嫁契約とは、海外の輸入者が生産物責任に問われ損害賠償請求をされた場合に、その責任を輸出者に転嫁するという契約条件のことである。輸出 PL 保険は契約責任を対象としていないので、本来ならこういった責任転嫁契約に対しては、別途契約責任保険に加入しておく必要がある。しかしこの保険の付保は現実には不可能に近いので、実際には、輸出 PL 保険に海外の輸入者等を追加被保険者として加えることにより対処している。この場合にも、自国保険主義の国の輸入者等は被保険者として追加することができない。

Ⅳ PL 保険とリスク管理

無過失責任が問われる製造物責任（PL）は、製造業者や販売業者である輸出者や、販売業者や流通業者である輸入者のいずれにとっても、その責任主体となり得ることから、損害賠償請求をされた場合に備えて、万全の対応策を講じておくことが非常に重要である。

PL に伴う賠償金はしばしば巨額に上り、企業の屋台骨自体を揺るがしかねない。米国では、1960年代に各種の PL 訴訟が提起され、高額の判決が次々に出て社会問題となった。

このため、製造物責任（PL）について既に多くの経験がある米国や EU 諸国等へ製品を輸出したり、現地で事業を行う日本の法人は、PL に対する正確な知識を持ち、十分な対策を講じなければならなくなってきている。そのような備えがなければ、思わぬ損失を被るばかりでなく、場合によっては事業そのものの命取りにもなりかねない。

PL への対応策としては、次の三つに集約することができ、輸出でも輸入でも PL 責任に備えて PL 保険の付保を検討することは、そのうちの重要な対応策の一つである。いってみれば PL 保険の付保は、企業のリスク管理策ともいえるの

である。

① 製品安全対策（Product Safety ＝ PS）

　　安全な良い製品を製造する

② PL 予防策（Product Liability Prevention ＝ PLP）

　　PL 問題に巻き込まれないように，日頃から十分にカタログ，仕様書，
取扱説明書などに留意し，適切な保険を付保する

③ PL 訴訟対策（Product Liability Defence ＝ PLD）

　　いつ訴訟を起こされても対応できるように，海外の PL 専門の法律事
務所を選定しておくなど，社内外の体制を整えておく

チェック問題 1

　次の記述について，正しいものには○印を，誤っているものには×印をつけなさい。

(1) 貿易保険を利用するには，まず取引相手が独立行政法人「日本貿易保険」の公表している「海外商社名簿」に登録されていなければならず，また，信用危険をカバーする場合は，さらに海外商社名簿上の格付けが一定の評価基準に達していることが要求される。

(2) 国内PL保険の保険期間は原則として1年で，保険者のてん補責任は事故発生ベースとなっており，輸入品の販売時期とは関係ない。

(3) 国内PL保険は，製造物責任法に定義する製造物に起因する責任についてはカバーされるが，装置の設置や据付作業などの仕事の欠陥に起因する責任は，カバーされない。

(4) PL保険には，輸入品を含む日本国内で販売される製品を対象とした国内PL保険と，輸出製品を対象とする輸出PL保険の二つがある。

チェック問題 2

　次の記述について，（　　）内に示した語句のうち，正しいものを選びなさい。

(1) 輸出手形保険の保険料は，（A　被保険者である荷為替手形の買取銀行　　B　輸出者）が負担する。

(2) 輸出PL保険の場合，米国における懲罰的損害賠償金は，免責の（A　対象となる　　B　対象とならない）。

(3) 輸出手形保険の保険金額は，手形額面の（A　110%　　B　95%）に設定されている。

次の各問について答えを1つ選びなさい。

(1) 次に掲げる内容は，貿易保険の対象となる信用危険と非常危険に関するケースについてであるが，このうち信用危険に該当するものはどれか。

A わが国の法令による輸出の禁止

B 取引相手の破産

C 外国における内乱による為替取引の途絶

(2) 次の記述は，貿易取引に関する保険についてであるが，ア～オの（　　）内に入る語句の組合わせとして正しいものはどれか。

（　ア　）が輸送，保管中に貨物に生じた損害をカバーするのに対し，（　イ　）は輸出入取引や海外投資における取引先の代金不払いなどの（　ウ　）や輸出入国の政策変更あるいは外国における戦争などによる送金停止等の（　エ　）から発生する（　オ　）損害をカバーする。

	ア	イ	ウ	エ	オ
A	貿易保険	貨物海上保険	信用危険	非常危険	物損的
B	貿易保険	貨物海上保険	非常危険	信用危険	金銭的
C	貨物海上保険	貿易保険	信用危険	非常危険	金銭的

(3) 次の記述は，PL法およびPL保険に関するものであるが，誤っているものはどれか。

A 無過失責任とは，製品に欠陥があり，その欠陥が原因で第三者が損害を受けた場合，製造業者や輸入者などは過失がなくても，被害者に対して損害賠償責任を負うことをいう。

B PL法では，製造物責任の対象となる製造物の範囲を製造・加工された動産に限定しているため，国内PL保険においてもその対象となる範囲はPL

法と同一となる。

C　PL法上の製造物責任とは，製品の欠陥によって消費者等の第三者が生命，身体および財産上の損害を被った場合に製造業者に課される損害賠償責任をいう。

解答と解説

1．(1)−○

　(2)−○

　(3)−×　国内PL保険は，装置の設置や据付作業などの仕事の欠陥に起因する責任もカバーされる。

　(4)−○

2．(1)−B　輸出手形保険とは，輸出者の手形を買い取った（代金を立替払いした）銀行が，万一代金回収できなかった場合に備えて加入する保険であり，その保険料は輸出者が負担することになる。

　(2)−A　輸出PL保険の場合，米国における懲罰的損害賠償金は，免責の対象となる。

　(3)−B　輸出手形保険の保険金額は，手形額面の95％に設定されている。

3．(1)−B　信用危険とは，契約当事者の責任による事由から発生する，代金，融資金などの回収不能や輸出自体が不能となる危険をいう。具体的ケースとして相手方が契約を一方的に破棄した場合（取引の相手方が外国政府，政府機関等の場合）や相手方の破産など経営上の理由（取引の相手方が民間企業の場合）（選択肢B）などが挙げられる。これに対して，非常危険とは，海外取引で発生する，取引の相手方に責任がない不可抗力的な事由で起こる輸出不能および代金回収不能危険をいう（選択肢A・C）。

　(2)−C　（ア：貨物海上保険）が輸送，保管中に貨物に生じた損害をカバーするのに対し，（イ：貿易保険）は輸出入取引や海外投資における取引先の代金不払いなどの（ウ：信用危険）や輸出入国の政策変更ある

いは外国における戦争などによる送金停止等の（エ：非常危険）から発生する（オ：金銭的）損害をカバーする。

(3)−B　国内 PL 保険では，PL 法が対象とする製造物および加工品に限定されず，民法上の有体物である工業製品，農水産物の全てが対象となり，完成品，未加工品，部品，原材料のいずれの形態であるかを問わない（選択肢 B）。無過失責任とは，製品に欠陥があり，その欠陥が原因で第三者が損害を受けた場合，製造業者や輸入者などが，過失がなくても被害者に対して損害賠償責任を負うことをいう（選択肢 A）。PL 法上の製造物責任とは，製品の欠陥によって消費者等の第三者が生命，身体および財産上の損害を被った場合に製造業者に課される損害賠償責任をいう（選択肢 C）。

第 9 章 代金決済

1. 外国為替による代金決済

貿易取引は国際間の売買取引なので，最終的に商品の代金を異なる国へあてて支払う必要が出てくる。このときに利用するしくみを外国為替という。

I 外国為替とは

外国為替とは，国際間の債権や債務（たとえば輸出代金の受領，輸入代金の支払いなど）の決済を，現金を直接輸送することなく金融機関等を通して行う方法または手段のことである。

それではそもそも「為替」とは，どのようなしくみをいうのだろうか。

1 為替とは

為替とは，現金を直接送らずに，支払指図だけで資金を送るしくみをいう。国内為替の最も一般的なものが「振込み」で，振込依頼人によって銀行へ持ち込まれた振込金（現金）はそのまま銀行にとどまり，銀行から銀行へのコンピュータや郵送による振込指図だけで，先方の受取人の口座へ入金されるしくみとなっている。つまり，受取人の口座のある銀行が，現金を受け取っていないのに，立て替えて受取人に振込金を支払っている形になる。

では振込依頼を受けて現金を預かった銀行と，現金は受け取っていないのに立替払いした銀行とは，互いの資金の貸し借りをどのように清算しているのだろうか。

国内為替の場合には，次の図のように，日本銀行に国内の全ての銀行の口座があり，各々の銀行の資金の貸借を全てコンピュータ上で清算してくれている。つまり，振込依頼金を預かった銀行の口座から，現金を立替払いした銀行の口座へと資金が移されて，貸借が清算されているのである。

2 外国為替とは

国内為替のしくみをそのまま国際間の送金に置き換えると「外国為替」にな

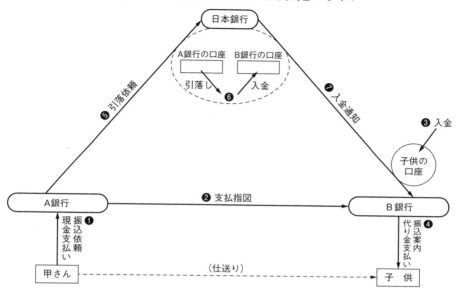

【図表9－1】 銀行振込みによる国内為替のしくみ

る。しかし異なる国の間の資金清算であるため，国内為替とは大きく違う点が幾つかある。

(1) 通貨が異なる

異なる通貨間の交換が必要となり，その交換比率である**外国為替相場**というものが重要な意味を持つ。

(2) 日銀に該当する中央銀行がない

各地の銀行と「**コルレス契約（為替取引契約）**」を締結し，個別に互いの資金清算の方法（決済方法）を決めている（第1章「キーワード」参照）。

(3) 荷為替手形を使った代金決済

国内にはない「荷為替手形」を使用した決済が大きな役割を果たす。

Ⅱ 並為替と逆為替

外国為替による資金の流れは並為替と逆為替とに大別できる。

1　並為替

　並為替とは，送金人から受取人に資金を送金する方法で，送金為替とも呼ばれている。並為替では資金移動の指図（ここでは送金の取組依頼）と，実際の資金の流れが同一方向となる。

【図表9-2】　並為替の流れ

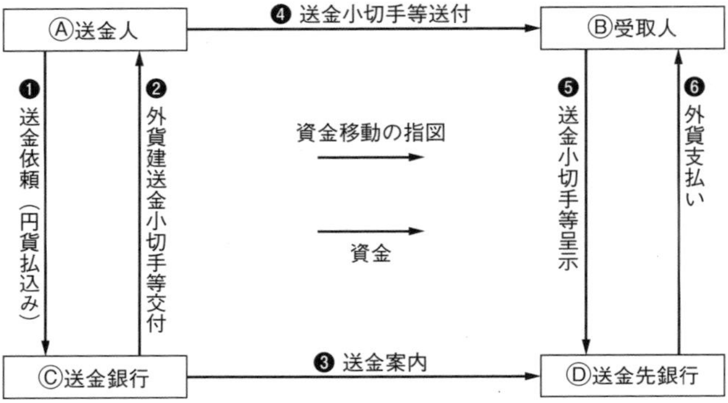

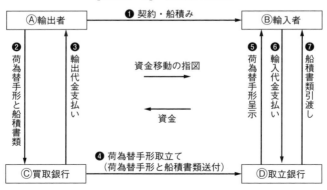

2　逆為替

　逆為替とは，輸出者が自ら荷為替手形を輸入者あてに振り出し，代金を輸入者側から取り立てる方法で，取立為替とも呼ばれている。逆為替では資金移動の指図（ここでは手形の取立依頼）は輸出者側から行われるが，実際の資金は輸入者側から輸出者側に移動するので，資金移動の指図と資金の流れが逆になっている。

【図表9-3】　逆為替の流れ

Ⅲ 外国との主な決済手段

　貿易取引における主な代金決済手段には，荷為替手形を利用する方法と，送金という方法とがある。

　荷為替手形を利用する方法は，前記Ⅱでみてきた通り，代金の受取人側から資金移動の指図を行う逆為替となる。一方，送金による方法は，代金の支払人側から資金移動の指図を行う並為替となる。

　荷為替手形による代金決済方法には，信用状と組み合わせる場合と，信用状を利用しないD／P，D／A手形の場合とがある。また，送金にも，その資金移動の指図の送り方によって三つの方法がある。詳細は後記「2．荷為替手形による決済」，「3．送金による決済」で詳述するが，これらをまとめてみると次の図のようになる。

【図表9－4】　外国との決済手段の種類

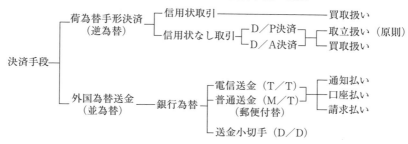

 Ⅳ その他の貿易代金の回収方法

　貿易取引における最も代表的で一般的な方法は，逆為替のしくみを利用した荷為替手形による方法である。

　もう一方の並為替による決済方法は，前の図表9－4の種類のほか，さまざまな形で利用されており，特に外国為替の自由化により，継続的な取引相手との決済では，ネッティングと呼ばれる方法が広く利用されるようになってきた。

　貿易取引では，このネッティングを含め，取引形態に応じて，主として送金方法を用いた次のような代金回収方法がある。

1 ネッティング

商社等の本支店間取引や先進諸国間の取引でよく使われ，輸出入が相互に発生する場合に，帳簿上で輸出入額を相殺し，差額のみ決済する方法をいう。

この場合，一定期間個別の代金決済は行わず，取引相手の勘定を設定しておいて，月1回，3ヵ月に1回などと取り決めて，まとめて決済する。

2 延払方式（Deferred Payment）

輸出貨物が完全に輸入者に引き渡された後，一定期間代金の支払いを延期して，期日に支払う方法。輸入者にはメリットがあるが，輸出者にはきわめて不利になる。プラント輸出の場合などには，そのプラントが実際に稼働して商品を生産し，その後に販売代金が支払われる場合もある。

3 分割払方式（繰延払い　Installment Payment，Progressive Payment）

この方法は，巨額のプラント（船舶や工場建設，鉄道など）の取引に使われる方法で，一種の繰延払いともいえる。たとえば，契約時に3分の1，船積時に3分の1，貨物の到着時に3分の1というように，分割して支払う方法をいう。

4 委託販売方式

この方式による代金の回収は，委託商品が売れた時に販売代金の送金を受ける形となる。したがって，輸出貨物の所有権およびリスクは，貨物が売れるまでは委託者（輸出者）側にあることに注意が必要である。

2. 荷為替手形による決済

貿易取引における代金決済で長く一般に用いられてきた方法は、荷為替手形による決済である。ここではこの手形に関する基礎知識と、手形を利用した決済方法の種類とをまとめてみたい。

Ⓘ 荷為替手形とは

　貨物の売主（輸出者）が買主（輸入者）または信用状で定められた者を名宛人とし、売主の取引銀行（手形の買取銀行）を名指人（受取人）として振り出した為替手形に、運送中の貨物（輸出貨物）の担保として船荷証券等の運送証券、保険証券、インボイス（商業送り状）等の船積書類を添えたものを「荷為替手形」という。

　為替手形は通常2通1組で作られ、組手形と呼ばれる。これは銀行が手形を船積書類とともに輸入地の銀行あてに送付する場合に、郵送の遅延や郵送中の紛失に備えて各手形を別便で送るためである。

　為替手形は第一券・第二券とも同一効力を持っていて、先着した券によって支払いまたは引受けがなされる。手形上にも、いずれか一方が有効となった場合には、他方が「unpaid（無効）」となる旨が記載されている。

Ⅱ 一覧払手形と期限付手形

　荷為替手形には代金の支払期日が表示されるが、その支払期日によって「一覧払手形（At Sight 手形）」と「期限付手形（ユーザンス手形）」とがある。

1 一覧払手形（At Sight 手形）

　一覧払いとは、手形の支払人が手形を一覧したときに（at sight）手形代金を支払うことで、実際の手形上では「At..................sight」の点線部分に×××
×をタイプし、At sight と直結して読ませる（図表9-5参照）。

したがって，手形の支払人（名宛人）は，手形を呈示されたら直ちに手形代金を支払わなければならない。

【図表9-5】　信用状取引における輸出荷為替手形（第一券）の例

BILL OF EXCHANGE

NO.1875

For U.S. $ 7,500.00 　　　　　　　　　　TOKYO, December 20, 20XX

At ×××××××× sight of this FIRST Bill of Exchange（SECOND of the same tenor and date being unpaid）Pay to The ABC BANK Ltd. or order the sum of Dollars Seven Thousand Five Hundred Only in U.S. Currency Value received and charge the same to account of DEF Corporation, New York.

Drawn under BANK OF WALL STREET, New York,

Irrevocable L/C NO.1234 　　　　　　　dated October 1, 20XX

To The BANK OF WALL STREET 　　　　KATAYAMA TRADING Co., Ltd.
234 Wall St., New York 　　　　　　　　　　(Signed)
N.Y. U.S.A. 　　　　　　　　　　　　　　　Manager

【図表9-6】　一覧払手形の決済のしくみ

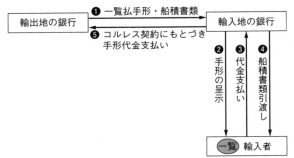

2　期限付手形（ユーザンス手形）

手形の支払人が手形を一覧してから，ある一定期間その支払いが猶予される手形のことを「期限付手形」といい，その支払いが猶予される期間により次の二つの種類がある。支払猶予のことをユーザンスというため，ユーザンス手形とも呼

ばれる。

(1) 一覧後定期払い（At ○○ days after sight）

　手形の支払人が手形を一覧後，指定された期間後に支払う方法。手形の「At ×××× sight」の××部分には，30，60など30日単位の期間が入る。支払人が手形を一覧した時点では，手形の引受け（将来の手形期日に支払うことを約束すること）のみ行い，代金の実際の支払いは期日まで支払猶予されることになる。

【図表9-7】　一覧後定期払手形の決済のしくみ

(2) 確定日後定期払い（At ○○ days after △△ date）

　ある確定日後，指定された期間後に支払う方法。期間の起算日が，ある確定日（たとえばB/L date など）となる。しくみは(1)に同じ。

Ⅲ 信用状にもとづく手形の決済

　信用状（L／C）とは，輸入者の取引銀行が輸出者に対して，輸出者が信用状条件通りの船積書類を銀行に提示することを条件に，輸入者に代わって代金の支払いを約束した保証状のことである。

　したがって，輸出者が信用状条件通りの手形と船積書類を銀行に呈示した場合には，一覧払手形であっても期限付手形であっても銀行はこの手形を買い取り，

輸出者に対して手形代金を立替払いしてくれる（下図参照）。

【図表9−8】　信用状取引のしくみ（図表1−2再掲）

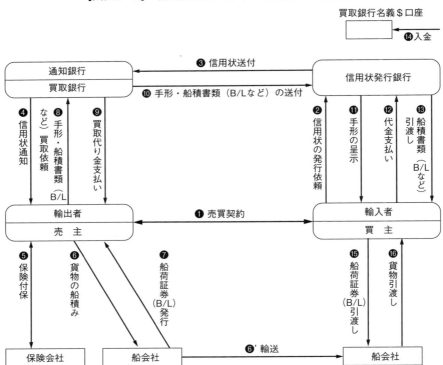

　銀行がなぜ手形を買い取るかというと，書類さえ信用状条件に合致すれば，手形の期日に必ず信用状発行銀行が手形代金を支払ってくれることがわかっているからである。

　このように，信用状と荷為替手形とを組み合わせることにより，輸出者は前払いでも後払いでもなく，商品の出荷とほぼ同時に代金を受領することができることになる。同時に，海外の取引相手である輸入者に対する信用不安も解消されるメリットがある（特に初めての取引の場合）。

　ただしこの手形の買取りは，輸出者の提出した船積書類が信用状条件と合致していることが前提条件なので，もし輸出者が提示した書類が信用状条件と合致しない場合（ディスクレ　Discrepancy）には，手形の買取りを受けられないこと

に注意が必要である。この場合には原則としてⅤで述べる代金取立手形として処理されるので，輸出者にとっては後払いに近い形となってしまう。

Ⅳ 信用状なしのD／P，D／A手形による決済

D／P（支払渡し），D／A（引受渡し）決済は，信用状による荷為替手形決済においても存在するが，信用状取引の場合は，通常発行銀行が支払いを保証しているので，D／P，D／A決済の機能上から発生する問題はほとんどない。したがって，D／P，D／A決済という場合は通常，信用状なしの手形のことをさしている。

D／P手形決済は Documents against Payment（**支払渡しの決済**）で，支払人が手形の支払いを行うと同時に船積書類を引き渡す条件のものである。したがって，Ⅱで述べた「一覧払（At Sight）手形」はD／P条件の手形ということになる。

D／A手形決済は Documents against Acceptance（**引受渡しの決済**）で，支払人が期限付手形を引き受けると同時に船積書類を引き渡す条件のものである。これはⅡで述べた「支払いが一定期間猶予される期限付手形」のことで，引受けとは猶予後の将来の手形期日に支払うことを約束することである。期限付手形のほとんどがD／A手形決済だが，D／P条件を付す場合もあるので，注意が必要である。

信用状なしの荷為替手形決済では，取立扱いが原則であるが，信用状なしであるにもかかわらず例外的に手形を買い取る場合には，代金回収に対するリスクが大きいので，輸出地の銀行は独立行政法人「日本貿易保険」の**輸出手形保険**に加入して，リスクをカバーしたうえでこれらの手形を買い取る（第10章「9．D／P，D／A手形の場合」Ⅲ参照）。

Ⅴ 代金取立てによる決済

信用状のない場合の手形については，その代金回収が保証されないので，原則として代金取立ての方法により代金を回収する。代金取立ての場合には，図表9－9のように，輸入者が手形代金を決済した後，輸入地の銀行がその代金を輸出地の銀行に支払うので，輸出者には銀行がこれらの代金支払いを確認してから支

払われることになる。つまり，銀行に手形と船積書類を持ち込んでから，代金を
受領するまでの間，輸出者には資金負担が生じる。銀行にとっては，代金取立て
は取立ての委任を受けただけで法的な拘束力は何もなく，手形上何ら責任を負わ
ない。

【図表9-9】 代金取立てのしくみ

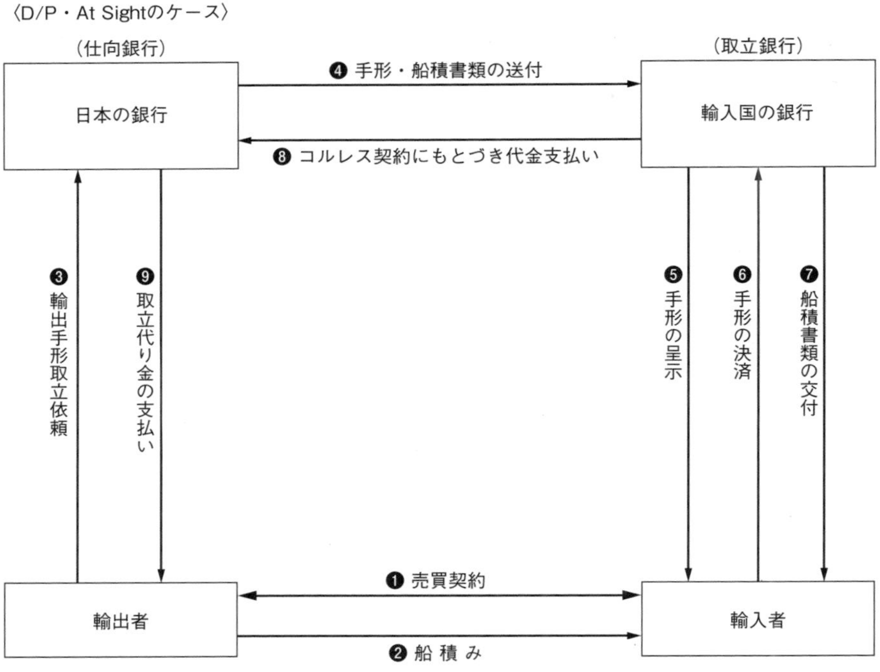

〈D/P・At Sightのケース〉

その他，次のようなケースで取引銀行が手形の買取りに応じない場合や，資金
回収を急がない場合には，代金取立方式で決済することになる。
  ・信用状付荷為替手形であっても，船積書類に信用状条件との不一致（ディス
    クレ）がある場合
  ・手形支払地の為替管理法等により，取立代り金の回収に不安がある場合
  ・小口の代金回収などで代金回収を急がない場合

3. 送金による決済

外国送金は，代金の支払人である輸入者が銀行に依頼して輸出者に対して輸入代金を送金する方法である。送金はL／C決済や代金取立決済と異なり，しくみは簡単だが，本当に契約通り送金してくれるかどうかは送金人の意思次第というリスクがある。このため，当事者間に信頼関係がある場合に用いられる。

I　送金の種類

外国送金には次の三つの方法がある。
① 電信送金（T／T = Telegraphic Transfer）
② 普通送金（郵便付替）（M／T = Mail Transfer）
③ 送金小切手（D／D = Demand Draft）

II　電信送金

まず送金人が送金すべき金額を送金を依頼する銀行に支払う（次の図表9－10❶）。このとき送金の依頼を受けた銀行を仕向銀行という。仕向銀行は外国の銀行に対して受取人に所定の金額を支払ってくれるよう，電信（ケーブル）によって支払指図（Payment Order）を送付する（同❷）。この指図を受け取る外国の銀行を支払銀行（Paying Bank）と呼び，受取人に対して仕向銀行の指図にもとづいて後記Ⅴのいずれかの方法で支払う（同❸）。

III　普通送金（郵便付替）

前記Ⅱの電信送金としくみは同じだが，仕向銀行から支払銀行への支払指図が郵便により行われる方法をいう。送金手数料は電信送金より安くなるが，電信に比べ支払いまでに時間がかかる。

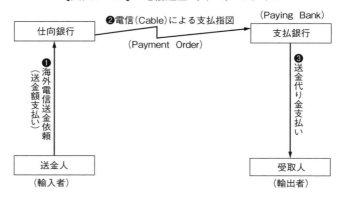

【図表9-10】 電信送金（T／T）のしくみ

IV 送金小切手

　仕向銀行は輸入者より送金小切手の依頼を受けると，コルレス先である支払銀行あ
ての送金小切手を作成し，輸入者に交付する（図表9-11❷）。輸入者はそ
の小切手を直接受取人である輸出者に送付し，輸出者はその小切手を支払銀行に
持参して，送金代り金と引き換える。

　Demand Draft とは，本来は一覧払為替手形をさす。かつて送金に為替手形が
用いられていたためこの名称で呼ばれるが，今日では一般に送金小切手の意味で
用いられる。

【図表9-11】 送金小切手（D／D）による送金のしくみ

仕向銀行	❸支払指図	支払銀行

❶送金小切手による海外送金依頼（送金額支払い）
❷送金小切手の交付
❺送金小切手の呈示
❻送金代り金の支払い

送金人	❹送金小切手の送付	受取人
（輸入者）		（輸出者）

送金の受取り方法 ━━━━━━━━━━━━━━━━━

1　通知払い

　送金銀行から依頼を受けた外国の銀行が，受取人に送金が届いていることを通知したうえで支払う方法をいう。

2　口座払い

　支払銀行が，指定の受取人の口座に入金する。

3　請求払い

　支払銀行は受取人からの請求により支払う。この方法は，受取人が外国の送金銀行から支払指図書を受け取り，それをもって請求する。受取人が直接支払銀行に振込金を取りにいくので，事前に送金人から受取人に対して，支払銀行がどこなのかを通知しておかなければならない。

 為替変動リスクの回避 ━━━━━━━━━━━━━━

1　為替先物予約によるリスクの回避

　いかに売買価格を慎重に見積もっても，為替相場の変動が大きければ採算は確定せず，貿易取引は不安定になってしまう。そのようなリスクへの対策としては，円建てへの切替え，決済時期を早めたり遅らせたりするリーズ・アンド・ラグズ（Leads and Lags），外貨のまま保有する方法などいろいろあるが，最も一般的で広く利用されているのが，「為替先物予約」である。

　為替先物予約は，為替相場変動のリスクを回避して，採算を確定することを目的としている。具体的には，外貨の受取り，外貨の支払いが行われる時期に合わせて，銀行と一定の相場で外貨を受け渡すことをあらかじめ約束する取引をいう。銀行はこういった先物取引のために，1ヵ月から6ヵ月の先物まで，相場を決めて発表している。

　予約の実行時期の決め方には，次の方法があり，③④⑤の受渡し日の選択権は顧客にある。

　①　順月確定日渡し：将来月の特定日（予約翌々日応答日）

　　　直物為替の引渡し日から1ヵ月目，2ヵ月目などの応答日に受渡しを約束

するものをいう。

　たとえば1月10日に3ヵ月の順月確定日渡しの為替予約をした場合には翌々営業日が起算日となる。つまり，1月12日を起算日として，引渡しはその3ヵ月後つまり4月12日になる。

　これは，日本の外国為替市場では，銀行間直物為替の引渡しが翌々営業日となっているからである。

② 　確定日渡し：将来の特定日

　将来の特定の日を引渡し日とする方法をいう。

③ 　暦月オプション渡し：特定の月

　たとえば5月渡しとか6月渡しと特定の月を決めておき，その月を引渡し期間とする方法をいう。つまりその月の銀行営業日であれば，予約者が自由に為替の受渡し時期を決定できるというものである。

④ 　順月オプション渡し：何月10日から次月9日のように月をまたいだ1ヵ月

　これは各月の応答日を基準とした1ヵ月までの間であれば，予約者がいつでも自由に為替予約の実行を決定できるというものである。

⑤ 　特定期間渡し：1月10日から20日といった特定期間

　その特定期間内で，予約者が為替の受渡し時期を決定できるというものである。

2　通貨オプション

　為替先物予約のほかに，「通貨オプション」という方法で為替変動リスクを回避することもある。「通貨オプション」とは，通貨を売ったり買ったりする「権利」を売買する取引である。

　通常の為替予約では，一定期間後に予約した為替相場で通貨の受渡しをしなければならないが，通貨オプションでは実際に受渡しを実行するかどうかは通貨オプションの買手の権利となる。つまり相場の動きをみて実行するかどうかを決められる。

　たとえば，1ヵ月後にドルを売って円を買う権利（輸出予約のオプション）をオプション料を支払って購入するとする。1ヵ月後の行使レート（予約したレート）が110円で，オプション料が2円であれば，輸出者は108円（110円－2円）を確保できたことになる。もし円高がすすみ，1ヵ月後のスポット・レート（その時のレート）が100円になったとしても，オプション（売る権利）を実行すれ

ば，110円でドルを売り，108円（110円 − 2円）を確保することができるからである。

　反対に円安となり，1ヵ月後のスポット・レートが113円であれば，オプションを行使しないことによって111円（113円 − 2円）でドルが売れたことになる。

　このように，オプションを実行するかどうかの選択はオプションの買手の権利なので，為替変動リスクを避ける方法として最近は通貨オプションを用いることが増えている。

　次の記述について，正しいものには○印を，誤っているものには×印をつけなさい。

(1)　外国為替とは，異なる国の間で現金の移動を伴わず，資金移動の指図だけで資金の移動をすることをいう。

(2)　輸出者は，信用状にもとづく手形の買取りによって，商品の船積みとほぼ同時に代金の回収ができるため，資金負担のリスクが回避できる。

(3)　譲渡可能信用状とは，信用状金額の全部または一部を第三者に譲渡することを認めている信用状で，特に譲渡にあたっての制限はない。

(4)　ユーザンス手形とは，手形の支払人が手形を一覧してから，あるいはある確定日付から一定期間，その支払いが猶予される手形をいう。

(5)　貿易代金の回収方法のうち，延払方式とは，商社等の本支店間取引や先進諸国間の取引でよく使われ，輸出入が相互に発生する場合に帳簿上で輸出入額を相殺し，差額のみを決済する方法をいう。

　次の各問について答えを１つ選びなさい。

(1)　次の記述は，信用状の種類に関するものであるが，このうち「Restricted L/C」の説明として正しいものはどれか。

　　A　信用状発行銀行が，信用状の信用度を高める目的で，信用状発行銀行の支払確約に加えて，国際的に信用度の高い銀行に，支払確約を受けている信用状

　　B　買取銀行が指定されている信用状

　　C　信用状金額が手形支払いのたびに，あるいは一定期間後に自動的に復元される信用状

(2)　信用状取引における荷為替手形について，誤っているものはどれか。

　　A　為替手形は，通常２通１組で作成される組手形であり，第一券・第二券ともに同一効力を持つ。

B　手形が「at 30 days after B/L date」となっているものは，B/Lの船積日から30日目が手形の期日となる。これを確定日後定期払いという。

C　手形が「at 30 days after sight」となっているものは，手形の支払人が手形を一覧した日から30日目が手形の期日となる。これを一覧払手形（At Sight手形）という。

チェック問題 3

次の記述の①～⑥の（　　）内に入る最も適切な語句を，語群から選びなさい。

(1)　荷為替手形による決済は，（　①　）である。

(2)　信用状とは，（　②　）の取引銀行である信用状発行銀行が，商品の代金の受取人である（　③　）に対して，（　③　）が信用状条件通りの書類を提示することを条件に，（　②　）に代わって代金の支払いを確約した保証状である。

(3)　D／P手形決済とは（　④　）の決済で，輸入者が手形代金を支払うことと引換えに銀行が貨物の引取りに必要な船積書類を引き渡す条件のものである。信用状なしの荷為替手形決済では，輸出者が銀行に持ち込んだ手形について（　⑤　）が原則である。

(4)　為替先物予約の実行時期で，特定の月を決めておき，その月を引渡し期間とする方法を（　⑥　）という。

(a)　並為替	(b)　輸出者	(c)　暦月オプション渡し	(d)　買取扱い
(e)　支払い時書類渡し	(f)　取立扱い	(g)　確定日渡し	
(h)　引受け時書類渡し	(i)　逆為替	(j)　輸入者	

解答と解説

1．(1)－○

　　(2)－○

　　(3)－×　譲渡可能信用状とは，信用状金額の全部または一部を第三者に1回

に限って譲渡することを認めている信用状をいう。

(4)−○

(5)−×　延払方式とは，輸出貨物が完全に輸入者に引き渡された後，一定期間代金の支払いを延期して期日に支払う方法をいう。設問の代金回収方法は「ネッティング」である。

2．(1)−B　買取銀行が指定されている信用状を Restricted L/C（買取銀行指定信用状）という（選択肢B）。信用状発行銀行が信用状の信用度を高める目的で信用状発行銀行の支払確約に加えて，国際的に信用度の高い銀行にさらに支払確約を受けている信用状を Confirmed L/C という（選択肢A）。信用状金額が手形支払いのたびに，あるいは一定期間後に自動的に復元される信用状を Revolving L/C という（選択肢C）。

(2)−C　手形が「at 30 days after sight」となっているものは，手形の支払人が手形を一覧した日から30日目が手形の期日となる。これを一覧後定期払いという（選択肢C）。為替手形は，通常2通1組で作成される組手形であり，第一券・第二券ともに同一効力を持っていて（選択肢A），先着した券によって支払いまたは引受けがなされる。手形が「at 30 days after B/L date」となっているものは，B／Lの船積日から30日目が手形の期日となる。これを確定日後定期払いという（選択肢B）。確定日後定期払い，一覧後定期払いとも期限付手形（ユーザンス手形）である。

3．(1)　①−(i)

(2)　②−(j)　　③−(b)

(3)　④−(e)　　⑤−(f)

(4)　⑥−(c)

第10章

信用状の受領から
輸出者の代金回収まで

1. 輸出取引の流れ

輸出の仕事は，信用状取引の場合信用状の通知を受けるところから始まる。信用状に要求されている荷為替手形や船積書類を用意するため，条件通りに船積みし，銀行に手形を買取依頼に持ち込む。ここではこれらの輸出の実務について，その全体観を眺めてみよう。

1 輸出取引の流れ

輸出取引全体の流れを，主要関係者，業務，書類で示せば次の通りである。

【図表10−1】 輸出取引の流れ（図表1−4再掲）

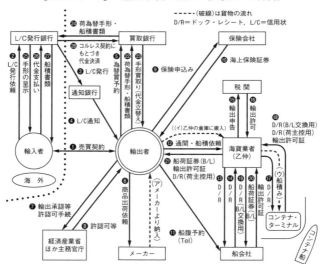

2 貿易業務の流れと関連書類

1でみた取引の流れに沿って発生する手続・業務の順にみてみると次のようになり，輸出者の主な手続・業務は「通関・船積み」と「銀行への手形買取依頼」の二つで構成されていることがわかる。

【図表10-2】 貿易の仕事の流れと関連書類

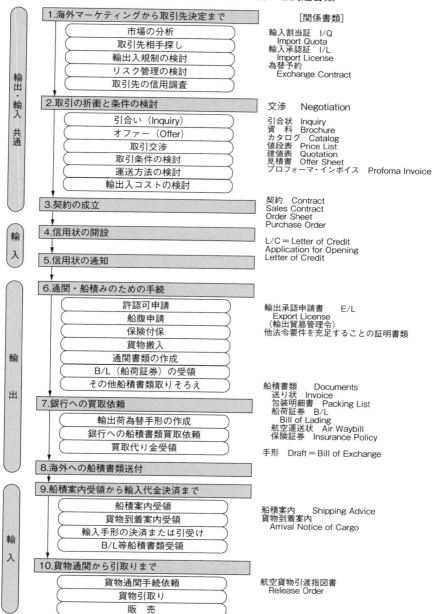

1.海外マーケティングから取引先決定まで　　　[関係書類]

- 市場の分析
- 取引先相手探し
- 輸出入規制の検討
- リスク管理の検討
- 取引先の信用調査

輸入割当証　I/Q
　Import Quota
輸入承認証　I/L
　Import License
為替予約
　Exchange Contract

2.取引の折衝と条件の検討　　　交渉　　Negotiation

- 引合い（Inquiry）
- オファー（Offer）
- 取引交渉
- 取引条件の検討
- 運送方法の検討
- 輸出入コストの検討

引合状　Inquiry
資　料　Brochure
カタログ　Catalog
値段表　Price List
建値表　Quotation
見積書　Offer Sheet
プロフォーマ・インボイス　Profoma Invoice

3.契約の成立

契約　Contract
Sales Contract
Order Sheet
Purchase Order

4.信用状の開設

L/C＝Letter of Credit
Application for Opening
Letter of Credit

5.信用状の通知

6.通関・船積みのための手続

- 許認可申請
- 船腹申請
- 保険付保
- 貨物搬入
- 通関書類の作成
- B/L（船荷証券）の受領
- その他船積書類取りそろえ

輸出承認申請書　　　E/L
　Export License
（輸出貿易管理令）
他法令要件を充足することの証明書類

7.銀行への買取依頼

- 輸出荷為替手形の作成
- 銀行への船積書類買取依頼
- 買取代り金受領

船積書類　　　Documents
送り状　Invoice
包装明細書　Packing List
船荷証券　B/L
　Bill of Lading
航空運送状　Air Waybill
保険証券　Insurance Policy

手形　Draft＝Bill of Exchange

8.海外への船積書類送付

9.船積案内受領から輸入代金決済まで

- 船積案内受領
- 貨物到着案内受領
- 輸入手形の決済または引受け
- B/L等船積書類受領

船積案内　　　Shipping Advice
貨物到着案内
　Arrival Notice of Cargo

10.貨物通関から引取りまで

- 貨物通関手続依頼
- 貨物引取り
- 販　売

航空貨物引渡指図書
　Release Order

2. 為替予約

輸出者は将来の荷為替手形買取りに備えて，銀行に先物買予約を行う。これは外国為替相場の変動により，外貨建手形を円貨に換算したときの価格が採算割れすることを回避するためである。ここではその手続をみていこう。

Ⅰ 為替予約とは

　海外の輸入者と売買契約を交わすとき，輸出者は当然採算を検討するが，このとき売買価格が外貨（ドルなど）の場合にはそれを円貨に換算したときの価格で検討することになる。ところが外貨と円貨との交換比率である外国為替相場は市場で常時変動するため，場合によっては代金を円貨で受け取ったときに採算割れを引き起こすことになる。このリスクのことを，「**為替変動リスク**」という。

　そこで輸出者は，このリスクを回避するため，外貨建手形を銀行に買い取ってもらうときの将来の相場をあらかじめ予約しておく方法をとる。これを「**先物予約**」という。輸出の場合は，外貨建手形を銀行に買い取ってもらって，代り金を円貨に交換して受け取ることになるので，「先物買予約」となる。

　たとえば1ドルを110円で為替予約しておけば，実際の輸出手形買取日の相場が円高のため105円となったとしても，予約した110円で買い取ってもらえる。もし先物予約をしておかなかったら，その時点の相場（直物相場）で換算され，採算割れ（為替差損）を引き起こすことになる（先物為替の受渡しの時期の決め方については，第9章「3．送金による決済」Ⅵ参照）。

為替予約の手続

　為替予約は外国為替を取り扱う銀行ならばどこでもできる。初めて海外と取引する場合には，あらかじめ銀行に「先物外国為替取引約定書」などの差入れが必要となる。

　取引が恒常的になれば，銀行とも電話による為替予約の申込みが可能となるが，この場合にも後から必ず書面で予約内容を確認することが大切である。通常は**予約スリップ（為替予約票　Exchange Contract Slip）**に必要事項を記載して，銀行に差し入れる。

【図表10-3】　先物為替予約票

EXCHANGE CONTRACT SLIP			
NO MARGIN ALLOWED			NO. 04-0012
			month-day-year
			DATE　　March 8, 20XX
BOUGHT FROM　　Japan Trading Co., Ltd.			
SOLD TO　THE TOKYO-CITY BANK, LTD.			

AMOUNT	USANCE	RATE	DELIVERY
			(month-day-year)
US$60,000.00	TTB	¥108.30	April 10 ～ May 9, 20XX

No delivery on Saturday

お客様の記名捺印 (authorized signature)	(Buyer)
日本貿易株式会社	THE TOKYO-CITY BANK, LTD.
東京都千代田区大手町1丁目2番3号	(Signed)
	Authorized Signature

Date	Amount Delivered	Balance

3. 法令による 許認可の取得

GATT から WTO へと引き継がれた基本的な精神は，「貿易は原則自由」である。しかし，国際的平和や経済秩序の維持のために，必要最小限の貿易管理が認められている。
わが国の貿易もこの考え方のもとに，さらに国内産業の保護といった観点からも，国内の法律で具体的な管理や規制を規定している。輸出の手続は当然これらの規定の影響を受けるので，輸出に関しての規制を正しく理解することが必要である。

Ⅰ 輸出を規制する法令

　貿易は原則として自由であるが，わが国の法令で許可，承認，確認等の手続が定められており，これらの諸手続を済ませておかないと，税関の輸出許可がされない（関税法第70条）。
　輸出の規制には，大きく分けて次の二つの規制がある。

【図表10－4】 輸出を規制する法令

原　則	例　外	
自由	関税関係法による規制 許可・承認	他法令による規制 許可・承認・証明等
	（財務省・税関）	（主務官庁） 税関による確認
	輸出許可（税関）	
	関税関係法 関税法 関税定率法　等	他法令 外国為替及び外国貿易法 食品衛生法 植物防疫法　等

① 関税関係法による規制（財務省・税関）

② ①以外の法令（他法令）による規制（各主務官庁）

 外為法による輸出の許可・承認

前記Ⅰの輸出を規制する他法令のうち，特に重要なものが外国為替及び外国貿易法（外為法）である。

外為法は第6章「外国貿易」第48条により，輸出の許可と承認について，それぞれ政令により定めると規定している。輸出の政令とは，**輸出貿易管理令（以下「輸出令」）** のことである。

ここでは，輸出令により許認可が必要な場合についてみていこう。輸出に関して**許可**が必要となるのは輸出令の**別表第1**に掲げられている貨物の場合である。**承認**が必要となるのは輸出令の**別表第2**および別表第2の2に掲げられている貨物，**委託加工貿易**として特定加工のために輸出される特定原材料が該当する。このことを全体的にまとめると図表10−5のようになる。

【図表10−5】 外為法による輸出規制

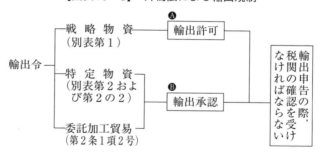

これらの許認可の申請は，委託加工貿易を除き，一定の手続により輸出入・港湾関連情報処理システム（NACCS。後記「6．海貨業者への通関・船積み手続依頼Ⅷ−2参照）を用いて行うことができる。

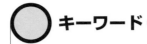

キーワード

法律と政令の違いとは？

　法律は唯一の立法機関である国会が制定する。法律の委任にもとづいて国会（立法府）以外の機関が法規を制定すること，あるいは制定された法規のことを委任立法という。法律の委任を受けて内閣が制定する法規が政令で，これは国会の承認を必要としない。

1　輸出の許可

　輸出の許可が必要な対象貨物は，**輸出令別表第1第1項から第16項**に掲げられている。別表第1の貨物は，世界の平和，安全の維持を妨げると認められる貨物であり，経済産業大臣の輸出の許可が必要である。

ア．<u>輸出貿易管理令表1の1項から15項（輸出許可を要する貨物等）の中欄に掲げる貨物を，同表下欄に掲げる地域（全地域）を仕向地とし，輸出する場合。</u>

イ．<u>輸出貿易管理令別表1の16項の中欄に掲げる貨物（大量破壊兵器又は通常兵器開発関連物資）を輸出する場合。</u>（この貨物は，1～15までの項に掲げる貨物以外のすべての鉱工業品〈ただし，大量破壊兵器及び通常兵器の開発等とは関係のない食料品，皮革製品，木製品，紙類などを除く。〉である。)

　2002年4月より，これまでの補完的輸出規制に代え，ほとんどすべての製品を対象に，大量破壊兵器に利用されるおそれがないことを確認する，いわゆる「キャッチオール規制」ができ，さらに，2008年には，通常兵器に利用されるおそれがないことを確認する「通常兵器キャッチオール規制」が導入された。このため，第1項～第15項に該当するもの，及び非規制品である食料品，木材，衣料品等を除くほとんどの鉱工業製品が第16項に規定され，次のように規制されることとなった。

　すなわち，キャッチオール規制では，輸出者が輸出しようとしている貨物が，①大量破壊兵器又は通常兵器の開発等に用いられると知っている場合（客観要件），②大量破壊兵器又は通常兵器の開発等に用いられるおそれがあるとして経済産業省から通知された場合（インフォーム要件）のいずれかに該当する場合は，経済産業大臣の輸出許可を受けなければならない。

　また，これまでの補完的輸出規制では全地域が対象となっていたが，キャッチ

【図表10-6】 輸出許可の必要な品目

	輸出令別表第1の対象品目	品目の内容	品目の例	輸出先地域	外為法の準拠条文
①	第1～第4項	武器・大量破壊兵器	軍用船，核燃料など	全地域	第48条第1項の許可
②	第5～第14項	通常兵器	金属性磁性材料数値制御装置半導体基板光ファイバー通信ケーブルジャイロスコープ水中用ロボットなど	同上	同上
③	第15項	通常兵器（機微な物資）	無線通信妨害装置，暗号装置など	同上	同上
④	第16項（1）および（2）	大量破壊兵器開発関連物資および通常兵器関連物資	食料品，木材等を除く全貨物	全地域（注）	同上

（注） ただし，グループA26ヵ国（下記）については，除かれる。また，第16項（2）について，対象品目が通常兵器関連物資である場合は，国連武器禁輸国※に対し，規制される。

（第16項規制品の規制対象地域とならない国〈グループA26ヵ国〉）
アルゼンチン，オーストラリア，オーストリア，ベルギー，ブルガリア，カナダ，チェコ，デンマーク，フィンランド，フランス，ドイツ，ギリシャ，ハンガリー，アイルランド，イタリア，ルクセンブルク，オランダ，ニュージーランド，ノルウェー，ポーランド，ポルトガル，スペイン，スウェーデン，スイス，イギリス，アメリカ合衆国

※ 国連武器禁輸国：国連の安全保障理事会の決議により武器の輸出が禁止されている国。アフガニスタン，イラク，レバノン，北朝鮮等の12ヵ国（輸出令別表3の2）

オール規制では，大量破壊兵器等に関する条件や安全保障輸出管理に関わる多国間輸出管理協定に参加し，輸出管理制度が整備されているグループA26ヵ国（ベルギー，カナダ，アメリカ合衆国，フランス，ドイツ，スペイン等）は規制対象地域から除外されている。なお，これらの国は，輸出令別表3に掲げられている。
※ 2019年8月，輸出令別表第3の国と地域（実務上，以前は「ホワイト国」と呼称されて

いた）から，韓国が削除された。

2 輸出の承認

輸出の承認が必要となるのは，次の三つの場合である。

① 輸出令別表第2（輸出承認を要する貨物）に掲げられている貨物

② 輸出令別表第2の2（特定地域〈北朝鮮〉）を仕向地とする貨物

③ 委託加工貿易として，特定加工のために輸出される特定の原材料

それでは，これらについてもう少し詳しくみていこう。

(1) 規制貨物

輸出令別表第2により特定の貨物と仕向地について，次の目的から承認の必要なケースとして規定されている。

① 国内需給物資の確保……配合飼料，うなぎの稚魚など

② 取引秩序の維持……漁ろう設備等を有する船舶

③ 国際協定による規制……ワシントン条約の動植物，冷凍のあさり（米国へ輸出する場合）など

④ 輸出禁制品……麻薬，偽造通貨，特許権侵害貨物等

(2) 北朝鮮を仕向地とする貨物で，一定のもの

（例）冷凍牛肉，キャビア，アルコール飲料，ラジオ受信機，テレビ受信機，ヨット等

（注）ただし平成23年4月5日の閣議決定により，北朝鮮に対して全面輸出禁止措置がとられて現在も継続して禁止されている。

(3) 委託加工貿易契約

皮革関係の製品製造などの，指定された加工を行うために輸出される加工原材料（ただし100万円以下は承認不要）。

外為法以外の法令による許認可 ───────

　輸出取引で外為法以外の他法令により許可・承認等が必要な場合としては，次のようなものがあり，それらの許認可等が取得されていることを，下記書類により輸出申告時に税関に証明しなければならない（現在，輸出入取引法による承認品目はない）。

【図表10-7】　輸出関係他法令一覧表

2012年3月現在

法令名	主な品目	主管省庁課	税関確認書類
文化財保護法	重要文化財または重要美術品　天然記念物，重要有形民俗文化財　　　　　　（原則禁止）	文化庁文化財部伝統文化課	輸出許可書
鳥獣保護及び狩猟の適正化に関する法律	鳥，獣およびそれらの加工品，鳥類の卵等	環境省自然環境局野生生物課	鳥獣適法捕獲証明書
麻薬及び向精神薬取締法	麻薬，向精神薬，麻薬向精神薬原料等　　（原則禁止）	厚生労働省医薬食品局監視指導・麻薬対策課	麻薬輸出許可書等
大麻取締法	大麻草，大麻草製品　　　　　　　　（原則禁止）	厚生労働省医薬食品局監視指導・麻薬対策課	大麻輸出許可書
あへん法	あへん，けしがら　　　　　　　　（原則禁止）	厚生労働省医薬食品局監視指導・麻薬対策課	あへん輸出委託証明書等
覚せい剤取締法	覚せい剤，覚せい剤原料	厚生労働省医薬食品局監視指導・麻薬対策課	覚せい剤原料輸出許可書
狂犬病予防法	犬，猫，あらいぐま，きつね，スカンク	農林水産省消費・安全局動物衛生課	犬の輸出検疫証明書，狂犬病予防法に基づく動物の輸出検疫証明書
植物防疫法	直物（顕花植物，しだ類またはせんたい類に属する植物（その部分，種子果実およびむしろ，こもその他これに準ずる加工品を含む）），有害植物，有害動物（昆虫，ダニ等）	農林水産省消費・安全局植物防疫課	植物防疫所の合格証書

4. 梱包と荷印

貨物を輸出するときには，その貨物の性質や形態をよく理解して，最も適した梱包をする必要がある。梱包後は貨物に荷印を施し，必要書類を作成することになる。

Ⅰ 輸出梱包

　輸出梱包をする場合には，貨物の形態や性質をよく理解して，輸送経路や輸送手段に最も適した梱包をする必要がある。貨物によっては特殊な性質を持つものもあり，たとえば水や湿度に敏感なものはそれに合った方法で梱包することになる。

　加えて，輸送途上で受ける多くの外的条件についても考慮する必要がある。気象の変化，荷役や保管の程度などについても，可能な限り調査・検討することが大切である。梱包不良による損害は，運送人さらには保険会社にも求償できないと理解すべきである。

　主な梱包（外装）の荷姿としては，次のようなものがある。

【図表10-8】　輸出梱包（外装）の主な種類

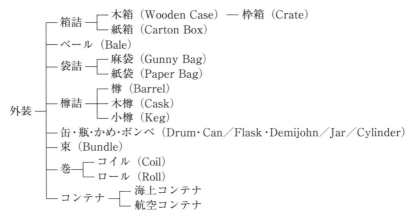

Ⅱ 荷印 (Shipping Marks)

　荷印は，書類と貨物の照合，貨物の積卸し，受渡しの際の確認など，荷物取扱上の必要性から梱包の表面に刷り込まれる各種の情報である。

　荷印は下図のように，次のものから構成されている。

　①　主マーク（Main mark）と副マーク（Counter または Sub-mark）

　②　仕向地または仕向港マーク（Destination/Port mark）

　③　ケースナンバー（Case No.）

　④　原産地マーク（Country of Origin）

　その他必要に応じて，重量・容積マークや注意マーク，荷役作業用標識などをつけることもある。

【図表10-9】　ケース・マークの例

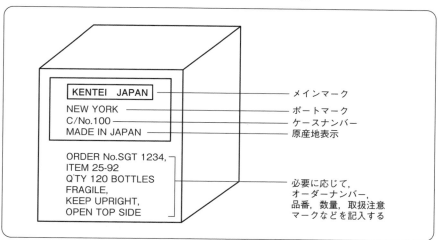

【図表10-10】　危険物ラベルの例

「非引火性高圧ガス
NON-FLAM-
MABLE COM-
PRESSED GAS」

「病毒をうつしやすい物質
INFECTIOUS
SUBSTANCE」

「腐しょく性物質
CORROSIVE」

「火薬類
EXPLOSIVE」

「隔離区分（火薬類）」

「毒性高圧ガス
TOXIC GAS」

Ⅲ　包装明細書（パッキング・リスト）の作成 ─────

　梱包された貨物について，どの貨物がどの梱包のなかに入っているかを明らかにするために，梱包ごとの内容を記載した書類を作成する。これが「**包装明細書（パッキング・リスト　Packing List）**」である。この書類は通関時にも，欠かすことのできない書類として提出される。

　パッキング・リストは輸出者が作成するのが原則だが，梱包については梱包業者が一番よく知っているため，実務上は梱包業者が輸出者に代わって作成し，輸出者が署名するのが一般的である。

Maunharf Japan Corporation
2-2-1 Minatomirai, Nishi-ku, Yokohama,
Kanagawa, Japan
TEL 81-45-123-4567

PACKING LIST

Sold to （Buyer）	
Vietnam Trading Co.,Ltd.	
100 Nguyen Minh Hoang, Tan Binh District,	
Ho Chi Minh City, Vietnam	
Tel 84-8-1234-5678	

Date	Dec. 12, 20XX
Invoice No.	CMJ0310-01
Ref. No.	
Payment Terms	IrrevocableL/C at sight in our favour.
L/C No.	BH-1202310-JP
Date of L/C	Dec. 6, 20XX
Issuring Bank	Bank of Hanoi, Ltd. Ho Chi Minh Branch, Vietnam

Ship to
Same as Buyer

Case Marks

◇VT◇
HCM
C/No. 1-30
MADE IN JAPAN

Vessel or Pacific-Coral V.012	Sailing On or About Jan. 23, 20XX
From Yokohama	Via
To Ho Chi Minh	Via

Standard Export Packing with Carton and Pallet

Case No.	Description of Goods	Quantity	Net Weight	Gross Weight	Measurement
	PROCESSING MACHINERY				
1-20	Air Compressor AC-2003 90*75*160 cm	20 sets	1,960.00kg	2,000.00kg	21.600 M3
21-30	Welding Machine WM-2008 120*50*160 cm	10 sets	4,950.00kg	5,000.00kg	9.600 M3
	TOTAL	**30 sets**	**6,910.00kg**	**7,000.00kg**	**31.200 M3**

Country of Origin: JAPAN

5. 輸出者による輸出準備

通関・船積みの作業は海貨業者（乙仲）が代行してくれる（次の 6., 7. を参照）が、それ以外に輸出者が自ら行う輸出業務がある。ここでは、それらの業務である船腹の予約、保険の付保などについてみていこう。

Ⅰ 輸送の手配

契約が CPT, CIP, CFR, CIF 条件などで、運賃が輸出者負担の場合、輸送の手配は輸出者が行うことになる。

輸送の形態には、海上輸送、航空輸送、国際複合輸送などがあり、第6章でみてきたようにその輸送契約の相手方は各々異なるので、注意が必要である。ここでは定期船の例をとって、輸送の手配についてみていくことにしよう。

1 船腹の選択

輸出しようとする貨物や仕向港によって、適した船舶を選択する。このとき、**定期船（Liner）による個品運送契約**と、**不定期船（Tramper）による用船契約**との、いずれにするのかを選択することになる。

⑴ 定期船（Liner）による個品運送契約

一回の取引量が100トンというような、主に小口貨物に利用される。定期船の運賃は、通常「バース・ターム（Berth Term）」で、本船への積込費用および輸入地での陸揚費用が含まれている。定期船（Liner）のバース・タームのことを、特に「ライナー・ターム（Liner Term）」ということもある。

⑵ 不定期船（Tramper）による用船契約

不定期船は、大量貨物の場合や、鉱石、石炭、穀物、木材などの輸入の際に利用されている。たとえばタンカー（油送船）、ドライカーゴ・ボート（一般貨物船）、スペシャルカーゴ・ヴェッセル（専用船）などがある。この場合の運賃は荷主（輸出者）と船会社とで個別に決めることになる。

2　ブッキング（Booking）

　配船表によって貨物の積込みに合った船舶を選び，その担当者に個別貨物のスペースの申込みをする。これを「ブッキング（Booking）」と呼んでいる。通常は電話で「スペース・ブッキング（Space Booking　船腹予約）」を行っている。このとき，船会社と確認し合う内容は次の通りである。

①　輸出者名（Shipper）
②　海貨業者名（Forwarder）
③　仕向港（Destination）
④　通関貨物搬入場所
⑤　本船名（Vessel）
⑥　航海番号（Voy No.）
⑦　出航予定日（ETD）
⑧　貨物の内容（Commodities, Gross Weight ＆ Measurement, Mode of Packing）
⑨　船積予定日および積込作業の方法（在来船の場合）
⑩　運賃率（Freight Rate）
⑪　支払方法（Payment）
⑫　その他の事項（荷受人〈Consignee〉など）

Ⅱ　海上保険契約

　契約上の貿易条件がCIF条件，CIP条件の場合には，輸出者に保険付保義務があるので，保険会社に保険料を支払って，海上保険契約を結ぶ。

　保険を付保する際には，特に次の五つの点に注意することが必要である。

①　保険期間（Duration of Coverage）
②　保険契約者（Applicant）
③　保険のてん補範囲（Conditions of Insurance）
④　保険金額（Insured Amount）
⑤　被保険者（Assured）

　また契約の方法としては，個別保険と包括保険とがあり，さらに契約内容が全て確定している場合の確定保険と，未確定の契約内容がある予定保険とがある（これら契約内容および保険方法の詳細は第7章を参照）。

Ⅲ インボイスの作成

　貿易取引における商業インボイス(送り状)は，輸出者が輸入者にあてて作成する貨物の出荷案内書であるとともに明細書，代金請求書，ときには包装明細書の代わりともなる。また輸入国においては税関への申告書に添付する書類ともなる。

　商業インボイスは荷為替手形に添付される基本的船積書類の一つであって，信用状取引の場合は，インボイス上の**商品の記述が信用状と一致していなければならない**。

　一方，税関へは，輸出入とも，原則として仕入書（インボイス）を提出する義務があり，記載事項は次のように関税法施行令で定められる。

① 貨物の記号，番号，品質，数量および価格
② 仕入書の作成地，作成年月日，仕向地，仕向人
③ 価格の決定に関係ある契約条件（FOB，CIF など）

商業インボイスの記載事項

❶ 輸出者
❷ インボイス番号
❸ 作成日
❹ 輸入者（名宛人）
❺ 積出港
❻ 荷揚港
❼ 船名，船積日
❽ 商品区分
❾ 荷　印
❿ 商品明細（商品名など）
⓫ 数　量
⓬ 単　価
⓭ 金　額
⓮ 貿易条件
⓯ 総　計
⓰ 梱包の方法
⓱ 日本原産の表示

⓲ 自社のオーダー番号

⓳ 信用状番号

⓴ 署　名

（注）⓰〜⓳は必要に応じて記載される（信用状条件で要求された場合など）。

【図表10-12】　商業インボイス

INVOICE

※ ❶ THE EXPORT CORPORATION
8-14-17　Nishi-Shinjuku, Shinjuku-ku,
※ Tokyo JAPAN

❷ No.25/36

※　❸ Date 17 October, 20XX

❹ Messrs.

THE HONG KONG ELECTRICAL, LTD.
100 Victoria Rd #2821 HONG K.ONG ⎫

※

❺ From Yokohama, JAPAN to ❻ HONG KONG ⎭

❼ Per E1 HO　　　Date of Shipment　　Oct. 20. 20XX

❽ Item	❾ Marks & Numbers	❿ Description	⓫ Quantity	⓬ Unit Price	⓭ Amount
	Hong Kong Electrical Wp-25826 HONG KONG Made in JAPAN C/No.1-6	※ELECTRICAL INSULATING MATERIAL		⓮ CIF　HONG KONG	
			※400 Sheets	US $ 14.55	US $ 5820.00
⓯　※　6 CASES			400 ※CIF Sheets	Hong Kong: US $ 5820.00	

⓰ Packing: Strong wooden box with water-proof Lining
⓱ Country of Origin: JAPAN
⓲ Our Order Confirmation No. 62-549 dated 28th September, 20XX
⓳ L/C No. SG-36-78 dated 2nd Oct, 20XX KENTEI BANK LTD., HONG KONG

※⓴　THE EXPORT CORPORATION
signed
MANAGER

※印は通関用仕入書の必要記載要件

6. 海貨業者への通関・船積み手続依頼

貨物の輸出にあたっては，輸送の手配および保険の付保は通常輸出者自らが行うが，その他の通関手続や船積み手続は，専門業者である「海貨業者（乙仲）」に依頼することになる。ここではどのようにそれらの手続を依頼し，またどんな書類を乙仲に提出すればいいのかをみていこう。

Ⅰ　海貨業者（乙仲）とは

　輸出に伴う通関や船積みの手続は，実際には輸出者が自ら行うのではなく，「**海貨業者（乙仲）**」と呼ばれる業者に委託することになる。

　海貨業者は海運貨物取扱業者の略で，通称「乙仲」と呼ばれており，「個品運送契約」（定期船に複数の荷主の貨物を混載する契約）にもとづく貨物を，荷主である輸出者に代わって港頭地区で輸送人に渡したり輸送人から受け取ったりする作業について，港湾運送事業法にもとづき，許可を受けた業者のことをいう。港湾運送事業法では港湾での作業について7種類の許可を設けていて，そのなかで海貨業者とは，荷主との受渡しや個品運送契約貨物に取扱いが限定されたものをいう。

　しかし一般に海貨業者といった場合には，実際にはさらに幅広い作業のできる許可を持つ**一般港湾運送事業者**が含まれると考えられる。港湾運送事業者は通常「通関業」の許可も持っていて，さらに倉庫業や陸運業など物流関連の幅広い許可を併せ持つ業者が増えている。

　特に海貨業者は，円滑な船積みおよび荷卸し業務を遂行するためには通関業の許可が必要なので，通関業の許可を併せ持っているのが一般的である。

　そこで荷主である輸出者は，海貨業者，正確には通関業の許可を併せ持っている海貨業者に，通関業務も含めて船積み業務を依頼することになる。

シッピング・インストラクションズの作成

　輸出者が通関，船積みの専門業者である海貨業者に作業を依頼する場合には，「シッピング・インストラクションズ（Shipping Instructions）」という書類で委託する業務内容を明確に指図する。

　「Shipping Instructions」は所定の様式があるわけではなく，輸出者が独自に作成したり，海貨業者の用意した書式で作成したりするもので，書式の名称も「輸出作業依頼書」などさまざまである。

　内容としては，①依頼作業内容，②貨物の情報，③書類に関するもの，となっている。

　輸出者がこの書面によって，たとえばサプライヤー（メーカー）からの貨物の引取りに始まり，梱包，コンテナ詰め，検量の手配，通関，輸送人への貨物の引渡し，B／Lの取得に至るまで，幅広い作業を依頼することも業者によっては可能である。したがって，「Shipping Instructions」は貨物の受渡しを明確にするうえで非常に重要な書類といえる。

　輸出者は，この「Shipping Instructions」に通関や船積みに必要な書類を添付して海貨業者に引き渡すとともに，その他の必要書類の取得を依頼したりする。

　輸出の場合，B／Lやドック・レシート（Dock Receipt〈運送人によるコンテナ貨物の受渡証〉）などの運送人が発行する書類は，海貨業者によってこの「Shipping Instructions」の情報をベースに作成され，その意味でも「Shipping Instructions」や添付書類がきわめて重要となる。

　また，信用状取引の場合には，信用状条件に合致したB／Lを発行してもらうために，この「Shipping Instructions」に信用状でのB／L条件通りの記載をすることが必要となる。

【図表10-13】 Shipping Instructions の例

SHIPPING INSTRUCTIONS

Notify on B/L	Invoice No.	Date Tokyo
	Also Notify	

Shipped per _____ on or about _____

From _____ to _____ Via _____ Eta (_____)

Mark & Numbers	Carrier: _____ Agent: _____

(Booking No. _____) HB NVOCC: ☐ (Booking No. _____)

Shipper:

Consignee:

B／L品名:

SHIPPING TERMS: ☐ Container ☐ 在来 (S/O, 〆切日) 引渡場所:
作業形態: (CY. 〆切日) (CFS, 〆切日)

FREIGHT: ( )
B/L 揚地: REQUEST DOCUMENT: B/L ( )+( ) M/W ( )

SPECIAL NOTES:

入庫月日	入庫番号	CASE NO	P'KGS	工場	注　　番	送案月日	送案番号(作番)	Model&Serial/Quantity

貨物の集荷

　梱包の終了した貨物は，メーカー，梱包業者，あるいは輸出者によって，輸出者の指定する海貨業者（または航空貨物取扱業者）の倉庫に搬入されることになる。あるいは海貨業者に集荷を依頼することもある。

　この搬入は，船積予定日の1週間ほど前に行われるのが一般的である（航空貨物については搭載予定日の前日，または前々日頃）。

　海貨業者の倉庫に貨物を搬入する際には，国内で用いている**送り状**を業者に渡し，**受領印**を受けて，貨物の授受を明確にしておく必要がある。

 通関用書類の作成

　海貨業者（通関業者）は，貨物の集荷と前後して，輸出者から受け取った Shipping Instruction およびその添付書類にもとづき，NACCS（Ⅷ−2参照）の入出力装置に申告事項を入力するか，あるいは通関書類を作成する。

　輸出通関に必要な書類としては次のようなものがある。

①　通関用仕入書（通関用インボイス）

②　パッキング・リスト

③　輸出許可証，輸出承認証，検査の完了を証明する書類など，他法令が関係する場合にはそれらの承認証など

④　カタログのコピーなど貨物内容を説明できる資料

1　通関用仕入書

　わが国の関税法では，輸出申告書の添付書類として，原則として通関用仕入書（通関用インボイス）を税関に提出することを義務づけている。

　この仕入書の記載事項は関税法に定められているが，これらの記載要件のうち，FOB価格を除いては，輸出者が輸入者向けに作成する商業インボイスに通常記載されているもので充足される。

　通関業者（通常，海貨業者）はこの通関用仕入書等をもとに，輸出者に代わって輸出申告をする。

　税関ではこの輸出申告をもとに輸出通関統計を計上するが，その際取引によって申告する条件が異ならないよう，申告価格は実際の契約上の貿易条件とは関係

なく全て **FOB 価格**を用いることが，関税法で規定されている。

このため実際の取引が CFR や CIF 等の場合には，それらの金額から，予定される運賃や保険料を差し引き，FOB 価格に換算し直して申告する。したがって通関用の仕入書には，CFR や CIF 等の場合には FOB 価格を余白に併記することになる。

なお，商業インボイスは相手国の関税法および輸入関係法令により必要とされる記載事項，契約上で定める情報なども記載するので，通関用仕入書と商業インボイスを別々に作成することもある。

船積後の銀行での買取りに際して必要となる商業インボイスは，通常この通関用仕入書を転用するなどして作成するので，信用状取引の場合には，通関用仕入書を作成するときにも輸入者名や商品名など，信用状条件通りに記載することが大切である。

2 通関用パッキング・リスト

貨物の包装明細を示す書類で，仕入書の記載を補足して，荷印，梱包番号，梱包ごとの内容明細，重量などを記載したものである。

実務では税関にもパッキング・リストを提出するが，税関では輸出申告により，品目ごとに正味重量（Net Weight）によって通関統計をとっているので，貨物の正味数量を記載しておく。

貨物が 1 梱包のみの場合には，通関用仕入書上に梱包明細が記載されていれば，パッキング・リストの提出は不要である。

3 カタログのコピーなど

輸出申告で貨物の品名を申告することになるが，その際，決められた輸出統計品目番号に貨物を分類する。通関業者（海貨業者）が輸出申告するときの貨物分類を決定する参考資料として，カタログ等の提供が求められることがある。

輸出通関のしくみ

　輸出通関の原則的な流れは，次の通りである。図表10−14のように，輸出される貨物は，輸出申告にもとづき，税関による審査，検査が行われ，それにパスすることにより輸出許可がされる。輸出申告は，輸出しようとする貨物を保税地域に搬入する前でも行うことができる。

【図表10−14】　輸出通関の流れ

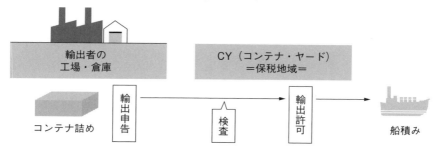

貨物を輸出者の工場や倉庫でコンテナに詰めた後，輸出申告を行うことができる。その後，ＣＹ（コンテナ・ヤード）で検査が行われる。

 輸出通関と AEO 制度

　Ⅴでは従来の輸出通関の方法をみてきたが，**セキュリティ管理**を確保するための制度として近年，通関に「**AEO 制度**」（AEO = Authorized Economic Operator）が取り入れられている。税関の審査，検査を厳格に時間をかけて行った場合，その分リードタイムが多くかかり，迅速通関の実施が困難になる。また，逆に検査や審査を省略し，迅速通関に重きを置くと，通関時の**リスク**がつきまとう。しかしこの AEO 制度により，リスクの低い荷主とそれ以外の荷主などを区別し，前者に対しては検査率を低くし，そうでない者への検査を重点的に行うことが可能となる。さらにはこの制度を各国相互間で承認し合うことで，より効率的なサプライチェーン・マネジメントが可能になる。

1 特定輸出者

メーカーなど輸出者の申請にもとづき，税関長が，コンプライアンスの側面およびセキュリティ管理の側面から審査を行い，**「特定輸出者」**として承認する制度が関税法で定められている。この特定輸出者が輸出を行う場合には，輸出しようとする貨物を保税地域に入れることを要せず，輸出者の工場や倉庫で輸出申告から輸出許可を受けるまでの手続ができる。

さらに輸出許可された貨物をコンテナ・ヤードに運ぶ場合でも，保税運送の手続は不要である。

2 認定通関業者に輸出通関を委託した場合

コンプライアンスの側面およびセキュリティ管理の側面から税関が審査し認定した通関業者を**「認定通関業者」**という。認定を受けるためには，認定を受けようとする通関業者の申請が必要である。

輸出者がこの認定通関業者に輸出通関を委託した場合，保税地域に貨物を搬入することなく輸出者の工場や倉庫などで輸出申告から輸出許可を受けるまでの手続ができる。この輸出申告を**「特定委託輸出申告」**という。

3 認定製造者と特定製造貨物輸出者

特定輸出者であるメーカーの場合，自らが輸出することを前提としてシステムができているが，**「認定製造者」**は自ら輸出せず，「他の者」に輸出させる場合を想定している。この「他の者」が**「特定製造貨物輸出者」**である。多くは，商社がこれに該当することとなる。このシステムは，認定製造者（メーカー）の管理のもとで特定製造貨物輸出者（商社）が製造貨物を輸出することを前提としたものである。

この特定製造貨物輸出者は，保税地域に搬入せずに当該輸出者の倉庫などで輸出申告から輸出許可を受けるまでの手続ができる。

保税地域とは

　既に述べたように，原則として，輸出許可を受けるためには，貨物を「保税地域」へ搬入しなければならない。ところで，この「保税地域」とは何であろう。

　保税地域は，輸出入貨物の検査や審査を行うために，税関が指定し，監視している地域である。

　通常，海貨業者（乙仲）などの所有する営業倉庫は，その一部が保税地域としての許可を受けている。輸出商社は，製造業者や問屋との貨物受渡し場所の多くを，これらの保税地域にしている。また，コンテナ・ヤードも保税地域である。

　保税とは，関税賦課を留保するという意味で，保税地域にある間は関税は保留の状態になっている。したがって，この地域から搬出するときは，関税を支払わなければならないが，わが国では輸出については関税を課していないので，関税は全て輸入の場合のみ課されるということとなる。

　保税地域には，次の五つの種類がある。

(1)　**指定保税地域（Designated Bonded Area）→ 倉庫**

　　港または空港にある国，地方公共団体，またはJRが所有し管理する土地，建物で財務大臣が保税地域として指定した場所をいう。この場所では，輸出入貨物の積卸し，一時蔵置，内容点検，改装，仕分け，簡単な加工などを行うことができる。この地域は公共施設のため，原則として，1ヵ月以内の短期間の蔵置しか認めていない。

(2)　**保税蔵置場（Bonded Warehouse）→ 倉庫**

　　保税蔵置場は，外国貨物を保税の状態で原則として3ヵ月間，蔵入（くらいれ）承認を受けると2年間まで蔵置できる。保税蔵置場は輸入貨物を関税留保のまま蔵置し，市況の好転を待って輸入したり，あるいは仲介貿易などの場合の輸出や積戻しに利用されている。

(3)　**保税工場（Bonded Manufacturing Warehouse）→ 工場**

　　保税工場は，輸入原材料を関税保留の状態で生産加工できる工場で，委託加工貿易等に利用されている。民間の工場も，所轄税関長の許可を得て保税工場の指定を受けることができる。輸入貨物の蔵置期間は原則として2年間だが，必要に応じて延長も認められる。

(4)　**保税展示場（Bonded Displaying Area）→ 展示場**

保税展示場は，国際博覧会や見本市などのために，関税や消費税を免除したまま，外国貨物の積卸し，手入れ，蔵置，展示などができる場所をいう。

(5) **総合保税地域** → 倉庫，工場，および展示場

総合保税地域は，上記(2)，(3)，(4)の保税機能を総合的に持った地域である。

 輸出通関の流れ ━━━━━━━━━━━━━━━━━

1 検 量

輸出貨物は，輸出通関手続を行うために，海貨業者（乙仲）により，保税地域（保税蔵置場等）に搬入され，検量・検査を受ける。Ⅲで述べたように，実際には，海貨業者の倉庫が保税地域（保税蔵置場）であることが多い。

貨物が保税蔵置場または指定保税地域に搬入されると，検量業者である**宣誓検**

【図表10-15】 重量容積証明書

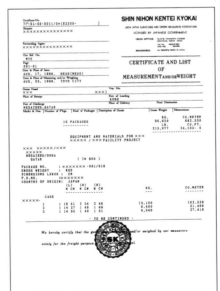

量人（**Sworn Measurer**）により貨物の検量を受け，貨物の重量，容積の証明を受ける。この証明内容が，船積後に船会社が請求する海上運賃の計算の基礎になる。

この検量業者には，日本海事検定協会と新日本検定協会があり，航路別に検量業務を分担している。

また契約条件等により，輸出者が重量容積証明書（Certificate and List of Measurement and/or Weight）が必要な場合には，これらの検量業者から発行してもらう。

2　輸出申告書の提出

通関業者（通常，海貨業者が兼務）は輸出申告書を作成し，税関に提出するが，現在この申告業務は，税関と各通関業者等に設置されている端末機（入出力装置）を電気通信回線で接続した輸出入・港湾関連情報処理システム，NACCS（ナックス）で行っている。海上貨物の NACCS をシー・ナックス（Sea-NACCS）といい，航空貨物の NACCS をエアー・ナックス（Air-NACCS）という。

NACCS によって輸出申告が税関になされると，税関長は申告内容および別途提出された添付書類を審査し，必要に応じて輸出貨物を検査する。そして問題がなければ，出力情報により輸出許可（Export Permit ＝ E／P）を通知する。この輸出許可がないと，貨物を保税地域から搬出することも，船積みすることもできない。

この後海貨業者が輸出貨物をコンテナ・ターミナルや埠頭に移動させ，船積みを行うことになる。

7. 貨物の船積みと書類

コンテナ船の普及はめざましいものがあり，定期船ではほとんどの貨物が現在はコンテナ船で運ばれている。コンテナ船の港湾での積卸しには専用の巨大な施設が必要であり，そこで行われる作業も在来船と異なってくる。ここではコンテナ船の設備と，そこでの作業についてみていこう。

コンテナ船の場合

1　コンテナ・ターミナルのしくみ

コンテナ船専用の巨大な施設を「コンテナ・ターミナル」といい，「コンテナ・ヤード（CY＝Container Yard）」と「コンテナ・フレート・ステーション（CFS ＝Container Freight Station）」から構成されている。

コンテナ船の接岸するバース（Berth）は，各区画ごとに特定の船会社に貸し渡され，それぞれの船会社が**ヤード・オペレーター（Yard Operator）**としてコンテナ・ヤード全体の管理を行っている（第6章「2．海上輸送」Iおよび図表6−2参照）。

CYとは，コンテナを本船に積み込んだり取り卸したりする場所，つまり海上運送と陸上運送との接点の役割をする地域のことをいう。一荷主の貨物でコンテナ1単位が満載された**大口貨物（FCL貨物　Full Container Load）**は，海貨業者によって直接このCYへ運び込まれる。

一方，CFSとは，貨物の量がコンテナ1個に満たない**小口貨物（LCL貨物 Less than Container Load）**を取り集めてコンテナに詰合わせをしたり，船から卸したコンテナから詰め合わせていた小口貨物を取り出して仕分けしたりする場所のことで，普通はCYの一部あるいはそれに近接した地域に設置されている。

CYでコンテナの取扱いを行う業者をCYオペレーター，CFSで貨物の混載や仕分けを行う業者をCFSオペレーターという。

2　FCL 貨物と LCL 貨物

　前述のように，コンテナ船に積み込まれる貨物には，一荷主の貨物だけで1コンテナを満たしている大口貨物「**FCL 貨物**」と，複数の荷主の貨物を1コンテナに混載する**小口貨物**「**LCL 貨物**」の2種類がある。それぞれの船積み準備は，次のように行われる。

(1)　FCL 貨物（Full Container Load）

　一荷主の貨物がコンテナ1個分あるときは，荷主が自分でコンテナに貨物を積み付け，封（シール）をして，直接 CY に持ち込むことになる。

　具体的には，必要なコンテナを CY から引き取り，コンテナ詰め（バンニング Vanning）を行う工場や梱包場所へ回送し，貨物を詰め込んで封をし，「**コンテナ内積付表（CLP＝Container Load Plan)**」を作成することになる。本来船会社から指名された CY オペレーターは，コンテナが搬入されると，**ドック・レシート（D／R＝Dock Receipt)**（B／L 交換用および荷主控用）を荷主に渡すものであるが，実務上の流れでは，海貨業者（荷主の代行人）に渡している。

(2)　LCL 貨物（Less than Container Load）

　輸出する貨物がコンテナ1個に満たない小口貨物を **LCL 貨物**というが，この場合には，他の小口貨物と混載するために CFS に搬入され，それらとともにコンテナ1個にまとめてから船積みされることになる。

　具体的には，貨物は CFS に搬入された後，他の貨物と混載され，CFS で**コンテナ内積付表（CLP）**を作成して，封をする。そこでこの LCL 貨物の場合にはこれらの作業手数料として，輸出者に CFS チャージが請求される。

　混載されたコンテナは，さらに CY に移送され，そこから船積みされる。

3　コンテナ船への船積み

　コンテナ船へ貨物を積み込む場合には，海貨業者は貨物をコンテナ・ターミナル内の **CY（コンテナ・ヤード）**（FCL 貨物の場合）または **CFS（コンテナ・フレート・ステーション）**（LCL 貨物の場合）に持ち込むことになる。図表10－16により書類の流れを確認しながら，コンテナ船への貨物船積みの手順をみてみよう。

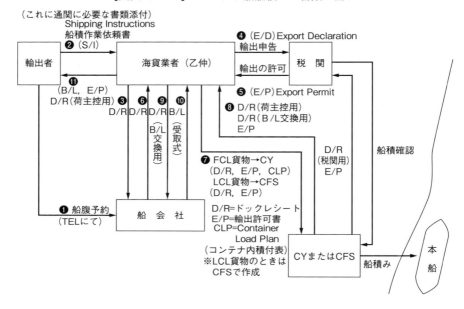

【図表10-16】　コンテナ船船積みの書類の流れ

❶　輸出者が船会社に船腹予約をする（多くは電話で行う）

❷　輸出者が海貨業者（乙仲）に Shipping Instructions で通関・船積みの手続
依頼

❸　海貨業者が Shipping Instructions にもとづき，船会社にドック・レシート
（D／R ＝ Dock Receipt）の書式で船積申込書を提出（8枚程度の複写書類）

❹　海貨業者が税関に輸出申告書（E／D ＝ Export Declaration）で輸出申告

❺　税関から輸出の許可を受け，輸出許可書（E／P ＝ Export Permit）を受領

❻　海貨業者が船会社からドック・レシート（D／R）を受領（❸の複写書式の
うち，必要な部分）

❼　海貨業者が D／R，E／P，FCL 貨物の場合には CLP（Container Load
Plan）とともに，貨物を CY または CFS に持ち込む

❽　貨物は CY で船に積み込まれ，税関は E／P と D／R（税関用）で船積みを
確認する（船積みの手配は CY で行う）

　　CY または CFS から海貨業者に，D／R（荷主控用），D／R（B／L 交換用），
E／P が返却される

❾　海貨業者がD／R（B／L交換用）を船会社に提出する

❿　引換えに船会社からB／Lの交付を受ける（CIFやCFR契約の場合には運賃を支払ってから交付を受ける）

⓫　海貨業者が荷主である輸出者に，B／L，D／R（荷主控用），E／Pを返却する

　❿で船会社から交付されるB／Lは，貨物をCYまたはCFSの運送人に引き渡したとき発行されるため，受取船荷証券（Received B／L）となる。信用状取引の場合には，B／Lは受取船荷証券でなく，船積船荷証券（Shipped B／L）であることを要求されるので，この場合にはB／L上に船積証明（On Board Notation）が必要となる。

【図表10-17】 ドック・レシート（B／L交換用および荷主控用）

Shipper

B/L No.

K.Y.CONTAINER EXPRESS

Consignee

TO BE EXCHANGED FOR B/L

Notify party

DOCK RECEIPT

(SHIPPER'S COPY)

Pre-carriage by	Place of receipt	
Ocean vessel	Voy.No.	Port of loading
Port of discharge	Place of delivery	Final destination (for the Merchant reference)

Container No.	Seal No. Marks and Numbers	Number of containers or packages	Kind of packages;Description of goods	Gross weight Kgs./lbs.	Measurement M³/cft.

Particulars furnished by shipper

CANCELLED

Total No. of container or packages (in words)

Freight	Weight Measurement	Rate	Per	Prepaid	Collect

CHARGES

Carrier's Reference			Booking Number			
Service		Type of Goods			TOTAL	
RC'V	DEL'Y					
1 CY	1 CY	1 ORD	Freight prepaid at		Freight payable at	Place and date of issue
2 CFS	2 CFS	2 REEF				
3 DOOR	3 DOOR	3 DANG	Ex. Rate in NT$ Yen		No.of original B(s)/L	**KATAYAMA LINES,LTD.**
ICS B/L			Laden on board the vessel Date	Signature		By

【図表10-18】 ドック・レシートにもとづくB／L

Shipper

B/L No.

🏴K

KATAYAMA LINES LTD.
BILL OF LADING

RECEIVED by the Carrier from the Shipper in apparent good order and condition unless otherwise indicated herein, the goods (or the container(s) or package(s) said to contain the cargo herein mentioned, to be carried subject to all the terms and conditions provided for on the face and back of this Bill of Lading by the vessel named herein or any substitute at the Carrier's option and/or other means of transport, from the place of receipt or the port of loading to the port of discharge or the place of delivery shown herein and there to be delivered unto order or assigns.

If required by the Carrier, this Bill of Lading duly endorsed must be surrendered in exchange for the Goods or delivery order.

In accepting this Bill of Lading, the Merchant (as defined by Article 1 on the back hereof) agrees to be bound by all the stipulations, exceptions, terms and conditions on the face and back hereof, whether printed, stamped or printed, as fully as if signed by the Merchant, any local custom or privilege to the contrary notwithstanding, and agrees that all agreements or freight engagements for and in connection with the carriage of the Goods are superseded by this Bill of Lading.

In witness whereof, the undersigned, on behalf of Wan Hai Lines, Ltd. the Master and the owner of the Vessel, has signed the number of Bill(s) of Lading stated above, all of this tenor and date, one of which being accomplished, the others to stand void.
(Terms of Bill of Lading continued on the back hereof)

FORWARDING AGENT REFERENCES (COMPLETE NAME AND ADDRESS)

Consignee

Notify party   carrier not to be responsible for failure to notify

Pre-carriage by | Place of receipt

Ocean vessel | Voy. No. | Port of loading

Port of discharge | Place of delivery

RECEIVED by th
less otherwi   the Merchant

Container No.	Seal No. Marks and Numbers	Number of containers or packages	Kind of packages;Description of goods	Gross weight Kgs./lbs.	Measurement M³/cft.

ここが"Received"だと、「受取式船荷証券」、
"Shipped"だと「船積式船荷証券」となる

CANCELLED
ORIGINAL

Particulars furnished by shipper

Total No. of container or packages (in words)

ORIGINAL

Freight	Weight Measurement	Rate	Per	Prepaid	Collect

Date | Laden on board the vessel
JAN. 23, 20XX | Signature   *S. Tabata*

日付と署名がされると「船積式船荷証券」
と同様に扱われる

CHARGES

Carrier's Reference Service		Booking number			TOTAL	
RC'V	DEL'Y	Type of Goods				
1 CY	1 CY	1 ORD	Freight prepaid at	Freight payable at		Place and date of issue
2 CFS	2 CFS	2 REEF				
3 DOOR	3 DOOR	3 DANG	Ex. Rate	No.of original B(s)/L		KATAYAMA LINES (JAPAN),LTD.

WH B/L	Date JAN. 23, 20XX	Laden on board the vessel Signature *S. Tabata*	By

AS AGENTS FOR THE CARRIER—WAN HAI LINES LTD.

10
信用状の受領から輸出者の代金回収まで

7. 貨物の船積みと書類　243

Ⅱ 在来船の場合

1 船積みまでの流れと関係業者

《流れ》	《作業者》	《業務内容》
① 船腹予約	（輸出者）	貨物の輸送スケジュールや量，航路などを考慮して適した船会社を選び，船腹予約をする
② 貨物の梱包	（梱包業者）	貨物を梱包し，荷印やタックつけなどを行う
③ 輸出申告	（海貨業者（乙仲））	通関のために必要な書類をそろえ，輸出申告を行う
④ 保税地域へ貨物を搬入		
⑤ 検量・船積み申込み	検量業者 海貨業者（乙仲）	検量業者が貨物の検量を行い，海貨業者が船会社に書面で船積申込みを行う
⑥ 保税地域から貨物を搬出	（海貨業者（乙仲））	輸出許可を受けたら，貨物を海貨業者の上屋（保税地域）から搬出し，船会社の指定倉庫まで保税運送をする
（保税地域から保税地域までの保税運送）		
⑦ 船会社指定の倉庫への貨物の移送	持込み：海貨業者 受け取り：船積代理店	船積みの予定に合わせて，貨物を船会社の指定倉庫（保税地域）まで移送する
⑧ 検数	（検数業者）	貨物の検数を行う
⑨ 船積み	船内荷役業者 （ステベ）	船積数量をチェックしながら貨物を船艙内に積み込む
⑩ 船荷証券の発行	発行依頼：海貨業者 発行：船会社	船積みが完了すれば運送状を発行するのに必要な書類が発行され，これにより船荷証券（B／L）の発行を依頼する

このように海上輸送貨物の輸出は，多くの専門業者の手を経ることになる。しかもその業務内容は，港湾運送事業法による事業免許で明確に区分されている。したがって，それらの業者の業務範囲をよく認識し，適切な依頼をしなければ作業が滞ってしまうことになる。次にこれらの港湾事業者についてみていこう。

(1)　海貨業者（乙仲）

　荷主の委託を受け，荷主またはその代理人から貨物を受け取り，船会社との貨物の受渡しに合わせて，沿岸荷役等の作業を行う事業を，海運貨物取扱業という。この事業を行う業者が**「海運貨物取扱業者（海貨業者）」**，通称**「乙仲」**といわれている業者である。

　輸出の総積み（後記2参照）では，原則的に乙仲はまず荷主から貨物を受け取り，保税地域へ搬入し必要な手続を済ませて，船会社指定の**エージェント（船積代理店）**に貨物を引き渡す。

(2)　検量業者

　在来船に積む貨物の数量や容積については，貨物の保税地域への搬入後，検量業者である**宣誓検量人（Sworn Measurer）**により検量を受け，証明を受ける。前記「6. 海貨業者への通関・船積み手続依頼」Ⅷでみたようにこの証明内容が，船積後に船会社が請求する海上運賃の計算の基礎となる。

　検量業者には，日本海事検定協会と新日本検定協会があって，航路別に検量業務を分担している。契約条件等により，輸出者が重量容積証明書（Certificate and List of Measurement and/or Weight）が必要な場合には，これらの検量業者から発行してもらう。

(3)　船積代理店（Shipping Agent）

　船会社からの委託を受けて，保税地域やCY，CFSなどの荷さばき場での貨物の受渡しに合わせて沿岸荷役などの作業を行い，本船船側で船会社に貨物を引き渡す事業（輸出の場合）を船積代理店業という。

　貨物が「総積み」されるときには，まず貨物が船積代理店の保税地域（倉庫）に持ち込まれ，船会社がまとめて本船に積み込む。

(4)　検数業者

　船舶によって輸送される貨物について，数量，貨物の現状の確認などを，輸送の委託者（船会社，荷主など）に代わって公正に実施する事業者をいう。

　在来船の船積時には，船会社側，荷主（輸出者）側双方の検数人が立ち会って検数する。もしこのときに貨物の損傷が発見された場合には，検数人が書類に損

傷状態についての表記（リマーク）を記載する（詳細は後記2参照）。

(5) 船内荷役業者（ステベ）

　港湾において船舶への貨物の積込み作業，あるいは船舶からの貨物の取卸し作業を行う業者をいい，船内荷役事業の免許が必要である。

2　在来船（定期船）への船積み

　コンテナに入らないサイズまたは形の貨物や，コンテナ・ターミナルの設備のない港へ輸出する場合には，コンテナ船でない船に貨物を船積みすることになる。このような船を「**在来船**」という。在来船の場合，貨物が大口貨物か小口貨物かによって，船積みの方法が異なっている。大口貨物の場合は自家積み，小口貨物の場合には総積みとなる。

　自家積みとは，大口貨物を荷主の責任で本船船側まで持っていって引き渡すことをいい，直積みともいう。実際には海貨業者が荷主である輸出者の依頼を受けて，通常，はしけによって本船の海側から積み込む。

　総積みとは，小口貨物を船会社の指定した倉庫まで持ち込み，船会社が他の貨物とまとめて本船に積み込む方法をいう。

　在来船の場合の船積みは，コンテナ船の場合と比べて異なっている。下図でそ

【図表10-19】　在来船船積みの書類の流れ（自家積みの場合）

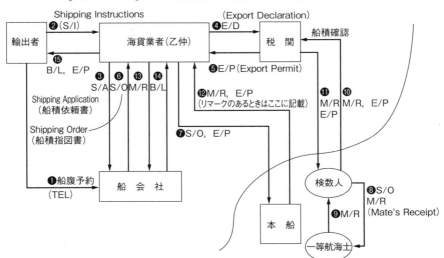

の書類の流れを中心に，コンテナ船との相違点をみてみよう。

❶　輸出者が船会社に船腹予約をする（多くは電話で行う）

❷　輸出者が海貨業者（乙仲）に Shipping Instructions で通関・船積みの手続依頼

❸　海貨業者は Shipping Instructions にもとづき，船会社に船積依頼書（S／A ＝ Shipping Application）を提出（S／A は 8 枚程度の複写式となっており，以下の S／O，M／R などが同時作成され，必要な書類をそのつど切り離して使う。図表10‒20参照）。

❹　海貨業者が税関に輸出申告（E／D ＝ Export Declaration）

❺　税関から輸出の許可を受け，輸出許可書（E／P ＝ Export Permit）を受領

❻　海貨業者が船会社から船積指図書（S／O ＝ Shipping Order）を受領

❼　海貨業者は自家積みの場合には本船で，総積みの場合には船会社の倉庫で，S／O，E／P とともに貨物を船会社に引き渡す

❽　自家積み，総積みのいずれの場合にも，本船側と荷主側との検数人とが立ち会って貨物をチェックし，問題がなければ，本船側の検数人が S／O，M／R（メイツ・レシート ＝ Mate's Receipt　本船貨物受取証）を一等航海士に提出

❾　一等航海士が M／R にサインして検数人に返却

❿⓫　検数人は M／R，E／P を税関に提出し，船積確認を受ける

⓬　検数人は本船において海貨業者に M／R，E／P を返却する

⓭　海貨業者は M／R を船会社に提出する

⓮　船会社は M／R と引換えに，B／L を海貨業者に交付する
（CIF や CFR 契約の場合には運賃を支払ってから交付を受ける）

⓯　海貨業者は荷主である輸出者に B／L，E／P を返却する

【図表10-20】 船積依頼書（Shipping Application）

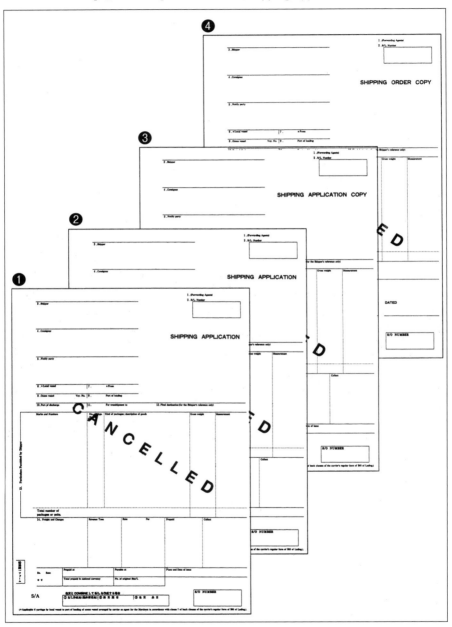

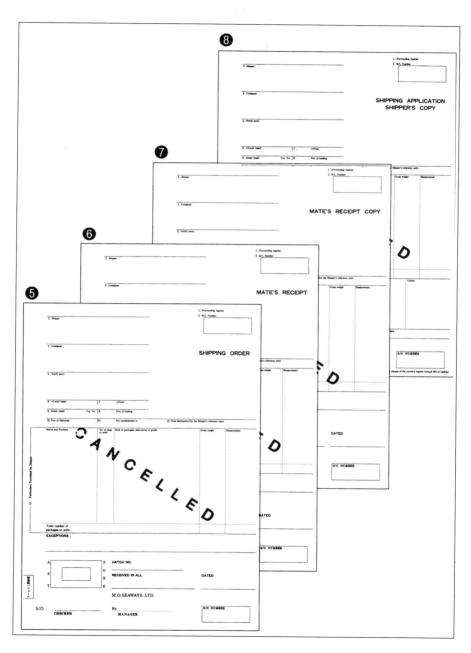

B／L にリマークのある場合

　輸出者（通常はその委託を受けた海貨業者）の持ち込んだ貨物に瑕疵（キズ）のあった場合，D／R（B／L 交換用）や M／R にその旨を記載した追記がつけられる。これを「リマーク（Remark）」という。

　リマークのついた D／R や M／R を船会社に持ち込むと，発行される B／L は Foul B／L（故障付 B／L）となり，信用状取引の場合には荷為替手形を銀行に買い取ってもらえなくなる。これは，信用状取引においては契約通りの貨物が確実に出荷されることを求めるからであり，通常信用状条件で，B／L はリマークのない **Clean B／L（無故障 B／L）** であることが要求される。

　リマークがつかないよう貨物の取扱いには気をつけなければならないが，リマークがついてしまった場合には，実務上船会社に「**補償状（L／I＝Letter of Indemnity）**」を差し入れ，リマークを削除してもらうことができる。

　L／I とは，輸出者が船会社に対して，貨物に瑕疵があることによって，運送中の破損その他のトラブルがあった場合には，輸出者がいっさいの責任をとることを明言して提出する補償状のことである。輸出者が L／I を提出すれば，船会社は Clean B／L を発行する。

　しかし，L／I を差し入れてリマークを消したからといって，実際の貨物の瑕疵が消えたわけではないので，貨物が輸入地に着いてからトラブルが発生することは十分予測できる。そういったクレームに対する損害賠償請求は，初め船会社に対して行われたとしても，L／I にもとづき最終的には輸出者に転嫁されることになる。

　異なる国をはさんでのトラブルの解決には大変な費用と手間を要することになるので，安易に L／I を差し入れてリマークを消すのでなく，最初から瑕疵のない貨物を出荷するようにすることが重要である。

　ただし，コンテナ貨物で大口の FCL 貨物を CY に持ち込んだ場合につけられるリマーク "Shipper's load and count" "said to contain" は，瑕疵を表すリマークでなく，「荷主がコンテナに貨物を自分で詰めて封をしたので，中身については状態，数量とも船会社は確認できない」という意味のただし書きである。

　したがって，このリマークが B／L につけられていても Clean B／L となり，銀行での手形買取りには何の支障もない。当然 L／I を差し入れる必要もないので，注意が必要である。

LETTER OF INDEMNITY

To. *KOKUSAI Kaiun Kaisha, Tokyo,*　　　*Tokyo 23rd August, 20XX*
　　Re: *M/S DAIFUKU Maru, VOY, EXT*-3128
　　　sailed on 21st August, 20XX

Dear Sirs,

In consideration of your handing us clean Bills of Lading for our shipment by the above vessel as described below, the mate's receipt of which bears the following clause:

N/R for case breakage

We hereby undertake and agree to pay on demand any claim that may thus arise on the said shipment and/or the cost of any consequent reconditioning and generally to indemnify yourselves and/or the owners of the said vessel against all consequences that may arise from your action.

Further, should any claim arise in respect of these goods we hereby authorize you and/or agent and/or owners of the vessel to disclose this Letter of Indemnity to the underwriters concerned.

Yours faithfully

The Hoso Electric Co., Ltd.
(Signed)　　*Taro Yamada*
B/L. No. PA-148618　　　　*President*

Marks & Nos.	No. of P'kgs	Description	Destination
PCC *Hong Kong* C/#1 Made in Japan	Case 1	VTR 100 sets	*Hong Kong*

Ⅳ 船積通知 ━━━━━━━━━━━━━━━━━━━━

　船積みが終了すると，輸出者は輸入者に，ファクスなどで速やかに**船積通知**（**Shipping Advice**）を行う。船積通知には貨物の明細，金額，船名，出航日などが記載されている。

　貿易条件で輸入者が保険を付保する場合には，通常**予定保険**に入っているので，輸入者はこの通知にもとづいて**確定保険**に切り替えることになる。また貨物の受入準備を始めることになる。

　信用状決済や，D／P，D／A決済では，輸入者が貨物を引き取るのに必要な船積書類は銀行を経由して輸入者に渡されるので，通常輸入者がその書類を入手するまでには日数がかかることが多い。このため輸出者は，船積書類のコピーを船積案内状に添付して，航空便やクーリエ・サービス（書類宅配便）を利用して送付することもある。必要に応じて，サンプルを一緒に送付することもある。

　また航空貨物の場合には，輸入地で通関・貨物の引取りに必要な航空運送状（エア・ウェイビル　Air Waybill）やインボイスは貨物とともに送られるので，輸入者の荷受けの準備のためにも一刻も早く船積通知を行うことが必要である。

8. 代金回収手続

いくつかある貿易の代金決済方法のなかで，従来一般に用いられてきたものは「荷為替手形」による方法である。既に船積み（あるいは航空機に搭載）した貨物の代金を，荷為替手形という形で輸入者に対して請求することになる。ここでは信用状取引における輸出者による手形の作成から，銀行での手形の買取りまでをみていくことにしよう。

荷為替手形の作成

　輸出者は，船積みが終了すると，信用状決済では信用状で要求されている船積書類を取りそろえて，これらの書類とともに銀行に持ち込む「**荷為替手形（Documentary Bill）**」を作成することになる。

　荷為替手形は，通常，組手形といって，輸入地への送付途上での紛失を勘案して２枚作成され，銀行から送付するときには各々別の航空便で送付される。

　信用状にもとづく荷為替手形の場合には手形上に信用状に関する情報（図表10－22⑫）が記載される。

【図表10－22】　信用状付輸出荷為替手形（第一券）

```
              BILL  OF  EXCHANGE
❶ No.2050
❷ For U.S. $ 7, 500.00              ❸ TOKYO, ❹ August 23, 20XX
   ❺ At ×××× sight of this ❻ FIRST Bill of Exchange ❼ (SECOND of the
   same tenor and date being unpaid)❽ Pay to ❾ The ABC BANK Ltd. or order
❿ the sum of Dollars Seven Thousand Five Hundred Only in U. S. Currency
⓫ Value received and charge the same to account of Luck Commercial
   Corporation, Los Angeles
  ┌ Drawn under BANK OF NYC. Los Angeles
⓬─┤
  └ Irrevocable L/C NO.1234        dated July 1, 20XX

⓭ To The BANK OF NYC              ⓮ Hoso Electric Co., Ltd.
    234 Liberty St., Los Angeles        (Signed)
    CA U.S.A                      ⓯ ───────────
                                       Manager
```

手形の記載事項

❶ 手形番号

❷ 手形金額（数字）

❸ 振出地

❹ 振出日

❺ 手形期限（この場合は At sight　一覧払い）

❻ 第一の手形（第一券）

　　通常手形は，万一のことを考えて組手形（Set bill）になっている。

❼ もう一つの手形の無効文言

　　組手形はいずれか一方が有効となると，他方は自動的に無効になる。

❽ 指図文言

❾ 受取人（買取銀行）

❿ 手形金額（文字）

⓫ 対価文言

⓬ 信用状に関する情報

　　信用状発行銀行，信用状番号，発行日

⓭ 名宛人（信用状取引の場合には信用状発行銀行となるのが一般的である）

⓮ 振出人

⓯ 署名

船荷証券と保険証券の裏書 ━━━━━━━

　信用状上の船荷証券（B／L）の条件によりB／L裏面に裏書が必要な場合，または輸出者が保険料を負担するCIP，CIF条件で，輸出者が被保険者となっている保険証券の場合には，これらの証券に輸出者の裏書が必要となる。

1　船荷証券の裏書

　B／Lは貨物を受け取る権利を証券化した**有価証券**であり，指図式B／Lでは貨物の所有権はB／Lに記載された貨物の荷送人（Shipper）にある。そして船荷証券上の権利を移転させるためには，その荷送人による「**白地裏書（Blank Endorsement）**」が必要となる。

　貨物は最終的には買手である輸入者に渡らなければならないが，船荷証券が記名式ではなく荷受人が輸出者の指図人となっている場合，もし輸出者が指図のための白地裏書をしないと，輸入者が貨物を引き取れないことになってしまう。それを防ぐために，輸出者は銀行へ船積書類を提出する際に，船荷証券に白地裏書をしておくことになる。

　輸出者の白地裏書が必要なケースとは，船荷証券の荷受人欄が「to order」または「to order of shipper」となっている**指図人式**の場合である。

> ・B／Lの荷受人欄の記載：to order あるいは to order of shipper
> ・裏　書　の　方　法：**白地裏書（Blank Endorsement　ブランク・エ
> 　　　　　　　　　　　　ンドースメント）**輸出者が単純にB／Lの裏面
> 　　　　　　　　　　　　にサインのみをする

　この白地裏書をすることにより，B／L上の権利は「輸出者の指図人」へと移転する。つまりその後B／Lを持っている人がその指図人とみなされ，貨物を引き取る権利を持つことになるのである。

　したがって輸入者の代金決済が済むまでは，B／Lを保持している信用状発行銀行が貨物を引き取る権利を持ち，輸入者が代金決済を済ませると，B／Lが銀行から輸入者へと引き渡され，貨物を引き取る権利も輸入者へと移ることになる。

2　保険証券の裏書

　貿易条件がCIP，CIFなどで輸出者が保険料を支払う場合，保険証券は保険料を支払った人，つまり輸出者にあてて交付される。この場合，実際に事故が起こった場合の保険金の受取人である被保険者は，保険証券上では輸出者になっている。

　ところがCIFの場合は船積時，CIPの場合は運送人への貨物の引渡し時に，貨物に対する危険は，既に輸出者から輸入者に移転しているし，輸出者は「荷為替手形の買取り」という形で既に輸出代金を受け取ることができるので，この保険金は輸入者が受け取れるようにしなければならない。そのためには保険証券上の保険金を受け取る権利を，輸出者から輸入者へと譲渡する必要がある。そのために輸出者による裏書が必要となるのである。

　この場合の輸出者の裏書も，単に輸出者が署名するだけの**白地裏書**となる。

【図表10－23】　Slipperによる船荷証券および保険証券の白地裏書

次の権利者を指図せず，
白地裏書されている

荷為替手形・船積書類の点検 ━━━━━━

1 船荷証券（輸送証券）に関する点検事項

　信用状決済では，船荷証券や複合運送証券，航空運送状等の運送書類について，銀行に受け入れられるための一定の形式や要件が定められている。船荷証券については次の点に注意を要する。

① 　貨物が船積みされたときに発行される**船積船荷証券**でなければならない。
　　　信用状取引では，B／Lは「商品が確実に出荷された証拠」として要求されるので，船積船荷証券（Shipped B/L）でなければならない。

② 　受取船荷証券（Received B/L）の場合は，船積期限内の **On Board Notation（船積証明）** を取得すること。

③ 　指図式で発行されている場合（荷受人欄が to order など）は輸出者が**白地裏書**をすること（Ⅱ参照）。ただし信用状で他の条件が要求されている場合は要求通りにする。

④ 　故障付船荷証券（Foul B/L）でないこと，つまりリマークのない**無故障船荷証券（Clean B/L）**であること（輸入者の商品入手リスクをカバーするため，船積みの時からキズのある貨物は認めない）。

⑤ 　B／Lの発行日から数えて，銀行への書類提示期限が過ぎていないこと。
　　　信用状上に特に提示期限がない場合には，信用状統一規則によりB／L発行後21日を過ぎると，銀行に手形の買取りを拒絶される。

2 保険証券に関する点検事項

① 　保険業者が発行したもので，かつ信用状で定められた全区間の危険に対して保険が付けられていること（発行日は船積日より後であってはならない）。

② 　船名，出港日，積み・揚港が船荷証券と一致していること。

③ 　保険条件が信用状条件と一致したものであること。
　（たとえば信用状上で All Risks，TPND とあれば，TPND〈盗難・抜荷・不着損害〉は All Risks〈全危険担保〉でカバーされていても保険証券面に記載する）

④ 　保険約款は，新，旧約款のいずれかで信用状で要求された方とする。

⑤ 　保険金額は異なる定めがない限り CIF または CIP の価額に10％を加えた額とし，端数は切り上げる。

3 為替手形・船積書類の共通点検事項

船積書類全体における点検事項として，まず各書類の名称が文面上で信用状条件と一致していることが挙げられる。その他の為替手形，船積書類に共通する注意事項として，信用状条件をふまえて次のようなものがある。

① 次の各書類の発行日は，信用状の有効期限内（信用状上で提示期限のあるときはその期限内）であること。

　　荷為替手形，インボイス（送り状)，パッキング・リスト，原産地証明書，検査証明書

② 次の書類の発行日は船積期限内であること。

　　インボイス，船荷証券（船積日も期限内)，航空運送状，保険証券

③ 金額と信用状条件の関係は次の通りであること。

・為替手形とインボイス金額は信用状条件通りであること。

・保険金額とインボイス金額の割合が信用状条件通りであること（特別に定めていなければ保険金額は CIF または CIP 金額の10％増とする)。

④ 商品名の記述

・信用状とインボイスの商品名の記述は完全に一致すること（インボイスは商品の明細を示す書類であるため)。

・船荷証券（輸送証券)，保険証券，パッキング・リスト，原産地証明書などにおける商品名の記述は，信用状の記述と矛盾しない一般的な名称であってもよい。

⑤ 数量

　　全ての書類に共通した単位を使用し，一致していること。

⑥ 通数

　　全ての書類が信用状の指図通りであること。

⑦ 荷印

・インボイスと船荷証券の荷印は一致していること。

・航空運送状への荷印の記載は，信用状で要求されていなければ不要である。

⑧ 包装

　　インボイスとパッキング・リスト上の包装についての記載が一致していること。

Ⅳ 荷為替手形の買取依頼 —————————

　信用状にもとづく荷為替手形買取りの場合は，輸出者は**「信用状付荷為替手形買取依頼書」**に荷為替手形と信用状原本を添えて，取引銀行に買取りを依頼する。

　どの銀行に買取依頼に持っていくかについては，信用状面で特定の銀行が指定されていない限り，どこの銀行であっても差支えない。

　一方，この買取銀行を特定している信用状のことを **Restricted L/C（買取銀行指定信用状）** という。Restricted L/C の場合であっても手数料を支払うことにより，指定された銀行以外の銀行に買い取ってもらうことができる。輸出者が指定された銀行と取引がないような場合にこの方法を利用することになる。その場合は買い取られた荷為替手形と船積書類は，指定された銀行以外の銀行経由で，指定された銀行へ送られ，最終的にはその指定された銀行が買い取る形となる。

　ここでの船積書類作成上のポイントは，信用状条件と完全に一致させるということである。信用状決済ではこの「信用状条件と完全に一致」を条件に，信用状発行銀行が代金支払いの確約をしているので，この条件が満たされない場合（つまり船積書類に信用状条件との不一致〈Discrepancy　ディスクレ〉があった場合）には，買取銀行または信用状発行銀行から，それを理由に代金の支払いを拒絶されてしまうこともあるので，注意が必要である。

9. D／P, D／A手形の場合

同じ荷為替手形決済でも，信用状にもとづかない取引の場合には，原則として手形は取立扱いとなる。また，買取扱いとなる場合でも，輸入者からの不払いのリスクに備えることが必要である。
ここでは，信用状取引との相違点とリスクについて学ぼう。

Ⅰ D／P, D／A 手形とは

信用状にもとづかない荷為替手形を，D／P 手形，D／A 手形という。

D／P とは，Documents against Payment（**支払い時書類渡し**）のことで，手形が輸入者などの名宛人（支払人）に呈示されると，名宛人はその代金を支払うことと引換えに，貨物の引取りに必要な船積書類の交付を受けるという方式のことである。

D／A とは，Documents against Acceptance（**引受け時書類渡し**）のことで，手形が輸入者などの名宛人（支払人）に呈示されると，名宛人はその手形を引き受ける（将来の手形期日に代金を支払うことを約束する）ことと引換えに，貨物の引取りに必要な船積書類の交付を受けるという方式のことである。

原則として，D／P 手形とは，信用状にもとづかない一覧払手形のことであり，D／A 手形はその多くが信用状にもとづかない期限付手形のことであるが，期限付手形のなかには，D／P 条件を付す場合もあるので注意が必要である（第9章「2. 荷為替手形による決済」Ⅳ参照）。

D／P, D／A 手形の作成方法は，基本的には信用状取引の場合と同様であるが，手形上に D／P, D／A 手形である旨が表示され，信用状取引の手形上にあった信用状に関する情報は記載されない。

```
                 B I L L   O F   E X C H A N G E
❶  D／P
❷  No.1990
❸  For U.S. $ 7, 500, 000              ❹  TOKYO,  ❺  August 23,  20XX
     ❻  At  ×××××× sight  of  this  ❼  FIRST  Bill  of  Exchange  ❽
     (SECOND of the same tenor and date being unpaid)  ❾ Pay to  ❿
     The  ABC  BANK  Ltd. or  order  the  sum  of  ⓫ Dollars Seven Thou-
     sand Five Hundred Only in U.S. Currency
     ⓬ Value received


❽  To Luck Commercial Corporation         ⓮   Hoso Electric Co., Ltd.
     279 Park Ave., Los Angeles         ⓯   _____(Signed)
     CA U.S.A.                                           Manager
```

10
信用状の受領から輸出者の代金回収まで

手形の記載事項

❶ D／P 手形（Documents against Payment）表示
    （支払い時書類渡しのため，❻の At sight〈一覧払い〉と対応。期限付手
形のときは D／A と表示）

❷ 手形番号

❸ 手形金額（数字）

❹ 振出地

❺ 振出日

❻ 手形期限（この場合は At sight　一覧払い）

❼ 第一の手形（第一券）
    手形は通常，万一のことを考えて組手形（Set bill）になっている。

❽ もう一つの手形の無効文言
    組手形はいずれか一方が有効となると，他方は自動的に無効になる。

❾ 指図文言

❿ 受取人（買取銀行）

⓫ 手形金額（文字）

⓬ 対価文言

⓭ 名宛人

⓮ 振出人

⑮ 署名

Ⅱ D／P，D／A 手形の取立依頼 ─────────

　D／P，D／A 手形の場合，輸出者が船積書類とともにこれらの手形を取引銀行に持ち込むと，銀行は信用状による輸入地の銀行の代金支払保証がないため，手形を原則買取扱いとはせず，取立扱いとする。

　この場合，輸出者は依頼1件ごとに手形と船積書類の内容を記載した**「荷為替手形取立依頼書」**を，荷為替手形とともに銀行に提出する（第9章図表9−9参照）。

　D／P，D／A 手形が取立扱いになった場合，銀行は，国際商業会議所（ICC）が作成した国際ルールである**「取立統一規則」**にもとづいて取り扱う。この規則は，わが国においては全金融機関が採択しており，主要国の金融機関についても同様である。

Ⅲ D／P，D／A 手形の買取依頼 ─────────

　輸出者に信用があり，D／P，D／A 手形を信用状による支払保証なしで銀行が買い取る場合には，銀行には買取り段階で立替払いした代金が，後に輸入地側から回収されないリスクがある。そこで通常，輸出地の銀行は独立行政法人「日本貿易保険」の**輸出手形保険**に加入して，リスクをカバーしたうえでこれらの手形を買い取る。

　輸出手形保険とは，輸出者の手形を買い取った（代金を立替払いした）銀行が，万一代金回収ができなかった場合に備えて加入する保険で，その保険料は輸出者が負担する。ただし日本貿易保険が輸出手形保険の加入を認めるのは，海外の買手について日本貿易保険が格付けを公表している**「海外商社名簿」**で，取引相手の輸入者が一定の格付け以上である場合に限られる（第8章「1. 貿易保険」参照）。

　輸出者が銀行に，D／P，D／A 手形の買取りを依頼する場合には，依頼1件ごとに手形と船積書類の内容を記載した**「信用状なし荷為替手形買取依頼書（D／P，D／A 手形用）」**を，荷為替手形とともに銀行に提出する。

輸出者が行う船積書類の点検━━━━━━━

D／P, D／A 手形では，銀行に提出した荷為替手形が決済されるかどうかは，全て手形の名宛人である買手（輸入者）の支払い能力，および意思次第といえる。したがって，船積書類は，信用状決済の場合以上に慎重に作成しなければならない。単に契約書上の条件に一致しているだけでなく，買手の要請に応じたものにするよう心がけるべきであろう。

次の各文章について，正しいものには○印を，誤っているものには×印をつけなさい。

(1) 為替予約は原則として電話で申込みを行う。

(2) 荷印には，必ず重量・容積マークを入れなければならない。

(3) FCL 貨物の場合，コンテナ内積付表（CLP）はシッパーである輸出者が作成することになる。

(4) 輸出売買契約の貿易条件が FOB 条件の場合には，メイツ・レシート（M／R）を船会社に提出する際に，運賃を支払って B／L を受領する。

(5) コンテナ船への船積みの場合には，貨物を CY または CFS の運送人に引き渡したとき B／L が発行されるので，受取船荷証券（Received B／L）となる。

(6) FCL 貨物を CY に持ち込んだ場合に，"shipper's load and count" "said to contain" というリマークがドック・レシート（D／R）につけられると，信用状取引において，輸出者の荷為替手形は銀行に買い取ってもらえない。

(7) 日本から外国に貨物を輸出する場合において，国内関係法により輸出に関して許認可等の取得が義務づけられている場合には，輸出通関手続の前後を問わず，船積前までに許可を取得しなければならない。

(8) 輸出貿易管理令別表第 1 に掲げられている戦略物資を輸出する場合には，経済産業大臣の輸出承認を取得しなければ，税関長は，当該貨物についての輸出許可をしない。

(9) 皮革関係の製品製造などの指定された加工を行うために輸出される加工原材料で，輸出価格が100万円を超えるものについては，経済産業大臣の輸出承認を取得しなければならない。

次の記述について，（　　）内に示した語句のうち，正しいものを選びなさい。

(1)　為替予約は，外国為替の取扱銀行ならばどこでも行うことができるが，初めて海外と取引をする場合には，あらかじめ銀行に（A　外国為替取引約定書　B　為替予約票）などの差入れが必要である。

(2)　コンテナ船へ貨物を持ち込む場合には，FCL 貨物は（A　CY　　B　CFS）に直接持ち込まれて船積みされ，LCL 貨物は（C　CY　　D　CFS）に持ち込んで他の貨物と混載されたうえで船積みされる。

(3)　在来船に船積みする場合で，大口貨物を荷主の責任で本船船側まで持っていって引き渡す方法を（A　自家（直）積み　　B　総積み）といい，小口貨物を船会社指定の倉庫まで持ち込み，船会社が他の貨物とまとめて本船に積み込む方法を（C　自家（直）積み　　D　総積み）という。

(4)　梱包された貨物について作成する，梱包ごとの内容を記載した書類を（A　パッキング・リスト（包装明細書）　　B　インボイス（商業送り状））という。

輸出に係る AEO 制度に関する次の記述について，①〜④の（　　）内に入る最も適切な語句を下記の語群から選びなさい。

(1)　特定輸出者，特定委託輸出者および（　①　）は，輸出しようとする貨物を（　②　）に入れないで自社の倉庫などで，輸出申告を行うことができる。

(2)　特定輸出者であるメーカーの場合，自らが輸出することを前提としてシステムができているが，（　③　）は自ら輸出せず，（　①　）を通じて輸出される。このシステムは，（　③　）の（　④　）で，（　①　）が，製造貨物を輸出することを前提としたものである。

(a)　認定製造者　　　(b)　コンテナ　　(c)　コンテナー扱い
(d)　特定製造貨物輸出者　　(e)　審査・検査　　(f)　検査免除証の交付
(g)　保税地域　　(h)　管理のもと　　(i)　港頭地区　　(j)　確認証の交付

　次の記述について，正しいものには○印を，誤っているものには×印をつけなさい。

(1)　B／L（船荷証券）上の貨物を受け取る権利を移転させるために，B／Lの荷受人欄が「to order」となっている場合，輸出者の記名式裏書が必要である。

(2)　信用状取引において，特に銀行への書類提示期間について信用状上に記載がない場合には，銀行はB／Lの発行日から起算して14日を過ぎた手形の買取りを拒絶する。

(3)　信用状取引において船積書類を点検する際，信用状上の保険条件が「All Risks, TPND」とされていた場合，TPND（盗難・抜荷・不着損害）がAll Risksでカバーされていても，保険証券面には「All Risks, TPND」と記載されなければならない。

　次の各問について答えを1つ選びなさい。

(1)　次の記述は，信用状取引における船積書類の点検事項に関するものであるが，誤っているものはどれか。

　A　信用状とインボイスの商品名の記述は完全に一致していなければならないが，船荷証券，保険証券，パッキング・リスト，原産地証明書などにおける商品名の記述は，信用状の記述と矛盾しない一般的な名称であってもよい。

　B　保険金額は信用状条件通りでなければならないが，特別に定めていなければ，保険金額はCIFまたはCIP金額の95％である。

　C　信用状で要求されている書類で，インボイス，船荷証券，航空運送状，保険証券の発行日は，船積期限内でなければならない。

(2)　次の用語説明の記述のうち，正しいものはどれか。

　A　L／I（Letter of Indemnity）とは，信用状発行銀行がその書類のディスクレを理由に支払いを拒絶した場合，輸出者が先に銀行に買い取ってもらった為替手形を異議なく買い戻すという保証状（念書）のことをいう。

B　D／P（Documents against Payment）とは，手形が輸入者などの名宛人（支払人）に呈示されると名宛人はその代金を支払うことと引換えに，貨物の引取りに必要な船積書類の交付を受けるという方式のことをいう。

C　L／G（Letter of Guarantee）とは，輸出者が船会社に対して，貨物に瑕疵があることによって，運送中の破損その他のトラブルを発生させた場合には，輸出者がいっさいの責任をとることを明言して提出する補償状のことである。

解答と解説

1．(1)－×　通常は，予約スリップに必要事項を記載して銀行に提出する。取引が恒常的になり，電話による申込みができるようになっても，後から必ず書面で予約内容を確認することが大切である。

(2)－×　荷印の基本的構成要素は，①主マークと副マーク，②仕向地または仕向港マーク，③ケースナンバー，④原産地マーク，である。

(3)－○

(4)－×　輸出地で運賃を支払うのは，CIF または CPT の場合である。

(5)－○

(6)－×　同じリマークという呼称でも，このリマークは貨物の瑕疵（キズ）を示すリマークではないので，手形の買取りに支障はない。

(7)－×　国内の法令によって輸出に関して許認可等の取得が必要な場合は，輸出申告までに取得しなければならない。そして，輸出申告時に税関の確認を受ける必要がある。

(8)－×　輸出貿易管理令別表第1に掲げられている戦略物資を輸出する場合には，経済産業大臣の輸出許可が必要である。

(9)－○

2．①－A

②－A，D

③－A，D

④－A

3．(1)　①－(d)　　②－(g)

　　(2)　③－(a)　　④－(h)

4．(1)－×　貨物の所有権は，当初，船荷証券に記載された輸出者にある。船荷
　　　　　証券上の貨物を受け取る権利を輸出者から別の者に移転させるために
　　　　　は，その輸出者による「白地裏書」が必要となる。

　　(2)－×　信用状取引において，特に銀行への書類提示期間について記載がな
　　　　　い場合には，2007年発効の信用状統一規則（UCP600）で，船積書類
　　　　　の原本を含む提示は，船積日後21日を遅れることなく，また信用状の
　　　　　有効期限よりも遅れることなく行われなければならない，と規定され
　　　　　ている。設問は「14日」としているので，誤りである。

　　(3)－○

5．(1)－B　保険金額は，信用状で特別に定めていなければ，CIF または CIP
　　　　　金額の110％である（選択肢B）。信用状とインボイスの商品名の記述
　　　　　は完全に一致していなければならないが，船荷証券，保険証券，パッ
　　　　　キング・リスト，原産地証明書などにおける商品名の記述は，信用状
　　　　　の記述と矛盾しない一般的な名称であってもよい（選択肢A）。信用
　　　　　状で要求されている書類で，インボイス，船荷証券，航空運送状，保
　　　　　険証券の発行日は，船積期限内でなければならない（選択肢C）。

　　(2)－B　D／Pとは，手形が輸入者などの名宛人（支払人）に呈示されると
　　　　　名宛人はその代金を支払うことと引換えに，貨物の引取りに必要な船
　　　　　積書類の交付を受けるという方式のことをいう（選択肢B）。信用状
　　　　　発行銀行がその書類のディスクレを理由に支払いを拒絶した場合，輸
　　　　　出者が先に銀行に買い取ってもらった為替手形を異議なく買い戻すと
　　　　　いう保証状（念書）は，L／Gという（選択肢A）。輸出者が船会社
　　　　　に対して，貨物に瑕疵があることによって，運送中の破損その他のト
　　　　　ラブルを発生させた場合には，輸出者がいっさいの責任をとることを
　　　　　明言して提出する「補償状」は，L／Iである（選択肢C）。

第11章

輸入手続と貨物引取り
の流れ

1. 輸入者の実務

輸入の仕事は，まず売買契約にもとづいて信用状を開設するところから始まる。信用状を発行してからは，輸出者が船積みするのを待って，銀行に手形の代金を支払うか，または手形の引受け輸出者から船積通知を受領し，さらに貨物の引取りに必要な船積書類の交付を受けたならば，B／L などを呈示して，到着した貨物を引き取ることになる。

ここではこれらの輸入の実務について，その全体像を眺めてみよう。

Ⅰ 輸入取引の流れ

輸入取引全体の流れを，主要関係者，業務，書類で示せば次の通りである。

【図表11－1】 輸入取引の流れ（在来船 自家揚げの場合）（図表1－5再掲）

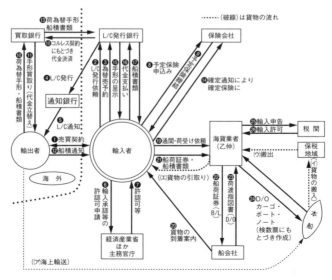

前掲の図❷にあるように，輸入の仕事は売買契約（❶）にもとづいて信用状を開設するところから始まる（信用状の開設手続については，第3章「4．輸入信用状の実務」参照）。

　輸入取引の業務のうち，為替予約と保険契約の締結は輸出と共通しているが，輸出の場合との相違点について確認しておこう。

為替予約

　輸出の場合と同様，輸入においても将来の代金決済に備えて，**為替変動リスクを回避する**ために，輸入者は銀行と為替予約を締結することになる。

　輸入の場合には，海外の輸出者へ外貨で代金を支払う時に相場が発生することになるので，銀行に円を支払って外貨を売ってもらう「為替売予約」となる。

　具体的な銀行との手続は輸出の場合と同様である。

保険契約

　貿易条件により輸入者が保険を付保する場合には，保険契約を締結する時点で保険会社への申告内容にまだ不確定な項目があることがある（船名，貨物の数量など）。しかし貨物の損害をカバーするために，貨物の船積前に保険を付保することが必要なので，通常はその不確定な項目はそのままにとりあえず**「予定保険」**をかける。保険会社はこの契約時に予定保険証券を輸入者に発行する。

　契約時に不確定だった項目は，その後輸出者の船積通知によって確定するので，その時点で改めて保険会社に確定申込みをして，**「確定保険」**に切り替える。このときには確定保険証券が発行される（確定保険と予定保険についての詳細は，第7章「1．貨物海上保険の契約手続」参照）。

2. 法令による許認可の取得

国際的平和および安全の維持や国内産業の保護といった観点から，国内の法律で輸出に関して管理や規制を規定している。輸入の手続においても，これらの規定の影響を受けてくる。したがって，輸入に関する規制を正しく理解することが必要である。

輸入を規制する法令

輸入においても輸出と同様に，わが国の法令で許可，承認，確認等の手続が定められており，これらの諸手続を済ませておかないと，税関の輸入許可がされない。

輸入の規制には，大きく分けて次の二つの規制がある。

① 関税関係法による規制（財務省・税関）

② ①以外の法令（他法令）による規制（各主務官庁）

【図表11-2】 輸入を規制する法令

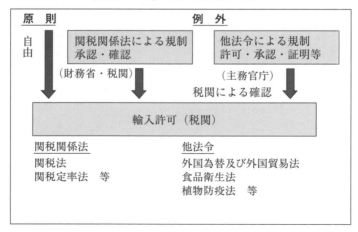

Ⅱ 外為法による輸入の承認

　前記Ⅰの輸入を規制する他法令のうち，特に重要なものが外為法である。具体的には，外為法関係法令である輸入貿易管理令（以下，「輸入令」）の規制を受けることになるので，書面または輸出入・港湾関連情報処理システム（NACCS）を用いて行う。

　輸入令にもとづく輸入に関する事項の公表（輸入公表）により，経済産業大臣の輸入承認の必要な品目と事前確認品目が公表されている。このことを全体的にまとめてみると，次のようになる。

【図表11 - 3】　輸入貿易管理

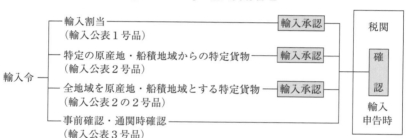

1　輸入割当品目（IQ品目）

　ガット（GATT）の原則は**輸入数量制限の撤廃**である。ウルグアイ・ラウンド交渉の結果，WTO農業協定により非自由化品目（数量制限品目）として残っていた農産物が，数量制限はせず関税を二重税率にする関税化へ移行する形で，自由化が図られた。その結果GATT協定上でまだ自由化されていない**残存輸入制限品目**は，魚介類，海草の一部のみとなった。

　輸入割当の対象となる「非自由化品目」とは，①これらの残存輸入制限品目と，②GATTの規定により自由化の義務がないとされている品目を合わせたものをいい，いずれについても**輸入公表1号品**として公表されている。

　GATT規定上自由化義務のないいわゆる輸入禁制品の武器，麻薬などについては割当そのものがあり得ない。一方，魚介類や海草などの残存輸入制限品目の輸入割当申請手続の具体的な方法は，特定の品目ごとに原則として年2回の輸入

発表によって定められている。輸入発表は官報，経済産業公報および通商弘報で発表されるが，申請者の資格を定めているので，希望すれば申請できるというものではない。

輸入割当の申請は書面では「**輸入（承認・割当）申請書**」（T2010）を用いて経済産業大臣に対して行うが，この場合の手続は次ページ①と②の二つに大別することができる。

輸入公表第１号はさらに**第２**として，**モントリオール議定書に定めるオゾン層を破壊する特定フロン**を輸入割当品目として規定している。これらの品目については経済産業大臣から輸入割当を受けた者のみが輸入承認の申請を行うことができることから，数量制限となるため最も厳しい輸入制限といえる。

2　特定の原産地，船積地域からの特定貨物

輸入公表第２号においては，特定の原産地または船積地域からの特定貨物を**2号承認品目**として指定している。主な品目は，国際捕鯨取締条約非加盟国からの鯨や，中国，北朝鮮および台湾からのさけ，ます等である。

3　全地域を原産地，船積地域とする特定貨物

輸入公表第２の２号においては，全地域を原産地または船積地域とする特定貨物を**2の2号承認品目**として指定している。主な品目は，麻薬類，ワシントン条約附属書Ⅰに掲げる動植物，特定有害廃棄物等である。

4　事前確認を必要とする貨物

輸入公表3号品として，品目ごとに輸入についての必要事項が指定されている。3号品は輸入を直接規制する目的ではなく，輸入の監視と，国内法の実効を上げるのが目的である。これらの品目には，経済産業大臣等主務大臣の事前確認を受けるものと，通関時に一定の証明書類を税関に提出する通関時確認のものがあり，これらの確認書や証明書を税関に提出し確認されれば，輸入承認は不要である。

事前確認が必要な例としては，生鮮または冷蔵のまぐろ，治験用の微生物ワクチン等の輸入などが挙げられる。

また，通関時確認が必要な例として，ワシントン条約附属書ⅡおよびⅢの動植物を，条約加盟国等から輸入する場合などが挙げられる。

5　輸入承認手続

　①輸入割当品目（IQ 品目）（公表 1 号品），②特定の原産地又は船積地域からの特定の貨物（公表 2 号品），③全地域を原産地又は船積地域とする特定の貨物（公表 2 の 2 号品）に該当する貨物は経済産業大臣の承認が必要となる。

　輸入承認の申請先は原則として経済産業大臣だが，ケースによって承認の申請先が次のように異なるので注意が必要である。

　①　輸入割当品目　→　経済産業大臣の承認
　②　特殊な事由で無償で輸入する輸入割当品及び無償の公表 2 号品　→　税関長の承認（経済産業大臣から権限が委任されているため）

(1)　輸入割当品目（IQ 品目）の輸入承認申請

　輸入割当品目の輸入承認申請時には，既に割当を受けた輸入割当証明書が必要となるので，承認の申請に先がけて，輸入割当を受けることが必要である。

　それではこの輸入割当の申請はどのように行われるのだろうか。

　輸入割当の申請と輸入承認の申請とが同時に行える場合と，先に輸入割当証明書の交付を受けてから改めて輸入承認を申請する場合とがある。

　①　**輸入割当申請と輸入承認申請とが同時にできる場合**

　　　輸入割当申請および輸入承認申請は，残存輸入制限品目である水産物および絹織物以外の品目については，「輸入（承認・割当）申請書」の書式が，一枚の書式で輸入割当申請書と輸入承認申請書とを兼ねているので，同時に行うことができる。

　　　すなわち「輸入（承認・割当）申請書」2 通を経済産業省に提出すると，輸入割当証明書の発行を受けることなくそのまま同時に輸入承認が受けられ，2 通のうち 1 通に輸入の承認印が押されて申請者に返却される。

　②　**輸入割当を受けた後改めて輸入承認申請を行う場合**

　　　輸入承認の申請先が輸入割当の申請先と異なる場合には，割当と承認の申請を同時に行うことができない。水産物については「輸入発表」にしたがって，輸入承認に先がけて輸入割当の申請をしなければならない。

　　　「輸入（承認・割当）申請書」の「割当」に○印をして 3 通を経済産業省に提出する。輸入割当が認められると，割当数量（金額のこともある）が記載されて，うち 1 通が「輸入割当証明書」として申請者に返却される。

【図表11－4】　輸入割当の取得と輸入通関の流れ

輸入割当申請　→　輸入割当証明書　→　輸入承認申請　→　輸入の承認　→　輸入申告　→　輸入許可

　たとえば無償で輸入する輸入割当品目の輸入承認申請先は，前述した通り税関であり，この場合は輸入割当証明書の添付が必要である。

⑵　**公表２号品および２の２号品の輸入承認申請**

　「輸入（承認・割当）申請書」２通を所定の提出先に提出し，承認されたときはその旨が記入されて，１通が**輸入承認書**として申請者に交付される。

　申請先は品目により分かれており，また無償の公表２号品の輸入承認申請先は税関である。

6　輸入承認書の期間延長

　輸入承認書の有効期間は承認をした日から６ヵ月なので，税関への輸入申告はこの承認書の有効期間内に受理されなければならない。６ヵ月以内に貨物が到着することが不可能な場合は，輸入承認書の延長手続をとることになる。

7　輸入承認の例外（輸入自由品）

　本来輸入の承認が必要なケースでも，輸出承認の場合と同様に承認が不要となるケースがある。承認が不要となるということは，つまり輸入の管理の規制がはずされるということで，輸入令第14条にその対象となる貨物が規定されている。輸入の管理の適用が除外されるこれらの貨物を「**輸入自由品**」または「**特例扱い**」と呼んでおり，主に次のようなものがある（輸入公表品目については，②以外は輸入承認要）。

　①　総価額500万円以下の貨物
　②　輸入割当品で18万円以下の無償の貨物
　　　（これ以外の輸入公表品は特例扱いとならない）
　③　無償の商品見本，または宣伝物

【図表11－5】 輸入（承認・割当）申請書（輸入割当を申請する場合）

❶

別　表
T 2010

| 根拠法規 | 輸 入 貿 易 管 理 規 則 |
| 主務官庁 | 経 済 産 業 省 |

輸入（承認・割当）申請書

申請者名 ＿＿＿＿＿＿＿＿＿＿＿＿＿＿＿＿＿　記名押印
又は署名 ＿＿＿＿＿＿＿＿＿＿＿＿＿＿

住　所 ＿＿＿＿＿＿＿＿＿＿＿＿＿＿＿＿＿　資　格 ＿＿＿＿＿＿＿＿＿＿＿＿＿＿＿

電話番号 ＿＿＿＿＿＿＿＿＿＿＿＿＿＿＿＿　申請年月日 ＿＿＿＿＿＿＿＿＿＿＿＿＿

次の〔△輸入の承認を輸入貿易管理令第4条第1項〕の規定に基づき申請します。
　　　〔△輸入割当てを輸入貿易管理令第9条第1項〕

I　申請の明細

1 関税率表の 番号等	2 商　品　名	3 型及び銘柄	4 原　産　地	5 船積地域 （船積港）	数量及び単位（金額）
❷	**❸**		**❹**	**❺**	**❻**
					総額（US＄）
備　　考					

II　輸入割当て

※割当数量及び単位（割当額）　**Ⓐ**	※証明書番号 ＿＿＿＿＿＿＿＿＿＿　**Ⓑ** ※期間満了日 ＿＿＿＿＿＿＿＿＿＿

Ⓒ

※経済産業大臣の条件の付与又は特別の有効期間の設定

上記「I申請の明細」欄中 | 1 | 2 | | | | の記載事項は、経済産業大臣の承認を受けなければ変更することができない。

III　輸入の承認

輸入割当証明書の日付及び番号

※承認番号 ＿＿＿＿＿＿＿＿＿＿＿＿＿＿　※延長後有効期間満了日 ＿＿＿＿＿＿＿＿＿

※有効期間満了日 ＿＿＿＿＿＿＿＿＿＿＿　　　　　　　　　　　　　　　＿＿＿＿＿＿＿＿＿

※上記Iの輸入は、輸入貿易管理令第4条第1項の規定に基づき

| 承認する。 |
| 承認しない。 |
| 次の条件を付して承認する。 |

※条　　件

経済産業大臣の記名押印（輸入割当て）　　　　　経済産業大臣又は税関長の記名押印（輸入の承認）

日　付 ＿＿＿＿＿＿＿＿＿＿＿＿＿＿　　　　　日　付 ＿＿＿＿＿＿＿＿＿＿＿＿＿＿

資　格 ＿＿＿＿＿＿＿＿＿＿＿＿＿＿　　　　　資　格 ＿＿＿＿＿＿＿＿＿＿＿＿＿＿

記名押印 ＿＿＿＿＿＿＿＿＿＿＿＿＿＿　　　　記名押印 ＿＿＿＿＿＿＿＿＿＿＿＿＿

Ⓓ

輸入（承認・割当）申請書の記載事項（輸入割当を申請する場合）

1．この申請書は，輸入割当のための申請と輸入承認の申請とが同時にできる形式になっている。

2．輸入割当品目（IQ品目）の貨物を輸入する場合，**❶**〜**❻**の記載が必要である。

3．経済産業省が**Ⓐ**〜**Ⓓ**を記入するとそれがそのまま輸入割当証明書になる。

4．**Ⓐ**欄が輸入者に許可された割当分である。

5．下記，裏面の**Ⓔ**が輸入割当品目に係る経済産業大臣の輸入承認である。

輸入（承認・割当）申請書の裏面

（裏　面）

Ⓔ　1　※輸入承認状況（輸入割当て関係）

	輸入の承認を受けた日	輸入承認に係る数量（金額）	未承認数量（金額）	経済産業省又は税関の記名押印
1				
2				
3				
4				
5				
6				
7				

2　※通　関（輸入承認関係）

税関申告番号及び申告年月日	商　品　名	送状数量	送状金額	通関数量	通関金額	許可又は承認月日及び税関押印

【図表11－6】 輸入（承認・割当）申請書（輸入承認を申請する場合）

❶

別　表
T2010

根拠法規	輸 入 貿 易 管 理 規 則
主務官庁	経 済 産 業 省

輸入（承認・割当）申請書

申請者名 ＿＿＿＿＿＿＿＿＿＿＿＿＿＿＿＿＿

記名押印
又は署名 ＿＿＿＿＿＿＿＿＿＿＿＿＿＿

住　所 ＿＿＿＿＿＿＿＿＿＿＿＿＿＿＿＿＿

資　格 ＿＿＿＿＿＿＿＿＿＿＿＿＿＿

電話番号 ＿＿＿＿＿＿＿＿＿＿＿＿＿＿＿＿

申請年月日 ＿＿＿＿＿＿＿＿＿＿＿＿

次の〔△輸入の承認を輸入貿易管理令第4条第1項　△輸入割当てを輸入貿易管理令第9条第1項〕の規定に基づき申請します。

I　申請の明細

1 関税率表の番号等	2 商 品 名	3 型及び銘柄	4 原 産 地	5 船積地域（船積港）	数量及び単位（金額）
❷	**❸**			**❹**	
					総額（US＄）
備　　考				**❺**	

II　輸入割当て

※割当数量及び単位（割当額）	※証明書番号 ＿＿＿＿＿＿＿＿
	※期間満了日 ＿＿＿＿＿＿＿＿

※経済産業大臣の条件の付与又は特別の有効期間の設定

上記「I申請の明細」欄中 [1] [2] [ ] [ ] の記載事項は、経済産業大臣の承認を受けなければ変更することができない。

III　輸入の承認

輸入割当証明書の日付及び番号　**❻**

Ⓐ

※承 認 番 号 ＿＿＿＿＿＿＿＿＿　　　　※延長後有効期間満了日 ＿＿＿＿＿＿＿

※有効期間満了日 ＿＿＿＿＿＿＿＿＿　　　　　　　　　　　　　＿＿＿＿＿＿＿

※上記Iの輸入は、輸入貿易管理令第4条第1項の規定に基づき

承認する。
承認しない。
次の条件を付して承認する。

Ⓑ

※条　　件

経済産業大臣の記名押印（輸入割当て）

日　付 ＿＿＿＿＿＿＿＿＿＿＿＿

資　格 ＿＿＿＿＿＿＿＿＿＿＿＿

記名押印 ＿＿＿＿＿＿＿＿＿＿＿

経済産業大臣又は税関長の記名押印（輸入の承認）

日　付 ＿＿＿＿＿＿＿＿＿＿＿＿

資　格 ＿＿＿＿＿＿＿＿＿＿＿＿

記名押印 ＿＿＿＿＿＿＿＿＿＿＿

輸入（承認・割当）申請書（輸入承認を申請する場合）の記載事項

※　輸入の承認が必要な貨物の場合，経済産業省などに提出する。

※　経済産業省が❶❷を記入すると，それがそのまま輸入承認書になる。

〔輸入者記入欄〕

❶　申請者（輸入者）

❷　関税率表上の商品の番号

❸　商品

❹　船積地域（船積港）

❺　金額

｝この部分により承認を要する貨物に刻当するかどうかをみる

❻　輸入割当貨物の場合，輸入割当証明書の番号

〔経済産業省等記入欄〕

Ⓐ　承認番号など

Ⓑ　承認の旨

Ⅲ　外為法以外の法令による許認可等

外為法以外の他法令により輸入に際し許可・承認等が必要な場合には，次のようなものがあり，それらの許認可が取得されていることを証明できる書類が必要となる。下記の表以外にも，鳥獣保護及び狩猟法，アルコール事業法，石油備蓄確保等に関する法律により規制されている。

【図表11-7】 外為法以外の他法令により必要な書類

2018年4月現在

法令名	主な品目	主管省庁課	税関確認書類
輸入貿易管理令	輸入割当（にしん，帆立貝，のり等） 承認（北朝鮮産品（全品目），鯨，ダイヤモンド等） 事前確認（冷凍くろまぐろ等） 通関時確認（生鮮くろまぐろ等） ワシントン条約該当物品（象牙等）	経済産業省貿易経済協力局 貿易管理部貿易管理課	輸入承認証等
鳥獣の保護及び管理並びに狩猟の適正化に関する法律	鳥，獣及びそれらの加工品等	環境省自然環境局野生生物課	輸出許可証明書等
銃砲刀剣類所持等取締法	銃砲・刀剣類	警察庁生活安全局保安課	銃砲（刀剣類）所持許可証等
印紙等模造取締法	印紙に紛らわしい外観を有する物	国税庁課税部課税総括課消費税室	輸入許可書
大麻取締法	大麻草及びその製品	厚生労働省医薬・生活衛生局監視指導・麻薬対策課	大麻輸入許可書
毒物及び劇物取締法	毒物，劇物	厚生労働省医薬・生活衛生局審査管理課	毒物劇物輸入業登録票等
覚せい剤取締法	覚せい剤，覚せい剤原料	厚生労働省医薬・生活衛生局監視指導・麻薬対策課	覚せい剤原料輸入許可書等
麻薬及び向精神薬取締法	麻薬，向精神薬，麻薬等原料	厚生労働省医薬・生活衛生局監視指導・麻薬対策課	麻薬輸入許可書等
あへん法	あへん，けしがら	厚生労働省医薬・生活衛生局監視指導・麻薬対策課	あへん輸入委託証明書等
医薬品，医療機器等の品質，有効性及び安全性の確保等に関する法律	医薬品，医薬部外品，化粧品，医療機器 動物用医薬品，同医薬部外品，同医療機器等，指定薬物	厚生労働省医薬・生活衛生局監視指導・麻薬対策課 農林水産省消費・安全局畜水産安全管理課	製造販売承認書等 動物用医薬品製造販売業許可証等 輸入指定薬物用途誓約書
肥料取締法	肥料	農林水産省消費・安全局農産安全管理課	登録証等
水産資源保護法	こい，きんぎょその他のふな属魚類等	農林水産省消費・安全局畜水産安全課	輸入許可証
砂糖及びでん粉の価格調整に関する法律	粗糖，精製糖，でん粉等	農林水産省政策統括官付地域作物課	義務売渡しに係る指定糖，指定でん粉の買入れ及び売戻し承諾書
畜産経営の安定に関する法律	バター，脱脂粉乳，れん乳，ミルク，クリーム，バターミルクパウダー等	農林水産省生産局畜産部牛乳乳製品課	指定乳製品等輸入業務委託証明書等
主要食糧の需給及び価格の安定に関する法律	米穀，小麦，メスリン，大麦，裸麦，ライ小麦及びこれらの粉等	農林水産省政策統括官付貿易業務課	納付金の領収証書等
火薬類取締法	火薬，爆薬，火工品（導火線等）	経済産業省原子力安全・保安院保安課	火薬類輸入許可書
化学物質の審査及び製造等の規制に関する法律	化学物質等	経済産業省製造産業局化学物質管理課	輸入許可書等
郵便切手類模造等取締法	郵便切手に紛らわしい外観を有する物	総務省情報流通行政局郵政行政部郵便課	郵便切手類模造等許可書
アルコール事業法	アルコール分90度以上のアルコール	経済産業省製造産業局化学課アルコール室	輸入事業許可書の写し等
石油の備蓄の確保等に関する法律	原油，揮発油，灯油，軽油及び重油	資源エネルギー庁資源・燃料部石油精製備蓄課	石油輸入業者登録通知書の写し
農薬取締法	農薬	農林水産省消費・安全局農産安全管理課	登録票，農薬輸入願
特定外来生物による生態系等に係る被害の防止に関する法律	ブラックバス，カミツキガメ等	環境省自然環境局野生生物課	飼養等許可証 種類名証明書
感染症の予防及び感染症の患者に対する医療に関する法律	エボラウイルス，炭疽菌，ボツリヌス毒素等／サル，タヌキ，ハクビシン，プレーリードッグ等陸生哺乳類，鳥類等	厚生労働省健康局結核感染症課／厚生労働省健康局結核感染症課　農林水産省消費・安全局動物衛生課	輸入検査証明書 届出受理証
労働安全衛生法	有害物等（石綿等）	厚生労働省労働基準局安全衛生部化学物質対策課	製造等禁止物質輸入許可証等
食品衛生法	すべての飲食物，添加物，食器，容器包装，おもちゃ	厚生労働省医薬・生活衛生局食品安全部企画情報課検疫所業務管理室	食品等輸入届出書等
植物防疫法	顕花植物，有害植物，有害動物等	農林水産省消費・安全局植物防疫課	植物検査合格証等
狂犬病予防法	犬，猫，あらいぐま，きつね，スカンク	農林水産省消費・安全局動物衛生課	狂犬病予防法に基づく動物の輸入検疫証明書等
家畜伝染病予防法	馬，鶏，あひる，みつばち，ソーセージ，ハム，ベーコン等	農林水産省消費・安全局動物衛生課	輸入検疫証明書等
高圧ガス保安法	圧縮ガス，液化ガス	経済産業省原子力安全・保安院保安課	輸入高圧ガス検査合格証

【図表11-8】 食品等輸入届出書

食品等輸入届出書

厚生労働大臣　殿

輸入者の氏名及び住所（法人にあっては、その名称及び所在地）

届出・受付・番号	※1		氏　名	印
届　出　種　別	事　前　・　計　画　輸　入		住　所	
輸　入　者　コ　ー　ド			（電話番号）	
生産国・コード			輸入食品衛生管理者登録番号	
製造者名又は輸出者名、住所・コード ※2				
製造所名又は包装者名、住所・コード ※3				

積込港・コード		積込年月日	年　　月　　日
積卸港：コード		到着年月日	年　　月　　日
保管倉庫・コード		搬入年月日	年　　月　　日
		届出年月日	年　　月　　日
貨物の記号及び番号		事故の有無及びある場合その概要	無　・　有
船舶又は航空機の名称又は便名		提出者・コード	

1　貨物の別	食品・添加物・器具・容器包装・おもちゃ	継続	Y・N	衛生証明書番号	
品　目　コ　ー　ド				貨物が加工食品であるときは原材料・コード	
品　　　名					
積　込　数　量				貨物が器具、容器包装又はおもちゃであるときはその材質・コード	
積　込　重　量	kg				
用　途　・　コード				貨物が添加物を含む食品の場合当該添加物の品名・コード ※4	
包装種類・コード				貨物が添加物製剤の場合その成分・コード（いずれの場合も着香の目的で使用されるものを除く） ※4	
登　録　番　号　1					
登　録　番　号　2					
登　録　番　号　3					
貨物が加工食品であるときは製造又は加工方法・コード					
備　　　考				届出済印	

<注意>
※1の欄は、記入しないで下さい。
※2については、貨物が「加工食品」、「添加物」、「器具」、「容器包装」又は「おもちゃ」の場合はその製造者名を記入し、「加工食品以外の食品」の場合はその輸出者名を記入して下さい。
※3については、貨物が「加工食品」、「添加物」、「器具」、「容器包装」又は「おもちゃ」の場合はその製造所名を記入し、「加工食品以外の食品」の場合で、かつ、包装されている場合はその包装者名を記入して下さい。
※4の欄中、貨物が食品の場合の添加物の品名については、一般に食品として飲食に供されている物であって、添加物として使用されるものは規格基準が定められているものに限り、貨物が添加物製剤の場合の成分については、一般に食品として飲食に供されている物を除きます。輸入者の記名押印については、署名により代えることができます。

3. 輸入代金決済

海上貨物の場合には，通常銀行経由の荷為替手形と船積書類
が先に到着し，輸入者がその手形を決済するか，引き受ける
かすると，貨物の引取りに必要な船積書類が交付されること
になる。
ここではその基本的なしくみのほかに，輸入金融についても
みていくことにしよう。

 荷為替手形による決済

　輸入代金の決済方法は，第9章で学んだように，**「荷為替手形による方法」**と
「送金による方法」に大別することができる。前者はさらに，**「信用状取引」**と
「信用状を用いない取引」とに分けることができる。これをまとめてみると，次
のようになる。

【図表11−9】　輸入代金の決済方法

⑴　一覧払手形の場合

　信用状取引であっても，D／P手形の場合であっても，輸出者が発行した一覧
払（At Sight）手形が銀行に届くと，銀行は輸入者に船積書類の到着通知をする
とともに手形の支払いを要求してくる。輸入者は直ちに手形を決済しなければな
らず，決済すると船積書類が輸入者に引き渡される。

(2) 期限付手形の場合

　期限付手形の場合には，輸入者は手形の到着時には手形を引き受けるだけでよく，引受けにより船積書類が銀行から交付される。

　引受け（Acceptance）とは，銀行が輸入者に手形の到着を通知し，手形が輸入者に呈示された時，輸入者が通知書に添付されたインボイスを契約内容と照合し，問題がなければ手形の期日に決済する旨の意思表示をすることをいう。具体的には，手形面に引受けを明示し，署名する。

```
Accepted on April 18, 20XX
Due on June 17, 20XX
        Import Co., LTD
        signature
```

　手形の代金は手形の期日に支払えばよいので，輸入者は先に貨物を引き取ってこれを売却し，その売却代金を手形の決済にあてることができる。

Ⅱ　送金による決済

　送金は，輸入者が輸出者に直接行う。送金の場合には，信用状取引のように銀行による代金の立替払いというものがないので，「前払送金」かあるいは「後払送金」となる。

　銀行に行って，「外国送金依頼書」を記入し，送金手続を行う。

4. 輸入金融

輸入者が商品代金を支払う場合，まず商品を国内で売却し，売却代金が入ってから代金を支払う方が輸入者にとっては望ましい。

そこで，通常は代金の支払いを猶予してもらったり，代金支払いにかかる融資を受けたりすることになる。これらをまとめて「輸入金融」という。

ここでは，輸入金融の種類としくみ，手続についてみていこう。

輸入ユーザンス（支払猶予）

　信用状決済で手形が一覧払手形であれば，通常輸入者はすぐに手形代金を支払わなければならない。しかしまだ貨物を引き取っていないので，貨物の売却益を得る前にその代金を支払うには，経済的な余裕が必要になる。そこで通常は銀行から融資を受ける（支払いを待ってもらうことも含む）のが一般的である。

　このように輸入者に対する輸入代金の融資，あるいは代金決済に一定の猶予を与えることを，「輸入金融」という。「輸入金融」は，輸入者の代金決済を猶予する**「輸入ユーザンス（支払猶予）」**と，**輸入代金の融資**をする「輸入跳ね返り金融」とに分けることができる。

　ユーザンスはさらに，だれが支払猶予するかによって，**「銀行ユーザンス」**と**「シッパーズ・ユーザンス」**とに大別できる。ユーザンスには次の図表11 − 10のような種類がある。

【図表11－10】 輸入ユーザンスの方式と形態

ユーザンス方式		ユーザンス供与の主体	信用状の有無	輸入為替の形態
銀行ユーザンス	本邦ローン（自行ユーザンス）	輸入地銀行 ①信用状発行銀行 ②取立銀行	①信用状つき ②信用状なし	①一覧払手形 ②通常，一覧払手形
	外銀ユーザンス（アクセプタンス方式）	輸出地銀行 （引受け・割引銀行） ＝ （本邦為銀のコ ルレス先銀行）	信用状つき	期限付手形 （振出人＝輸出者 支払人＝引受け・ 　　　　割引銀行）
シッパーズ・ユーザンス		輸出者	信用状なし	①期限付手形 ②後払送金

注：外銀ユーザンス（アクセプタンス方式）は，現在ほとんど利用されていない。

1 本邦ローン（自行ユーザンス）

　銀行ユーザンスのうちよく利用されるものに「本邦ローン」がある。そのしくみと手続をみてみよう。

　輸出者が出荷した貨物の代金として振り出してきた一覧払手形に対して，輸入者は通常ならすぐに手形代金を支払わなければならない。しかしまだ貨物は引き取っていないのであるから，その売却益は入ってきておらず，そのときすぐに手形代金を支払うには経済的な余裕が必要になる。

　そこで通常は，銀行に手形代金の支払いを待ってもらうことになる。銀行は手形条件通り，一覧払いで輸出地銀行に代金を立替払いし，輸入者の手形決済は支払猶予する。つまり輸入者が実際に手形代金を決済するまで，既に対外的には支払いを終えている銀行が，融資しているのと同じことになる。銀行は対外的に決済を終えていて，この支払猶予は単に銀行と輸入者との間だけのローンということになるので，国内ローン，つまり「**本邦ローン**」と呼ばれる。

　この場合，まだ輸入代金の決済が終了していないので貨物は銀行の担保物となり，輸入者はこの貨物を銀行から貸し渡してもらって引き取ることになる。そしてこの貨物を売却して，その売却代金で手形を決済するのである。

　本邦ローンを受けるには輸入者は，貨物を銀行から借り受けるための契約書である「**輸入担保荷物保管証（T／R＝Trust Receipt）**」と，債権証書としての外貨建約束手形を銀行に差し入れて，貸渡しを受けていることを明確にする。

【図表11−11】 輸入担保荷物保管証

<table>
<tr><td colspan="4" align="center">輸入担保荷物保管証（丙号）</td><td>航空貨物用</td><td>収入印紙</td></tr>
</table>

輸入担保荷物保管証（丙号）　航空貨物用　　収入印紙（２００円）

株式会社　　　　　　殿　　　　　　　　年　月　日　平成 12 現在

本人　　住所
　　　　氏名　　　　　　　　　　　　　　　　　お届出印

本人と連帯して本契約上の債務の責に任じ貴行に対しいささかもご迷惑ご損失をお掛けいたしません

連帯保証人　住所
　　　　　　氏名　　　　　　　　　　　　　　実印

信用状明細	金　額		概　要	
	発行年月日	年　月　日		
	種類・番号			
AIR WAYBILL	No.	発行日	航空会社	
手形	番号		金額	倉庫
	期日			
商品明細	商品名	‥‥‥‥‥‥‥‥‥‥‥‥‥‥ 荷印荷番号		
	数量	‥‥‥‥‥‥‥‥‥‥‥‥‥‥		
	単価	‥‥‥‥‥‥‥‥‥‥‥‥‥‥		
	価格	‥‥‥‥‥‥‥‥‥‥‥‥‥‥		
	積出空港	‥‥‥‥‥‥‥‥‥‥‥‥‥‥		
	到着空港	‥‥‥‥‥‥‥‥‥‥‥‥‥‥		
	荷物到着（予定）日	‥‥‥‥‥‥‥‥‥‥‥‥‥‥		

上記の荷物は上記信用状に基づき、貴行の為替取引銀行である　　　　　　　　　　において買い取られた
　　　　　　　　　　　　　振出
諸証書に基き、貴行が振出し　において支払を引受けるべき為替手形または　が振出し貴行に差し入れるべき約束手形
による支払に対する担保として貴行のご所有に係るものに相違ありません。については上記荷物はすでに到着しましたが、当該為
替手形もしくは諸証書およびこれらに付属する書類が未着のため、今般　において貴行のため上記担保荷物を保管または処
分することをご承諾をいただきました。これに関しては　において下記条項を確約履行し、決して貴行にご迷惑、
ご損失をお掛けいたしません。

1. 該為替手形の支払人が私当社である場合にはご呈示ありしだいただちにこれを引受け期日に遅滞なくお支払うこと。また支払
　人が貴行である場合もしくは上記諸証書に基き私当社が貴行に手形を差し入れる場合には、貴行に対して該手形の支払期日
　までに間違いなく手形金額利息ならびに付随諸費用をお支払いいたすこと。
2. 上記付属荷物で私当社保管中のものは上記為替手形または約束手形の支払未了まで貴行をその書類または荷物の所有主と
　認めること。
3. 上記荷物の陸揚、通関、倉入、付保および売却についてはすべて私当社は貴行の代理人としてこれを取り扱い、荷物売却
　の場合にはその売上代金をただちに貴行へ払い込むこと。
4. 上記荷物の輸入税およびその他の公課はもちろん、陸揚、通関、運搬、倉入、付保、売却などに要する諸費用はいっ
　さい私当社において負担すること。
5. 私当社が貴行の勘定において上記荷物を売却いたしました場合には書類による貴行のご承認を得なければ買主に対して信用
　貸はいたさぬこと。
　なお、上記荷物の引渡し代金受取の方法その他売却に関する事項は即時貴行にご通知申しあげること。
6. 私当社は上記荷物の引渡しは現金払を原則いたしますが、もし手形などを受け取るような場合には荷物引渡し前にまずその
　手形関係人名を貴行にご通知し貴行のご承諾を得ることとし、かくして受け取りました手形なども遅滞なく貴行へお渡しい
　たすこと。
　貴行が上記手形などを期日において取り立てられるかあるいはあらかじめ割り引きされるかまたは私当社にご返戻のうえ私当社に
　その処分をご委託されるかはまったく貴行のご随意であること。
7. 貴行のご承諾を得て上記荷物を私当社所有の倉庫に倉入れする場合は他の荷物と判然区劃を立て、貴行のため特に設備し
　た場所に保管しいつでも貴行において単独または他の関係人と共同でご検査されても異議ないことはもちろん貴行のご都合
　によりご請求ありしだいいつでも貴行にご返戻申しあげること。
　なお上記荷物を私当社所有以外の倉庫に寄託する場合は貴行のご指定に従うこと。
8. 上記荷物について生じた傷害損失についてはすべて私当社において賠償の責に任ずることはもちろん、前記または前記以外
　の事由により貴行が担保に不足を生じたものと認められた場合には貴行のご請求通り保証金、代り担保もしくは増担保を差し
　入れること。
9. 上記荷物の火災保険その他必要な損害保険いっさいは保険価額の最高額まで付保し、保険金は保険会社より直接貴行へ
　お支払いたすようあらかじめ保険会社と契約いたすこと。
10. 本証に記載なき事項についてはさきに貴行へ差し入れました商業信用状約定書の規定を確守いたすこと。

以　上

T/R日付	番号 T/R−	証印者	担当者

2 シッパーズ・ユーザンス

　輸入代金決済について銀行の信用を利用しないで，輸出者が直接輸入者に代金決済の支払猶予（ユーザンス）を与える方法を「**シッパーズ・ユーザンス**」という。シッパーズ・ユーザンスには，D／A手形による輸出者からの支払猶予と，後払い送金の許容とがある。

　D／A手形（Documents against Acceptance　引受時書類渡し）の場合には，輸入者は輸出者の振り出した期限付手形を，一覧した時には決済せず，これを引き受けるだけで船積書類の引渡しを受けることができる。船積書類により輸入者は，代金決済前に貨物の引渡しを受けることができることになり，その貨物を売却した代金で後日手形の期日に手形を決済する。

　後払い送金の場合も，輸出者は貨物を出荷しているにもかかわらず，代金は後から送金されるので，輸出者が代金回収のリスクを負っていることになる。したがってこの場合も，銀行の信用を利用しないで，輸出者が支払猶予を与えていることになり，シッパーズ・ユーザンスとなる。後払い送金の場合には，船積書類は輸出者から輸入者あてに直送される。

　なお，同じ期限付手形でも信用状取引の場合には，信用状発行銀行による支払確約があるので，銀行の信用を利用しないシッパーズ・ユーザンスとはならない。

【図表11-12】　D／A手形による輸入代金決済

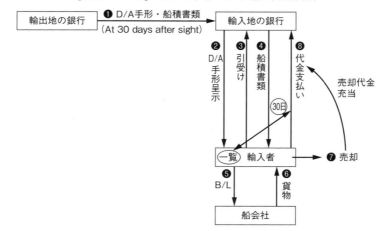

融資制度

　輸入代金の融資をするものに，**輸入跳ね返り金融**がある。輸入跳ね返り金融とは，本邦ローンや期限付手形の場合で，ローン期日やユーザンス手形期日までに輸入者からの代金の回収ができなかったり，支払いができない場合に，代金の回収ができるまでの間，円による金融を行うことをいい，いわゆる「つなぎ融資」のことである。

5. 海貨業者への荷受け・通関手続依頼

> 輸入者は輸出者の振り出した手形を決済するか引き受けるかして，船積書類を入手したら，通関と貨物の引取りの作業を海貨業者（乙仲）に依頼することになる。
> ここでは，海貨業者にどのように業務が依頼され，貨物が引き取られるのかについて，その全体の流れをみていこう。

輸入通関のしくみ

1 貨物の保税地域への搬入

　外国から到着した貨物を輸入通関するためには，税関へ輸入申告する前に，まず貨物を「保税地域」へ搬入しなければならない。

　保税地域は輸入貨物の審査や検査を行うために，税関が指定し，管理している地域のことである。輸入貨物を保税地域に搬入すると同時に，税関に輸入申告手続を行い，輸入許可がおりると通関は完了する。

　通常，海貨業者（乙仲）などの所有する営業倉庫は，その一部が保税地域としての許可を受けている。輸入商社は，問屋などとの貨物受渡し場所の多くを，これらの保税地域に指定している。

　保税とは，関税（Customs Duties）賦課を留保するという意味で，保税地域にある間は関税は保留の状態になっている。したがって，この地域から搬出するときは，原則として**関税**を支払わなければならないが，日本では輸出について関税は課せられていないので，関税は全て輸入関税となる。

2 輸入（納税）申告書の提出

　貨物を保税地域に搬入した後，海貨業者（通関業者の免許も併せ持つ海貨業者）はNACCS（第10章「6. 海貨業者への通関・船積み手続依頼」Ⅷ－2）により輸入申告を行うが，「**輸入（納税）申告書**」を作成し，税関に輸入申告する

こともできる。

この「輸入（納税）申告（書）」は，「輸入申告（書）」であるとともに，納付する関税額および内国消費税額を申告する「納税申告（書）」も兼ねている。これは，関税について①特例輸入申告制度（後記「7．輸入通関と関税」Ⅱ参照）を利用する場合，および②関税の納期限の延長を受ける場合以外は，関税を納付しないと輸入の許可が受けられないことになっているためである。

輸入申告はCIF価格をベースとして行われ，CIF価格算出のために輸入申告書には，原則として仕入書（インボイス）を添付する。

また，納税申告を行うにあたり，仕入書から納税額の計算をすることが不可能な場合は，運賃明細書，保険料明細書，価格表等を添付したり，その他必要に応じて，原産地証明書や関税割当証明書等を添付する。

なお，輸入（納税）申告は輸出の場合と同様，現在ではほとんどの申告はNACCSを利用して行われている。

3　輸入申告の特例

⑴　旅客や乗組員の携帯品の場合

輸入申告に際しては輸入申告書を税関に提出するのが原則であるが，旅客や乗組員の携帯品の場合は，輸入申告を口頭で行うことができる。

⑵　輸入申告が申告書以外のものでできる場合

次に掲げる場合は，輸入申告は申告書以外のもので代用できる。

- ・コンテナ条約により，関税の免除を受けて輸入したコンテナは，「積卸しコンテナー一覧表」を税関長に提出した場合，申告とみなされる
- ・ATMカルネ（通関手帳）により，一時輸入される商品見本等は通関手帳で申告可
- ・「自家用自動車の一時輸入に関する通関条約」にもとづき，免税輸入される自家用自動車やその修理用部品については，通関手帳で申告可
- ・課税価格が1品目20万円以下の場合は，航空運送状（Air Waybill）や仕入書によって申告可（輸入貿易管理令により輸入承認が必要な場合，関税の減免を受ける場合を除く）

4 税関による書類の審査・貨物の検査

　税関長は，申告情報または書類を審査し，輸入貨物が法令上適格かどうか，納付すべき関税，内国消費税等の申告額が正しいかどうかなどを確認し，また，申告内容と貨物が一致しているかどうかを必要に応じて検査する。

5 輸入の許可

　税関長は，審査・検査の結果問題がなく，納付すべき税額が納付されているかまたは納期限延長手続がとられていることが確認されると，申告者に対し，輸入許可書（Import Permit = IP）を交付する。

　この後，輸入者は，輸入貨物を保税地域から搬出することができる。

【図表11 − 13】　原則的な輸入通関の流れ

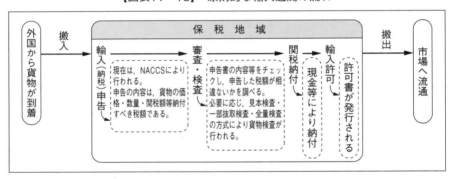

輸入作業依頼書の作成

　到着貨物の荷主である輸入者は，その貨物の通関，荷受作業について，輸出のときと同様，**海貨業者（乙仲）**に依頼する。このときの作業依頼書は所定の書式はなく，海貨業者あるいは荷主が独自に作成し，書式の名称もさまざまであるが，おおむね次のような内容を記載する。

　海貨業者には通関・荷受けの手続を代行してもらうので，その手続に必要な次のような書類もあわせて渡すことになる。

① 　B／L または L／G（後記Ⅲ参照），航空貨物の場合にはリリース・オーダー

② 　仕入書（インボイス）

③ 　国内法許認可関係書類

　国内法によって輸入に際し許可や承認等が必要な場合には，通関に先立って取得したそれらの書類の提出が必要になる。

・輸入承認証（I／L = Import License）

・検査証

・許可証　など

④ 　その他

　税関が関税額などの適否を審査するために必要な書類などを要求することがある。

・注文書

・カタログ

・運賃証明書（Freight Debit Note）（輸入者が運送を手配する条件の場合）

・保険料証明書（Insurance Debit Note）（輸入者が保険を手配する条件の場合）

・原産地証明書（関税の軽減に必要な場合）

【図表11-14】 輸入作業依頼書書式例

輸入受渡作業依頼書 No.＿＿＿＿＿＿ 年　　月　　日

＿＿＿＿＿＿＿＿＿　御中

（担当者）　　　　　　　　　　　　　（責任者印）

船 名	（船社名）　　　　　TEL　　　　　）	月　日 入 徳 予 定

B/L No.	積 地	揚 地

品 名	数 量	荷 姿	荷 印

（Freight Ton：　　　　）

作業指示内容

延 渠 地

関 係 法 令：□ 食 品　□ 植 物　□ 家 畜　□ 薬 事　□（　　　　　　　）

通関

通関官署名	税関	□ 即 納	□ 個別納税（□ 個別担保、□ 解 説担保）	□ 保税搬
関税（及消費税以外の内国消費税）		□ 包括納税		□ 減免税適用
輸入統計品目番号		担保預り証番号又は包括承認番号		□ 特恵適用
関税率　　（及　　　　）				□ 輸入許可前引取（
消費税		□ 一 納	□ 個別納税（□ 個別担保、□ 解 説担保）	□ 個別担保、
		□ 包括納税		□ 解説担保）
		担保預り証番号又は包括承認番号		

評価申告（申告書提出要の場合は個別・包括の何れかにもマークする）
□ 内容裏明書に記載すべき待酬事項がないため評価申告書提出不要　　　評価額
□ 評価申告書 I　□ 個　別、□ 包 括　　□ 評価申告書 II　□ 個 別、□ 包 括　包括No.

条件

仕入	□ F O B　□ C & F　□ C I F　□（　　）	輸入倉庫：
税	□ Berth Terms　□ 総 揚　□ 自 取（□ C Y　□ C F S）　□ F O（	）
引渡	□ On Board　□ 倉 床（仕入・倉出）　□ 指定場所待機　□（	）

納入先

		送 付	返還保険
		□ 元 払	□ 附保済
（連絡先）　　　　　　TEL　　　　　）		□ 着 払	□ 要附保

海上保険

保険会社：□　　　　□	
証 券 No.：	附保区間：自　　　至　　　（　　　　　経由）
附保条件：	

添 付 書 類	Original	Copy		取 得 書 類	Original	Copy
I L (No.　　　　　　）			受領印	輸入（納税）申告書（税関許可済）		
Invoice (No.　　）				輸入貨物代金の支払に関する報告書（税関締部方）		
□ B L　□ 待密原産地証明方				輸入許可前引取承認書		
（I Ins. Policy　□ Ins. Prem Note）				貨物受領書		
□ Packing List　□ Weight & Measurement List						
仕入貨物代金の支払に関する報告書						
			月　日			

Ⅲ B／Lなしでの貨物の引取り（L／G）

海上貨物は通常船荷証券（B／L）を船会社に提出して荷渡指図書（Delivery Order）を受け取り，これと引換えに貨物を引き取るが，最近は船の高速化などで近距離からの輸入の場合には，銀行経由の船積書類が着く前に，貨物が先に到着してしまうことがある。貨物の引取りに必要なB／Lはないが到着した貨物は引き取りたいという場合には，**L／G（Letter of Guarantee　保証状）**を船会社に差し入れて貨物を引き取る。この取扱いを保証状荷渡しという（「輸出L／G」については，第3章「3．信用状条件との不一致に対する対応策」(2) 参照)。

L／G（輸入L／G）とは，B／Lなしで貨物を引き取ることについて，万一船会社に損害を与えた場合には，その損害を補償する旨を約束した保証状で，輸入者の信用を補てんするために銀行が連帯保証しているものである。

L／Gで貨物を引き取るには，まず船会社からL／Gの用紙を交付してもらい，輸出者からの船積案内などによって船名や貨物の明細などがわかった時点で内容を記入し，輸入者自身が署名する。

さらにL／Gに銀行の連帯保証のサインを求めるため，輸入者は銀行に**「輸入担保荷物引取保証に対する差入証」**を，債権証書としての外貨建約束手形とともに差し入れる。

銀行に発行してもらったL／GをB／Lの代わりにして，輸入者は貨物を船会社から引き取る。後で銀行経由でB／Lが到着したら，通常通り手形を決済するか引き受けるかしてB／Lを受領し，これを船会社に提出して，預けてあったL／Gと交換するのである。

船会社から回収したL／Gは銀行に返却され，銀行はL／Gを発行してから回収までの連帯保証期間に応じて，輸入者に保証料を請求することになる。

【図表11-15】 輸入担保荷物引取保証に対する差入証

輸入担保荷物引取保証に対する差入証　　印 紙

株式会社　　銀 行 殿　　平成　年　月　日　L/G No.

	住 所	
本人	氏 名	

本人と連帯して本契約上の債務の責に任じ貴行に対しいささかもご迷惑ご損失をお掛けいたしません。

	住 所	
連帯保証人	氏 名	

信用状	金　　　額	
	発 行 年 月 日	
	番　　　号	

荷 印 荷 番 号	
品　　　名	
個　　　数	
単　　　価	
価　　　格	
保　証　先	
積　出　地	
陸　揚　地	
船荷証券番号日付	

上記荷物は上記信用状に基き貴行の為替取引銀行である　　　　　　　において買取られた
振出　　宛の為替手形もしくは上記に代え発行せられた諸証書に基き当社が振出し貴行に差入れるべき約束手形による支払に対する担保として貴行のご所有に係るものに相違ありませんが上記荷物慣込の　　　　　　　　会社所属　　　はすでに入港しましたが当該為替手形もしくは諸証書およびこれ等に付属する船積書類が未着のため上記荷物引取の便宜上同社宛当社名義の荷物保証状に貴行のご保証をお願いしましたところご承諾いただきましたについては当社において下記条項を確約履行し決して貴行にご迷惑ご損害をお掛けいたしません。
後日のため本証を差入れます。

1. 該為替手形の支払人が当社である場合にはご呈示ありしだいただちにこれを引受け期日に遅滞なくお支払いたします。また支払人が貴行である場合もしくは上記諸証書に基き当社が貴行に手形を差入れる場合には貴行に対し該手形の支払期日までに遅滞なく手形金額利息ならびに付随費用をお支払いたします。
2. 貴行の本保証債務は本差入証日付から向う　　　　　　　　　　　以内にかならず消滅するよう取計います。万一期間内に保証の解除ができない場合には貴行ご要求の保証金をご請求ありしだい貴行に差入れます。
3. 当社において該荷物の陸揚、通関、倉入、付保その他いっさいを貴行の代理人として処理いたし、受領のうえは他の荷物と判然区別して貴行のため保管いたします。
4. 当社が貴行の書面によるご承認を得て上記荷物を他に売渡したときはただちに売上代金を貴行へ払込みます。上記荷物の引渡は現金払を原則とし書面による貴行のご承認を得なければ信用売はいたしません。
5. 上記荷物の輸入税およびその他の公課はもちろん陸揚、通関、運搬、倉入、付保、売却等に要する諸費用はいっさい当社において負担します。
6. 該荷物に関して後日いかなる事故が生じても当社においてその責に任じます。
7. 上記保証によって万一貴行において船会社その他に対し損害賠償その他債務を負担せられた場合には当社においてただちにこれをお支払いたします。またこれを貴行において履行せられたときは本証に記載の荷物の価格のいかんにかかわらず実際お支払の金額諸費用およびこれに対する貴行ご所定の率による利息をただちに弁済いたします。
8. 本証に記載なき事項についてはさきに貴行へ差入れました銀行取引約定書および商業信用状約定書の規定を確守いたします。

以 上

J 2301 51.6—111

【図表11－16】　保証状（L／G）（例）

Form No. 115

KATAYAMA LINES LTD.

To the Owners and/or Agents and/or Charterers and/or Master of the S.S./M.V.

In consideration of your releasing (or delivery to us or to our order the undermentioned goods of which we claim to be the rightful owners, without production of the relevant bill(s) of lading (not as yet in our possession),

WE HEREBY undertake and agree to indemnify you fully against all consequences and/or liabilities of any kind whatsoever directly or indirectly arising from or relating to the said delivery, and immediately on demand against all payments made by you in respect of such consequences and/or liabilities, including costs between solicitor and client and all or any sums demanded by you for the defence of any proceedings brought against you by reason of the delivery aforesaid;

And we further undertake and agree upon demand to pay any freight and/or charges and/or General Average Contribution due on the goods aforesaid (it being expressly agreed and understood that all liens shall subsist and be unaffected by the terms hereof).

And we further undertake and agree that immediately the bill(s) of lading in/are received by us we will deliver the same to you duly endorsed.

Shipper	Ocean Vessel Voy. No.	Place of Receipt (Port of Landing)	Place of Delivery (Port of Discharge)	Marks & Numbers	No. of Pkgs. or Units	Kind of Packages or Units: Description of Goods

B/L No.:

Forwarding Agent:

We join in the above Indemnity and Guarantee.

INDEMNITIES WITH LIMITED
GUARANTEES OR BEARING
ANY QUALIFYING REMARKS
WHATSOEVER CANNOT BE
ACCEPTED.

Date ....

Shippers' or Consignees' Signature
....

Banker's Signature
....

Printed in Japan.

6. 貨物の引取りと書類

輸入者から貨物の引取り依頼を受けた海貨業者（乙仲）は，
船会社との間でどのような書類を取り交わしながら貨物を引
き取るのだろうか。
ここではその手続の流れと，両者で交わされる書類について
みていこう。

Ⅰ コンテナ船の場合の貨物引取り

　輸入者から通関・荷受業務を委託された海貨業者は，B／L または L／G を船
会社に呈示して「**荷渡指図書　D／O = Delivery Order)**」の交付を受ける。この
D／O は，FCL 貨物の場合にはコンテナ・ヤード（CY）オペレーターあてに，
LCL 貨物の場合にはコンテナ・フレート・ステーション（CFS）あてに発行し
てもらう。

　次に海貨業者は税関に**輸入申告（I／D = Import Declaration）**を行い，**輸入の
許可（I／P = Import Permit）**を受ける。貨物はこの間に CY に荷卸しされ，大
口貨物である FCL 貨物はそのままそこに置かれ，混載された小口貨物である
LCL 貨物は，コンテナごと CFS に運び込まれて仕分けされる。

　輸入の許可を受けた海貨業者は，D／O を CY または CFS のオペレーターに I
／P とともに提出し，貨物の引渡しを受ける。この時，貨物の状態を点検し記録
して，**デバンニング・レポート（D／R = Devanning Report）**を作成し，船会社
と荷受人が相互に署名する。FCL 貨物の場合には，コンテナ内の貨物明細であ
る「**コンテナ内積付表（CLP = Container Load Plan)**」も，貨物であるコンテナ
とともに交付される。

　荷主は，貨物が損傷を負った状態で本船から荷卸しされたり，倉庫から搬出さ
れてきた場合，必ず**リマーク（損傷状態の表記）のある書類を証拠として取り付
けるようにしなければならない。**

　コンテナ貨物のうち，貨物引取り時に貨物の状態が確認できる LCL 貨物の場
合，貨物に損傷があれば**デバンニング・レポート等の貨物受渡し書類にリマーク**

をつけてもらい，船会社や運送業者の責任を明確にすることが重要となる。必ず貨物の受領時点で外装の梱包に異状がないかを確認し，もし異状があればその状況を受渡し書類に記入してから，受渡し書類に捺印して手渡すことが大切である。

【図表11-17】 コンテナ貨物引取りの書類の流れ

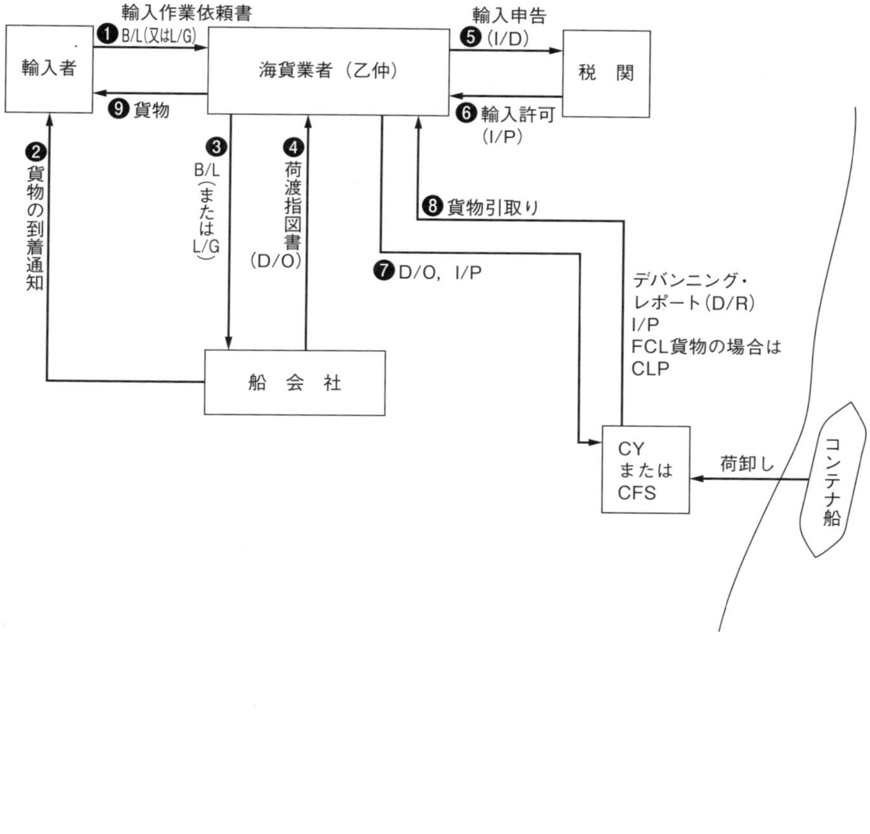

ABC SHIPPING CO., LTD.

D/O. No.

DELIVERY ORDER

DATE 26th September, 20XX

TO: KOKUSAI Unso, Ltd.

Please deliver to Messrs. The Pravatak Commercial Corporation the following cargo.

Ex. M/S. "KOUFUKU Maru" VOY. CA-61283 from Bombay

B/L No.	Marks & Numbers	Packages	Contents	Remarks
CAP. 814283	PCC Tokyo C/#1-50 Made in India	50	VTR 1,000sets	

This Delivery Order is issued subject to the remarks, conditions, and clauses of the Company's Bills of Lading, Parcel Receipt and/or Dock Receipt.

ABC Shipping Co., Ltd.

Taro Iiyama

Manager

 ## Ⅱ 在来船の場合の貨物引取り

コンテナ船の場合と同様，海貨業者は船会社にB／LまたはL／Gを提出してD／O（Delivery Order　荷渡指図書）の交付を受けるが，在来船からの荷受けには船積みのときと同様に次の二つの方法があるので，D／Oの発行先が異なってくる。

(1)　自家揚げ（Shipside Delivery）

貨物の重量が大きかったり，サイズが大きなものである場合には，荷主の責任で貨物を引き取ることになる。この場合にはD／Oは船長あてに発行され，船長にD／Oを提出して貨物を引き取り，自分で保税地域に搬入して通関手続を行う。

(2) 総揚げ（Shed Delivery）

　在来定期船の場合など，船会社によって貨物を全部一括して陸揚げする方法をいう。通常この作業は**船内荷役業者（ステベドア　Stevedore）**によって行われ，貨物はまとめて船会社が保税地域に搬入することになる。したがって，貨物の引渡しは保税地域内ということになり，D／Oも船会社の委託を受けて陸揚げを行う**ランディング・エージェント（Landing Agent　港湾運送事業法により規定されている業者）**あてに発行される。

　海貨業者は，**自家揚げ**の場合には直接本船のところまで行って，船長にD／Oを提出して貨物を引き取る。この時，荷受人である輸入者側と船会社側の双方の検数人が立ち会い，検数票を作成し，これにもとづき貨物の受取証である「**ボート・ノート（貨物受渡書）**」が作成されて，本船に提出される。この後海貨業者は貨物を保税地域に搬入して通関手続をし，保税地域から貨物を引き取ることになる。

　一方**総揚げ**の場合には，海貨業者は船会社と契約している**ランディング・エージェント**へD／Oを提出して，保税地域において貨物の引渡しを受ける。ボート・ノートは，貨物が本船からランディング・エージェント（輸入者側）に引き

【図表11‐19】　在来船貨物引取り（自家揚げ）の書類の流れ

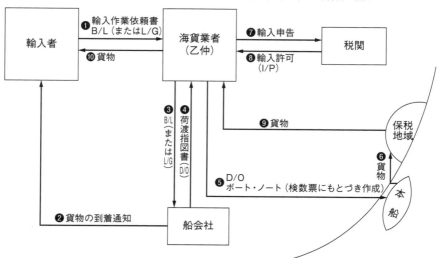

渡される際に，自家揚げの場合と同様，検数票にもとづいて作成され，本船側の確認を得ることになる。

　荷主は，貨物が損傷を負った状態で本船から荷卸しされたり，倉庫から搬出されてきた場合，必ずリマーク（**損傷状態の表記**）のあるボート・ノート（**Boat Note　貨物受渡書**）**を証拠として取り付け**，船会社や運送業者の責任を明確にすることが重要となる。貨物の受領時点で外装の梱包に異状がないかを必ず確認し，もし異状があればその状況をボート・ノートに記入してから，ボート・ノートに捺印して手渡すことが大切である。

【図表11－20】　カーゴ・ボート・ノート

CARGO BOAT NOTE				
				No. 12364
Received from M/S.　KOUFUKU			VOY. No. CA-61284	
Landing Place　Tokyo　　Hatch No.				
Place of Passage				
Boat No.　DN-31816　,　Tokyo,　　　　(Date)				

Marks & Nos.	No. of p'kgs	Style of Packing	Description	Remarks
PCC Tokyo C/#1-50 Made in India	50	Wooden Case	VTR 1,000 sets Model CRT-508	

ABC Shipping Co., Ltd.

Signature ....　Chief Officer, KOUFUKU Maru

Signature ....　KOKUSAI Unso, Ltd. Receiver

Ⅲ 航空貨物の場合

　信用状取引による航空貨物の引取りには，海上貨物の場合に船会社にB／Lを呈示したように，「**貨物引渡指図書（リリース・オーダー　Release Order)**」を航空会社（またはその代理店）に提出して荷渡指図書（D／O）を受け取ることになる。リリース・オーダーは，銀行が航空会社にあてて，その銀行を荷受人として出荷されてきている貨物を，輸入者またはその指定した通関業者に引き渡すよう指図しているものである。

　信用状取引における航空輸送貨物の場合には，銀行経由の船積書類よりも貨物が先に到着する。船積書類とともに送られてくる輸出者の手形もまだ到着していないので，輸入者が貨物を引き取ろうとするときには手形の決済あるいは引受けはまだ済んでいないことになる。そこで貨物の荷受人を銀行にし，手形の決済または引受けが済んでから輸入者に貨物を引き取る権利を譲渡するようにしている。つまり，銀行は貨物を担保にとっていることになる。

　輸入者としては，手形の決済・引受けは済んでいないものの，届いた貨物は早く引き取りたいのが普通である。そこで，まだ銀行のものである貨物を借り受ける形でリリース・オーダーを発行してもらい，貨物を引き取る。

　銀行から貨物を借り受けるために，輸入者は銀行に「**輸入担保荷物保管証（丙号）〔航空貨物用〕（AIR T/R ＝ Air Trust Receipt)**」を，債権証書としての外貨建約束手形とともに提出する。このAIR T/Rの提出により，銀行は輸入者が貨物を引き取るのに必要なリリース・オーダーを発行するのである。

　リリース・オーダーの用紙は，航空会社から荷受人である銀行に貨物の到着通知が送られてくるときに添付されている。

　輸入者は銀行の発行したリリース・オーダーを通関業者に渡して通関と貨物の引取り作業を依頼することになる。

　一方銀行経由の船積書類が後日届くことになるので，輸入者はその時点で手形の決済または引受けを行う。このとき貨物は（実際には既に引き取ってしまっているが）銀行から輸入者のものになる。

　また前記「5．海貨業者への荷受け・通関手続依頼」ⅢのB／Lなしでの貨物の引取りのときのL／Gとは異なり，AIR T/Rの場合にはリリース・オーダーの発行銀行が航空会社に対して保証債務を負うことはない。

【図表11-21】 輸入担保荷物保管証（丙号）［航空貨物用］

(AIR T/R = Air Trust Recepit)

輸入担保荷物保管証（丙号） ［航空貨物用］

						収入印紙
				年　月　日		（２００円）

株式会社　　　　　　　　殿

平成 1.2 現在

	住　所	
本　人		（お届出印）
	氏　名	

本人と連帯して本契約上の債務の責に任じ貴行に対しいささかもご迷惑ご損失をお掛けいたしません

	住　所	
連帯保証人		（実印）
	氏　名	

信用状明細	金　　額		概　要	
	発行年月日	年　月　日		
	種類・番号			

AIR WAYBILL	No.		発行日	航空会社
手形	番　号		金	倉庫
	期　日		額	

商品明細	商品名	………………………………………………	荷印荷番号
	数　　量	………………………………………………	
	単　価	………………………………………………	
	価　格	………………………………………………	
	積出空港	………………………………………………	
	到着空港	………………………………………………	
	荷物到着（予定）日		

上記の荷物は上記信用状に基き、貴行の為替取引銀行である　　　　　　　　　　　　　　　において買い取られた
振出　　　　　　　　　　　　　　あての為替手形、もしくは上記に代え発行せられた
諸証書に基き、貴行が振出し 私（当社）において支払を受けるべき為替手形または 私（当社）が振出し貴行に差し入れるべき約束手形
による支払に対する担保として貴行のご所有に係るものに相違ありません。 ついては上記荷物はすでに到着しましたが、当該為
替手形もしくは諸証書およびこれらに付属する書類が未着のため、今般 私（当社）において貴行のため上記担保荷物を保管または処
分することをお願いし、ご承諾をいただきました。 これに関しては 私（当社）において下記各条項を確約履行し、決して貴行にご迷惑、
ご損失をお掛けいたしません。

1. 該為替手形の支払人が 私（当社）である場合にはご呈示ありしだいただちにこれを引受け期日に遅滞なくお支払うこと。 また支払
　人が貴行である場合もしくは上記諸証書に基き 私（当社）が貴行に手形を差し入れる場合には、貴行に対して該手形の支払期日
　までに間違いなく手形金額利息ならびに付随諸費用をお支払いいたすこと。
2. 上記付属荷物で 私（当社）保管中のものは上記為替手形または約束手形の支払末了中は貴行をその書類または荷物の所有主と
　認めること。
3. 上記荷物の陸揚、通関、倉入、付保および売却についてはすべて 私（当社）は貴行の代理人としてこれを取り扱い、荷物売却
　の場合にはその売上代金をただちに貴行へ払い込むこと。
4. 上記荷物の輸入税およびその他の公課はもちろん、陸揚、通関、運搬、倉入、付保、売却などに要する諸費用はいっ
　さい 私（当社）において負担すること。
5. 私（当社）が貴行の勘定において上記荷物を売却いたしました場合には書類による貴行のご承諾を得なければ買主に対して信用
　貸はいたさぬこと。
　なお、上記荷物の引渡し代金受取の方法その他売却に関する事項は即時貴行にご通知申しあげること。
6. 私（当社）は上記荷物の引渡しは現金本位を原則といたしますが、もし手形を受け取るような場合には荷物引渡し前にまずその
　手形関係人名を貴行にご通知し貴行のご承諾を得ることとし、かくして受け取りました手形などは遅滞なく貴行へお渡しいた
　すこと。
　貴行が上記手形などを期日において取り立てられるかあるいはあらかじめ割り引きされるかまたは 私（当社）にご返戻のうえ 私（当社）に
　その処分をご委託されるかはまったく貴行のご随意であること。
7. 貴行のご承諾を得て上記荷物を 私（当社）所有の倉庫に倉入れする場合は他の荷物と判然区劃を立て、貴行のため特に設備し
　た場所に保管しいつでも貴行において単独または他の関係人と共同で御検査されても異議ないことはもちろん貴行のご都合
　によりご請求ありしだいいつでも貴行にご返戻申しあげること。
　なお上記荷物を 私（当社）所有以外の倉庫に寄託する場合は貴行のご指定に従うこと。
8. 上記荷物について生じた傷害損失についてはすべて 私（当社）において賠償の責に任ずることはもちろん、前記または前記以外
　の事由により貴行が担保に不足を生じたものと認められた場合には貴行のご請求通り保証金、代り担保もしくは増担保を差し
　入れること。
9. 上記荷物の火災保険その他必要な損害保険いっさいは保険価額の最高額まで付保し、保険金は保険会社より直接貴行へ
　お支払いたすようあらかじめ保険会社と契約いたすこと。
10. 本証に記載なき事項についてはさきに貴行へ差し入れました商業信用状約定書の規定を確守いたすこと。

以　上

T/R日付	番号　T/R-	証印者	担当者

【図表11－22】　リリース・オーダー（貨物引渡指図書）の例

RELEASE ORDER – ORIGINAL

DATE :_____

TO: ○○○ AIR LINES COMPANY, LTD.

RELEASE OF SHIPMENT UNDER AIR WAYBILL NO.

GENTLEMEN :

YOU ARE KINDLY REQUESTED TO DELIVER THE ABOVE MENTIONED SHIPMENT
CONSIGNED TO US TO MESSRS. _____
OR THEIR DESIGNATED CUSTOMHOUSE BROKER WHO ARE AUTHORIZED TO SIGN
DELIVERY RECEIPT OF THE AIR WAYBILL ON OUR BEHALF.

YOURS VERY TRULY,

SIGNATURE _____

NAME OF BANK _____

Printed in Japan

TS 10426

7. 輸入通関と関税

外国から到着した輸入貨物は，原則として保税地域に搬入される。その後に，輸入（＝引取）申告と納税申告が同時に行われる。輸入の際には，関税，消費税，地方消費税が課税される。その他，酒の輸入の場合は，これらのほかに酒税が課税される。これら関税等を納付しなければ，輸入は許可されない。

ここでは，輸入通関のしくみ，輸入通関とAEO制度，そして関税の納付についてみていこう。

従来の輸入通関

通常，貨物が保税地域に搬入された後，海貨業者（乙仲）が輸入者の依頼を受けて貨物の輸入通関手続を行う（詳細は「5. 海貨業者への荷受け・通関手続依頼」参照。保税地域については第10章「6. 海貨業者への通関・船積み手続依頼」Ⅶ参照）。

これらの輸入通関手続の流れを概観してみると，次のようになる。

【図表11－23】 従来の輸入通関手続の流れ

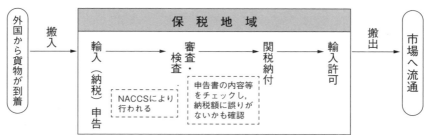

通常の輸入申告では，輸入申告と関税の納税申告とを同時に行い，税関における審査時に，申告した関税額が相違していないかどうかもあわせてチェックして

いる。

　そして関税を納付すると，輸入の許可がおりるしくみになっている。

輸入通関と AEO 制度 ━━━━━━━━━

1　特例輸入申告

　輸入申告と納税申告を同時に行うことにより，税関当局は，関的検査（貨物・書類の検査）と税的審査（関税の申告に対する審査）を同時に行うため，その分輸入者は税的審査に時間をとられることになる。輸入者にとっては，たとえ継続的に何回も輸入している貨物であっても，輸入のたびに税的審査に時間をとられることとなると，非効率であるばかりでなく，時としてビジネスチャンスを逸し

【図表11－24】　特例輸入申告のしくみ

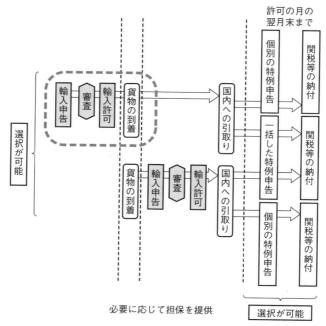

てしまうことにもなりかねない。

　そこで，**コンプライアンス**の側面，**セキュリティ管理**の側面の両面で優れた輸入者に対する特例輸入者の承認制度がある。この特例輸入者の承認を受けると，**輸入（＝貨物の引取り）申告**と**納税申告**を**分離**して行うことができる。

　通常，申告は輸入申告と納税申告を，同時に行う。しかしこの場合，納税申告は後に行うところから，これを「**特例申告**」と呼んでいる。この場合，輸入（＝引取）申告は，一定の条件下で貨物が日本に到着する前に行うことができ，また，日本に到着すると同時に税関長の輸入許可を受けることができる。

2　認定通関業者に輸入通関を委託した場合

　輸入者が**認定通関業者**に輸入通関を委託した場合も，特例輸入申告の場合と同

【図表11−25】　特例委託輸入申告のしくみ

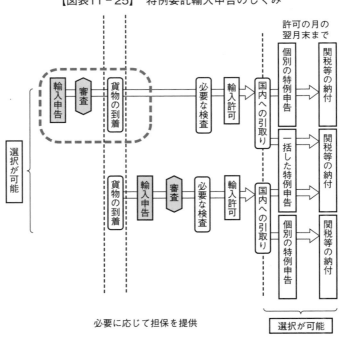

　　　　一定の条件下で貨物が日本に到着する前に輸入申告することができるが，到着後保税地域に入れてから輸入許可を受ける。図表11−24との違いに注意しよう。

様に**輸入申告**と**納税申告**を**分離**して行うことができる。この場合の納税申告を「**特例委託輸入申告**」という。

　また，輸入（＝引取り）申告は，一定の条件下で貨物が日本に到着する前に行うことができる。しかし特例輸入申告の場合とは異なり，輸入許可を受けるためには，貨物が日本に到着した後，**保税地域に入れる必要**がある。

 ## Ⅲ 輸入してはならない貨物

　関税法には次のような「輸入してはならない貨物」が規定されており，貨物がこれらに該当する場合には，輸入することができない。

① 　麻薬および向精神薬，大麻，あへん，およびけしがら並びに覚せい剤（覚せい剤取締法にいう覚せい剤原料を含む。）並びにあへん吸煙具

② 　指定薬物（医薬品医療機器等法（旧薬事法）に規定するもの）

③ 　けん銃，小銃，機関銃および砲並びにこれらの銃砲弾並びにけん銃部品

④ 　爆発物（「爆発物取締罰則」第1条（爆発物の使用）に規定する爆発物をいう。）

⑤ 　火薬類（「火薬類取締法」第2条第1項（定義）に規定する火薬類をいう。）

⑥ 　「化学兵器の禁止及び特定物質の規制等に関する法律」第2条第3項に規定する特定物質

⑦ 　「感染症の予防及び感染症の患者に対する医療に関する法律」に規定する一種病原体および二種病原体

　　（注）つまり生物テロに使用されるおそれのある病原体の規制で，たとえばエボラウイルス，炭疽菌などである。

⑧ 　貨幣，紙幣もしくは銀行券，印紙もしくは郵便切手または有価証券の偽造品，変造品および模倣品並びに不正に作られた代金もしくは料金の支払用または預貯金の引出用のカードを構成する電磁的記録をその構成部分とするカード（その原料となるべきカードを含む。）

　　（注）つまり，偽札，クレジットカードやキャッシュカードの偽造品などのこと。

⑨ 　公安または風俗を害すべき書籍，図画，彫刻物その他の物品

⑩　児童ポルノ（「児童買春，児童ポルノに係る行為等の処罰及び児童の保護等に対する法律」第2条第3項（定義）に規定する児童ポルノをいう。）

⑪　特許権，実用新案権，意匠権，商標権，著作権，著作隣接権，回路配置利用権または育成者権を侵害する物品

⑫　「不正競争防止法」第2条第1項第1号から第3号まで及び第10号，第17号，第18号（定義）に掲げる次の行為（不正競争防止法第19条第1項第1号から第5号まで及び第7号，第9号（適用除外等）に定める行為を除く。）を組成する物品（不正競争防止法違反物品）

　　（第1号）周知表示混同惹起行為

　　（第2号）著名表示冒用行為

　　（第3号）商品形態模倣行為

　　（第10号）営業秘密不正使用行為

　　（第17号）（視聴等機器）技術的制限手段無効化行為

　　（第18号）（視聴等機器）技術的制限手段特定無効化行為

　これらのうち，①～⑦については，政府や政府の許可を受けた者については，輸入することができるので，相対的な規制である。その他のものは，絶対的に輸入が禁止されている。

関税の算出方法

関税は，次の算式で算出される。

$$\boxed{関税額} \;=\; \boxed{課税標準} \;\times\; \boxed{税率}$$

では，この算式に必要な課税標準や税率はどのようにして決められるのだろうか。

1　関税の課税物件，課税標準とは

(1)　関税の課税物件

　関税を課する場合の基礎となる貨物の性質および数量（課税物件）は，通常，輸入申告のときの現況による。

(2)　課税標準

関税は，輸入貨物の価格（従価税品），または貨物の数量，重量，容積等（従量税品）を課税標準として，課税される。従価税品の場合の課税標準は CIF 価格となる。

　また，これらを組み合わせたものもあり，**従価従量税品**といわれる。

　現在ほとんどのものが従価税品だが，砂糖，アルコール類，軽油，重油等は従量税品である。また，メントール，履物等は従価従量税品である。

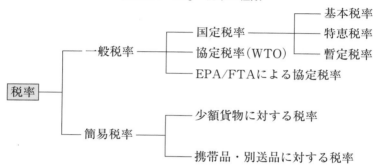

【図表11-26】　税率の種類

2　関税率

　税率の種類を図示すると上のようになる。

　少額貨物（課税価格20万円以下）や携帯品，別送品以外の貨物の輸入の場合に使われる税率を**一般税率**という。

　一般税率は，**国定税率**と**協定税率**とに分かれている。国定税率とは，国内法により定められた税率で，協定税率は条約により定められた税率である。

　現在，協定税率が適用される場合とは，WTO 加盟国からの輸入，または関税に関する最恵国待遇の取決めがある二国間条約締約国，および政令で定めた特定国（特に便益関税という）からの輸入の場合が該当する。

　また，これとは別に EPA/FTA による協定税率がある。

　国定税率は，さらに次の三つの税率に分かれている。

---

①　基本税率 → 関税率の基本であり，全ての輸入品目に定められている

②　暫定税率 → 一定期間に輸入される特定品目を対象とした暫定的な税率

③　特恵税率 → 一定の開発途上国からの原産品の輸入に対して適用される

それぞれの税率の優先順位は，次の通りである。

1) 特恵税率は特定国（特恵受益国）の産品にのみ適用されるので，適用できる場合は最優先。また，EPA/FTA締約国の産品については，EPA/FTA協定税率が適用される。

2) 1) 以外の国定税率は，基本税率と暫定税率がある場合は，暫定税率が優先

3) 2) により選出された国定税率と協定税率とを比較し，協定税率が低い場合のみ協定税率優先

国定税率と協定税率とが同じか，国定税率の方が低い場合は，国定税率が優先

 ## Ⅴ 特恵関税制度

政令で定められた一定の開発途上国（特恵受益国）から，それらの国の原産品である特定の農水産物や，大部分の鉱工業産品を輸入する場合に課す関税を，一般の税率より低税率，または無税にしたりする制度で，特恵受益国からの輸入を促進することが目的である。

これらの特恵受益国のうち，なかでも後発開発途上国である一定の国に対しては，特別特恵受益国制度があり，特恵関税の適用対象となっている農水産物や鉱工業産品に対しては全て無税となる。

これらの特恵関税の適用を受けようとする場合には，原則として，輸出国の発給した原産地証明書が必要である。

 ## Ⅵ 納期限の延長

Ⅰでみてきたように，通常の場合，輸入者は輸入許可までに関税を納める必要があるが，まだ貨物は引き取っていないので売却代金は入ってきておらず，その資金の手当てが難しいことがある。

また，消費税法が導入された際，関税と消費税の納付時期が異なることによる手続の煩雑さを避けるため，関税も消費税に合わせて納期限を延長できる制度が必要であった。

そこで生まれたのが，納期限の延長により，一定期間関税の納付を留保する**「納期限の延長制度」**である。通常は関税の納付が遅延すると延滞税が課せられるが，この納期限の延長制度を利用した場合には，延滞税は徴収されない。

納期限の延長制度には，貨物の輸入（納税）申告ごとに納期限の延長を認める「**個別延長方式**」と，ある特定月に輸入する貨物の関税額の累計額についてまとめて納期限の延長を認める「**包括延長方式**」とがある。ともに税関長に納期限の延長を求める申請書を提出し，関税額に相当する担保を税関長に提供しなければならない。納期限の延長制度では，関税納付前に貨物の引取りを認めることから，関税の確保を目的として担保を要求される。

　個別延長方式の場合も，包括延長方式の場合も，納期限の延長制度の承認を受けることにより，納期限は3ヵ月間延長される。

　また，特例申告制度により，通常申告とは異なる特例申告が行われた場合には，貨物の引取申告と関税の納税申告とが分離されており，1ヵ月分の引取申告にかかる納税申告を翌月まとめて行うことになっているので，その納税申告からの納期限の延長期間は1ヵ月短い2ヵ月となる。

Ⅶ 減免税，戻し税制度

　有税品である輸入貨物が一定の条件に適合する場合，関税の一部または全部が免除されることがある。

　納税義務の一部を免除するのを**減税**，全てを免除するのを**免税**という。また，いったん納税済みの輸入貨物が，一定の条件に適合した場合に，納付した関税の一部または全部を**納税者に払い戻すのが戻し税，納税者以外に払い戻すのが還付**である。

　減免税・戻し税（還付）制度は，関税定率法および関税暫定措置法にその要件が規定されている。定率法による減免，戻し税は恒久的な制度であり，暫定法の減免税・還付は暫定的な制度である。

　減免税には，一定の要件を備えた輸入貨物に無条件に適用されるものと，条件付きで適用されるものとがある。**無条件減免税**は輸入の際に確定するが，**条件付減免税**は特定の用途に供されるなど，一定条件を守ることが前提となっている。このため，輸入後，一定期間内に条件に反する事実が生じると減免税の効果が失われ，関税が徴収されることになる。

　減免税，戻し税のうち，各種の貨物に利用されている一般的な制度には，次のようなものがある。

1　再輸入貨物の減免税（無条件減免税）

　減免税制度は，国内産業の育成，貿易振興，文教，社会，厚生の見地から，あるいは国産品または課税済み貨物への二重課税を避けるためなどの諸政策にもとづいて設けられている。

(1)　再輸入免税（関税定率法第14条第10号）

　わが国から輸出され，輸出の際の性質，形状のままで再輸入される場合は免税となる。委託販売契約による返品などが例として挙げられる。

(2)　海外で加工，組立て等がなされた製品の減税（関税暫定措置法第8条，関税定率法第11条）

　特定の原材料を輸出して加工，組み立てられた特定製品を輸入する場合の減税制度が関税暫定措置法で定められており，主として繊維，衣類に利用されている。

　また，加工，修繕のため輸出され，再び輸入される貨物については，関税定率法で減税制度が定められている。

　これらは，外国で加工や組立てといった付加価値が加えられ，輸出の際の性質，形状のままで再輸入されるものではないため，完全な免税とはならない。

2　輸入貨物に対する戻し税

　上記の再輸入貨物と反対に，関税を支払って外国から輸入した貨物をそのままの状態で再輸出する場合，関税を払い戻す制度をいう。

(1)　輸入時と同一状態での再輸出（関税定率法第19条の3）

　いわゆる売れ残り商品を返品するような場合に利用される。輸入時に将来再輸出することを見越した手続が必要なことから，上述のように，主として委託販売契約にもとづき輸入して，返品する場合等に利用されている。

(2)　違約品等の再輸出（関税定率法第20条）

　いったん納税して引き取った輸入貨物が契約通りでなかった場合や，輸入後国内法令の改正により販売，使用が禁止された場合，また個人輸入をした物品が期待通りでなかった場合，再輸出または廃棄することにより，関税が払い戻される制度をいう。

チェック問題 **1**

　次の各文章について，正しいものには○印，誤っているものには×印をつけなさい。

(1)　輸入貿易管理令に規定する経済産業大臣の輸入承認は，承認をした日から6ヵ月であるので，この間に税関長に輸入申告を行う必要がある。

(2)　輸入割当品目に該当する貨物を輸入する場合，経済産業大臣の輸入承認を受ければ，輸入割当を受ける必要はない。

(3)　ワシントン条約附属書Ⅱに掲げられている動植物を条約加盟国から輸入する場合には，通関時確認を受けることができる。

(4)　輸出者が振り出した一覧払手形が銀行経由で輸入者に呈示された場合，輸入者はその手形を引き受けることで船積書類の引渡しを受けることができる。

(5)　本邦ローンや期限付手形の場合で，ローン期日やユーザンス期日までに輸入者が代金決済できない場合に，決済できるまで銀行が円によるつなぎ融資をすることをアクセプタンス方式という。

チェック問題 **2**

　次の記述の①～⑤の（　　　）内に入る最も適切な語句を，語群から選びなさい。

(1)　輸入者が保険を付保する貿易条件の契約で，保険契約を締結する時点において保険会社への告知事項にまだ不確定な項目があるときには，不確定な項目はそのままに（　①　）保険契約を申し込み，それらの項目が確定したら（　②　）保険に切り替える。

(2)　食品を輸入する場合には，食品衛生法により（　③　）の提出が義務づけられている。

(3)　送金小切手による海外送金を（　④　）という。

(4)　本邦ローンを受けるには輸入者は，銀行の貨物を借り受けるために（　⑤　）と，債権証書としての外貨建約束手形を銀行に差し入れる。

(a)　一括　　(b)　輸入販売業許可書　　(c)　貿易　　(d)　食品等輸入届出書

チェック問題 **3**

次の各文章について，正しいものには○印を，誤っているものには×印をつけなさい。

(1) 輸入申告価格は CIF 価格なので，取引の条件が FOB の場合には，CIF 価格を算出するために，運賃明細書や保険料明細書も海貨業者に引き渡す。

(2) LCL 貨物については，CFS で貨物を仕分けた際，もし貨物に損傷があった場合には，D／O（Delivery Order）にリマークを取り付ける。

(3) 在来船の総揚げとは，貨物の重量があったり，大きなものである場合に，荷主である輸入者の責任で貨物を引き取ることをいう。

(4) 自家揚げの場合に貨物の引渡しに立ち会う検数人は，輸入者側の検数人である。

(5) 輸入者が銀行に AIR T/R を差し入れてリリース・オーダーの発行を受けた場合には，銀行は航空会社に対して保証債務を負う。

チェック問題 **4**

次の記述の①〜⑦の（　　　）に入る最も適切な語句を，語群から選びなさい。

(1) 貨物の方が銀行経由の船積書類よりも先に輸入地に到着し，B／L なしで貨物を引き取る場合には，輸入者は銀行に（　①　）を発行してもらい，これをB／L の代わりに船会社に提出することになるが，その発行に際して輸入者は銀行に（　②　）を差し入れなければならない。

(2) 在来船の貨物を自家揚げで引き取る場合には，貨物の受取証である（　③　）が本船に提出される。

(3) 政令で定められた特定の開発途上国から，それらの国の原産品を輸入する場合に適用される，一般の税率よりも低税率，または無税の関税を（　⑦　）と

いう。

(a) ボート・ノート (b) 輸入（納税）申告制度
(c) リリース・オーダー (d) FTA (e) 特恵関税
(f) 輸入担保荷物保管証（T／R） (g) 確認 (h) 多国間輸出管理
(i) L／G（Letter of Guarantee） (j) ホワイト国 (k) 簡易税率
(l) デバンニング・レポート (m) 大量破壊兵器
(n) 輸入担保荷物引取保証に対する差入証

チェック問題 5

輸入に係る AEO 制度について，（　　）内に示した 2 つの語句のうち，正しいものを選びなさい。

(1) 特例輸入者も特例委託輸入者も一定の条件下で，本邦に輸入される貨物が（A　本邦に到着する前　　B　保税地域に搬入された後）に（C　引取申告　D　納税申告）を行うことができる。

(2) 特例委託輸入者とは，関税法に規定する（A　認定通関士　　B　認定通関業者）に輸入通関手続を委託した者をいう。

(3) 特例輸入者も特例委託輸入者も輸入許可された日の翌月末日までに（A　引取申告　　B　特例申告（納税申告））を行わなければならない。

解答と解説

1. (1)−○
　 (2)−×　輸入割当品目の輸入には，経済産業大臣の輸入割当と輸入承認が必要である。
　 (3)−○
　 (4)−×　一覧払手形は手形代金を支払うことで書類が交付される。
　 (5)−×　輸入跳ね返り金融という。

2．(1)　①－(j)　　②－(e)

　　(2)　③－(d)

　　(3)　④－(h)

　　(4)　⑤－(i)

3．(1)－○

　　(2)－×　　デバンニング・レポートにリマークを取り付ける。

　　(3)－×　　船会社がまとめて倉庫に貨物を陸揚げすることをいう。問題の方法
　　　　　　　　は自家揚げである。

　　(4)－×　　荷主と船会社双方の検数人が立ち会う。

　　(5)－×　　リリース・オーダーとは，まだ輸入者が手形決済前のため銀行が担
　　　　　　　　保にとっている貨物を輸入者に貸し渡し，その引取りを認める航空会
　　　　　　　　社への指示書である。

4．(1)　①－(i)　　②－(n)

　　(2)　③－(a)

　　(3)　⑦－(e)

5．(1)　A，C

　　(2)　B

　　(3)　B

第12章 外国為替相場と為替変動リスクの回避

1. 外国為替相場と外国為替市場

外国為替取引においては，必ず異なる通貨の交換が必要となるが，そのときの交換比率を外国為替相場といっている。ここでは，外国為替相場の種類と，相場を左右する外国為替市場についてみていく。

外国為替相場とは

外国為替相場とは，**異なる通貨間の交換比率**をいう。交換比率とは，たとえば1米ドルを円に換算するといくらかということをいう。1ドルが110円であるということは，1ドルを円に交換しようとした場合に，110円出せば交換できることを示している。

この交換比率である相場は，外国為替市場でのその通貨の需要と供給の関係で変動する。たとえばドルがほしい者が多数いて，ドルを売りたい者が少数しかなかったら，ドルは品薄で値上がりすることになる。

このことは，各通貨を種類の違うリンゴだと思うと理解しやすい。つまり，ドルというリンゴを1個買うのにいくら（円で）支払えばよいか，ユーロというリンゴを1個買うのにいくら支払えばよいか，というのと同じことなのである。リンゴが需要と供給の関係で値段が変わるように，相場も変動することになる。

円高とは，たとえばドルというリンゴを1個買うのに，以前は120円かかったのが，同じリンゴを買うのに100円で済むようになることをいう。つまり他の通貨に対する円の価値が上がったことを「円高」という。逆に以前は120円だったのが130円必要になった場合には，それだけ余分に円が必要ということであり，円の価値は下がったことになる。これを「円安」という。日本においては，代金を受領する輸出者は，入ってくる円貨額が増えるので「円安」の方が有利であり，逆に，代金を支払う輸入者は「円高」の方がそれだけ少ない円貨額を支払えばいいことになって，有利となる。

外国為替市場のしくみ

　外国為替相場は外国為替市場におけるその通貨の需要と供給の関係によって決まるが，それでは外国為替市場とはどのようなしくみになっているのだろうか。

　外国為替市場は，証券取引市場などと異なり，特定の場所をさすのではなくコンピュータや電話回線でつながれたネットワークのことをいう。参加しているのは銀行や為替ブローカーといわれる機関であり，このなかで通貨を売ったり買ったりということが行われることになる。

　銀行と為替ブローカーとのネットワークのことを「**インターバンク**」といい，そこで行われる取引のことを「**インターバンク（銀行間）取引**」という。

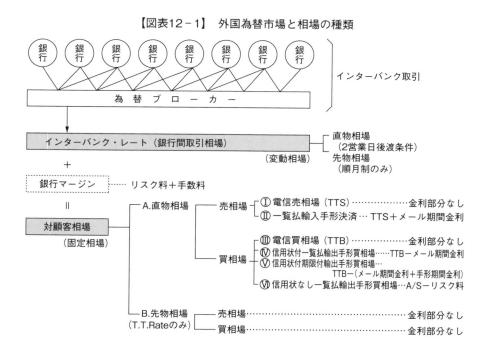

【図表12-1】　外国為替市場と相場の種類

Ⅲ インターバンク相場と対顧客相場

　インターバンクでの取引は，先に述べたように通貨の需要と供給によって相場が変動している。しかし銀行が輸出者や輸入者といった取引先と，異なる通貨の交換取引（外国為替取引）を行う場合には，この変動する相場をそのまま適用していたのでは不都合が生じてしまう。

　そこで大幅な変動が生じない限り対顧客向けにその日一日の固定相場を決めて，輸出入取引などにはこの相場を適用している。この相場のことを「**対顧客相場**」という。これに対して，インターバンクでの変動相場のことを「**インターバンク・レート（銀行間取引相場）**」と呼んでいる。「対顧客相場」は，当日朝の東京外国為替市場における銀行間取引相場を参考に，米ドルの場合は朝10時頃に各銀行がマージン（手数料などの取り分）を加えて決定する。

Ⅳ 売相場と買相場

　また相場には，銀行からみて外貨を顧客に売る「**売相場**」と，外貨を顧客から買う「**買相場**」とがある。

　商品代金が外貨建てだった場合には，代金を支払う輸入者は銀行から外貨を売ってもらってこれを外国に支払うことになるので，「売相場」となる。一方外貨での代金を受領する輸出者は，受け取った外貨を銀行に買ってもらって円貨に交換することになるので，「買相場」ということになる。

2. 為替変動リスク対策と先物相場

外国為替相場は変動するため，輸出入者にとっては採算が確定しにくいという問題点がある。輸出入者はこの問題点をどのように解決しているのだろうか。ここでは，為替変動リスクを回避するための先物予約についてみていくことにしよう。

直物相場と先物相場

相場には大きく分けて，今現在の相場である「直物相場（Spot）」と，将来の相場である「先物相場（Forward）」がある。

「直物相場」とは，外貨の売買契約の成立の時にその対価（たとえば円）の受渡しが行われる取引に適用される相場のことをいう。たとえば，外貨建ての荷為替手形を輸出者が銀行に買い取ってもらう場合を考えてみよう。輸出者が外貨建ての手形を直物相場で銀行に買い取ってもらったその時，外貨の買契約が成立したことになるが，同時に銀行からその外貨に相当する円貨が買取り代り金として支払われる。

一方「先物相場」とは，外貨の売買契約は成立するものの，実際の資金の受渡しは契約上決められた将来の一時点（何月何日ということ），あるいは一定期間（7月中など）に行われる取引に適用される相場のことをいう。つまり将来の外貨の売買を前もって予約しておくことになる。

先物予約と為替変動リスクの回避

外国為替を利用した輸出入取引では，円貨と外貨との交換が生じるので，変動する相場の影響をいつも受けることになる。相場が変動すると，輸出の場合は外貨建ての代金が円貨に換算したらいくら受領できるのかという不安があり，輸入の場合には，外貨で外国に支払う代金が円貨に換算したらいくら支払うことにな

るのか安定しない。これを「**為替変動リスク**」という。

　もし相場が変動して不利な条件となり，予定していた採算を割ってしまったら，その商取引そのものに意味がなくなってしまう。そこで為替変動リスクを回避し，採算を確定するために，輸出入者は先物予約を行う。これは，将来，外貨の受渡しをすることを予測して，そのときの相場をあらかじめ予約しておくことをいう。

　先物予約がされていた場合には，実際に外貨を受け渡す日の相場がどうであっても，予約していた相場を適用することになるので，輸出の場合にはどのくらいの額の代金が入ってくるか，輸入の場合にはどのくらいの額の代金を支払わなければならないかが予定できることになる。

　実際には予約していた相場の方が有利なこともあるし，不利になることもある。しかしいずれの場合であっても，あらかじめ採算を検討できるという点から，為替予約は輸出入取引に広く使われている。

3. 輸出入取引と相場

輸出入取引においては，いろいろな場面で相場を使って円貨と外貨とを交換する機会が出てくる。そのとき適用される相場にはいろいろな種類があり，ケースによって使い分けられている。ここではその種類と，それぞれがどんな場合に適用されるのかについてみていくことにしよう。

Ⅰ 対顧客相場表の見方

次ページの対顧客相場表をみながら，相場の種類について確認してみよう。

(1) 「SPOT QUOTATIONS」

「SPOT」とは先ほど述べた「直物相場」のことであり，「電信売相場（TTS）」，「電信買相場（TTB）」など幾つかの種類がある。ほかに「FORWARD QUOTATIONS」（先物相場）があり，それには何ヵ月先かという違いはあるものの，売りと買いにそれぞれ一つずつの相場しかない（T. T. Rate のみ）。

(2) 「売相場（Selling）」と「買相場（Buying）」

「Selling」，「Buying」とは，それぞれ「売相場」，「買相場」をさしている。

「売相場」にも「買相場」にも，「電信（TT）」とそれ以外の相場があることがわかる。

(3) 「電信（TT）相場」

銀行が資金移動の指図を電信で送る場合の相場で，銀行に資金の立替えが発生しない場合に適用される。

【図表12−2】　対顧客相場表の例

EXCHANGE QUOTATIONS

Date：April‥，20‥

SPOT QUOTATIONS							
通貨名	T. T. S	Acceptance	Cash Selling	T. T. B	A/S	D/P, D/A	Cash Buying
USD （米ドル）	100.73	100.92	102.73	98.73	98.54	98.26	96.73
GBP （イギリスポンド）	153.55	153.79	160.55	145.55	145.31	144.62	138.55
CAD （カナダドル）	84.40	84.53	93.40	81.20	81.07	80.77	72.20
CHF （スイスフラン）	88.08	88.21	92.08	86.28	86.15	86.03	82.28
SEK （スウェーデンクローネ）	12.48	12.50	14.48	11.68	11.66	11.59	9.68
EUR （ユーロ）	133.30	133.51	135.90	130.30	130.09	129.84	127.70
DKK （デンマーククローネ）	18.00	18.03	20.00	17.40	17.37	17.31	15.40
NOK （ノルウェークローネ）	15.24	15.27	17.24	14.64	14.61	14.55	12.64
THB （タイバーツ）	2.90	2.91	3.23	2.74	2.73	Unquoted	2.41
AUD （オーストラリアドル）	74.58	74.76	83.58	70.58	70.40	70.00	61.58
NZD （ニュージーランド・ドル）	59.49	59.65	67.49	55.49	55.33	54.97	47.49
HKD （香港ドル）	13.26	13.28	15.26	12.40	12.38	12.32	10.40
SGD （シンガポールド	67.31	67.41	72.31	65.65	65.55	65.41	60.65

Time Bill（Usance Bill Buying）QUOTATIONS					
CURRENCY	30 D/S	60 D/S	90 D/S	120 D/S	150 D/S
USD	98.36	98.09	97.83	97.57	97.30
EUR	129.78	129.33	128.89	128.44	128.00
GBP	144.83	144.32	143.80	143.29	142.77

直物相場の種類

　対顧客相場表を次の図表12-3のように整理し，各種の相場についてみてみよう。

1　対顧客仲値

　対顧客相場の基準となるのは，図の中心にある**「対顧客仲値」**である。「対顧客仲値」は当日午前10時頃のインターバンク（銀行間取引）市場での変動している直物相場から，その日の対顧客向け固定相場の基準とし，決定される。次の図表12-3の例では110.00円である。

2　TTS（電信売相場）(Telegraphic Transfer Selling Rate)

　取引の資金移動の指図を電信で送るときの相場で，対顧客仲値に銀行の利益として，1円のマージンが加えられている。つまり，銀行は銀行間市場からドルを仲値で仕入れ，それを顧客に売るときに1ドルについて1円の利益を得ていることになる。

　このようにTTSとは，通貨の交換比率である相場にあらかじめ銀行の利益を盛り込んだものといえる。

　TTSは，銀行に何の資金の立替えも発生しない為替取引を行うときに適用される。たとえば，外貨を海外に送金するときには，輸入者は円貨を支払って外貨を買い，それを海外に送るが，外貨と円貨との交換はその場で行われ，銀行には何の立替えも発生していないので，TTSが適用される。

3　TTB（電信買相場）(Telegraphic Transfer Buying Rate)

　TTSと同様，銀行が顧客から電信為替（資金の立替えが生じない取引）を買うときに適用される。

　TTBは，対顧客仲値から1円の銀行のマージンを差し引いたものである。つまり，銀行は顧客からTTBで仕入れて，銀行間市場で仲値で売ることにより，1ドルについて1円の利益を得ることになる。

4　アクセプタンス・レート（一覧払輸入手形決済相場）(Acceptance Rate)

　相場表の売相場には，TTS以外のもう一つの異なる金額の相場（Acceptance）が載っている。これは「アクセプタンス・レート」といい，輸入信用状にもとづ

【図表12-3】 対顧客相場表の読み方

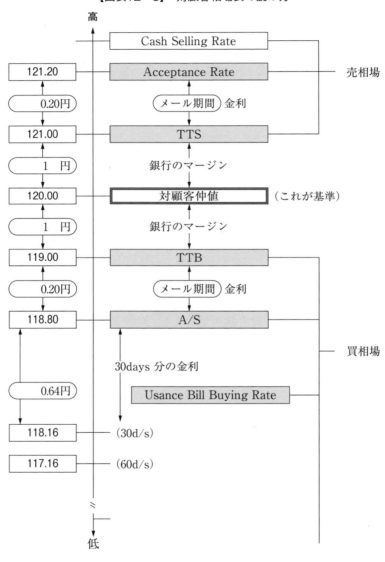

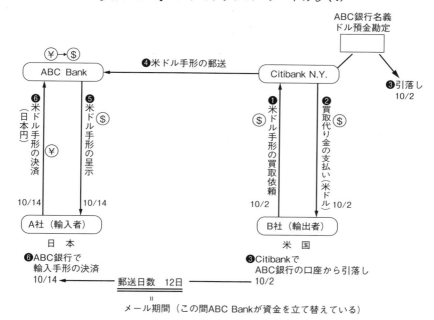

【図表12-4】 アクセプタンス・レートのしくみ

ABC銀行名義
ドル預金勘定

❹米ドル手形の郵送

ABC Bank ← Citibank N.Y.

❽引落し
10/2

❻米ドル手形の決済（日本円）¥

❺米ドル手形の呈示 $

❶米ドル手形の買取依頼 $ 10/2

❷買取代り金の支払い（米ドル） $ 10/2

10/14　10/14

A社（輸入者）　日　本

B社（輸出者）　米　国

❻ABC銀行で
輸入手形の決済
10/14

❸Citibankで
ABC銀行の口座から引落し
10/2

郵送日数　12日
＝
メール期間（この間ABC Bankが資金を立て替えている）

く一覧払手形の決済に用いられる相場である。このときの相場がなぜTTSと異なるのか，取引の流れを追ってみてみよう（図表12-4参照）。

　海外の輸出者が信用状にもとづいて振り出した手形を，輸出地の銀行が買い取る。この銀行では，信用状にもとづく確実な支払保証があるので，輸出者に買取り代金を立替払いする。この海外の買取銀行は，コルレス契約によってその銀行に預けられている信用状発行銀行の口座から，立替払いした分だけ直ちに引き落として回収する。そして輸出者の持ち込んだ手形と船積書類を，信用状発行銀行にあてて送付する。

　手形と船積書類を受け取った日本の信用状発行銀行は，輸入者に手形を呈示して決済を求める。この決済のとき輸入者は，銀行に円を支払って，決済に必要なドルを売ってもらうことになる。したがってこの場合の適用相場は売相場になるが，TTSとは異なる相場となる。

　なぜなら，信用状発行銀行は，輸出地で買取銀行に預けてある自分の口座から代金を既に引き落とされており，実際に輸入者に手形代金を支払ってもらうまで

資金の立替えをしていることになるからである。

　したがって，銀行は，その間の利息を輸入者から徴収する。この銀行の立替期間はちょうど手形と船積書類の郵送期間に該当するので，**「メール期間」**と呼ばれ，この間の利息は**「メール期間金利」**と呼ばれている。

　このように，銀行に何の立替えも発生しない TTS と比べ，アクセプタンス・レートは銀行に手形のメール期間（日本では通常12日間）に相当する資金の立替期間があり，その間の利息（メール期間金利）があらかじめ相場に織り込まれているのである。

　TTS との差額0.20円が１ドルについてのメール期間金利ということになる。

　つまり輸入者は，手形を決済する時，既に金利を自動的に上乗せされた相場で円に換算し，手形代金を支払っていることになる。

5　A／S（一覧払輸出手形買相場）（At Sight Rate）

　買相場でも銀行にメール期間の資金の立替えが発生するため，その間の利息をあらかじめ盛り込んだ相場がある。これを**「A／S（一覧払輸出手形買相場）」**という。

　銀行が輸出者の信用状付きの手形を買い取って（立替払いしてから），輸入地で代金が入金されるまで，ちょうど手形の郵送期間（メール期間）の間，銀行が資金を立て替えていることになるので，その間のメール期間金利をあらかじめ TTB から差し引いた相場である（119.00円 − 0.20円 ＝ 118.80円）。

　つまり輸出者は，手形を銀行に買い取ってもらう際に，既に金利分を天引きされた円貨を受け取っていることになる。

　なお，信用状のない一覧払手形を買い取る場合は，さらにリスク負担料を差し引いた「信用状なし一覧払輸出手形買相場」が適用される。

【図表12−5】　A／Sのしくみ

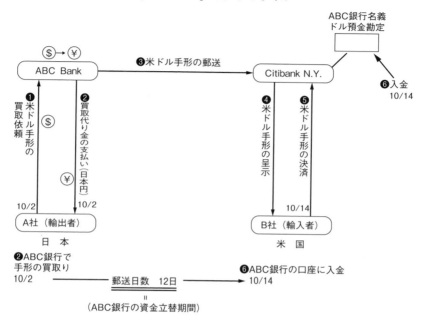

ABC銀行名義
ドル預金勘定

$\circled{\$} \rightarrow \circled{¥}$

ABC Bank

❸米ドル手形の郵送

Citibank N.Y.

❻入金
10/14

❶米ドル手形の買取依頼
$\circled{\$}$

❷買取り代り金の支払い（日本円）
$\circled{¥}$

❹米ドル手形の呈示
❺米ドル手形の決済

10/2　10/2

A社（輸出者）

10/14

B社（輸入者）

日　本

米　国

❷ABC銀行で
手形の買取り
10/2

❻ABC銀行の口座に入金
10/14

郵送日数　12日

＝
（ABC銀行の資金立替期間）

6　Time Bill（Usance Bill）Buying Rate（期限付手形買相場）

　銀行が輸出者から信用状付きの期限付手形を買い取った場合の相場で，手形期間に応じて異なる相場がある。

　銀行が期限付手形を買い取った場合には，銀行は一覧払手形のときのメール期間に加えて，さらに手形期間の分も上乗せされた期間，資金を立て替えていることになる。

　したがって TTB よりさらに手形期間分の立替利息を差し引いて相場が決められており，輸出者はメール期間金利プラス手形期間の金利を天引きされた相場で，手形代金を受け取っていることになる。

　119.00円−0.84円（＝メール期間金利＋手形期間（30日分）金利）＝118.16円

【図表12-6】　Time Bill（Usance Bill）Buying Rate のしくみ

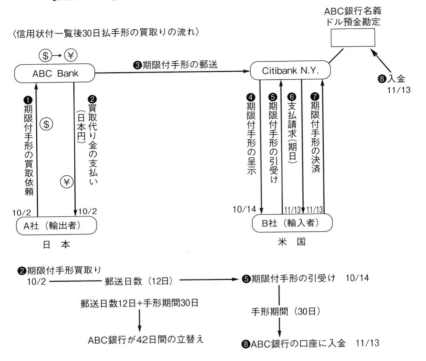

〈信用状付一覧後30日払手形の買取りの流れ〉

ABC銀行名義
ドル預金勘定

$ → ¥
ABC Bank
❸期限付手形の郵送
Citibank N.Y.
❽入金
11/13

❶期限付手形の買取依頼（$）
❷買取代り金の支払い（日本円）

❹期限付手形の呈示
❺期限付手形の引受け
❻支払請求（期日）
❼期限付手形の決済

10/2　　　　10/2
A社（輸出者）
日　本

10/14　　11/13 11/13
B社（輸入者）
米　国

❷期限付手形買取り
10/2 ──────郵送日数（12日）──────▶ ❺期限付手形の引受け　10/14

郵送日数12日+手形期間30日 ↓
手形期間（30日）↓

ABC銀行が42日間の立替え
❽ABC銀行の口座に入金　11/13

　次の記述について，正しいものには○印を，誤っているものには×印をつけなさい。

(1)　外国為替相場には顧客からみて外貨を銀行に売る売相場と，外貨を銀行から買う買相場とがある。

(2)　先物相場とは，外貨の売買契約の成立の時にその対価の受渡しが行われる取引に適用される相場のことをいう。

(3)　TTS（電信売相場）とは，取引の資金移動の指図を電信で送るときの相場で，対顧客仲値から１円のマージンを差し引いた相場である。

　次の記述について，（　　　）内に示した語句のうち，正しいものを選びなさい。

(1)　外国為替相場とは，異なる通貨間の交換比率をいうが，たとえば１ドル120円であったものが，後日１ドル118円になった場合のことを（A　円安　　B　円高）という。

(2)　商品代金が外貨建てで，わが国の輸入者が輸出者へ代金を支払う場合の外国為替相場は（A　売相場　　B　買相場）である。

(3)　貿易における為替リスクを回避するために為替予約を行う場合は，（A　先物相場　　B　直物相場）を適用する。

(4)　輸入者が商品代金を海外送金で支払う場合，代金がドル建てであれば，適用される相場は（A　TTS　　B　TTB）である。

　次の各問について答えを１つ選びなさい。

(1)　対顧客相場のうち直物相場について，次の記述のうち正しいものはどれか。

　A　一般的に輸出者が振り出した信用状付ドル建て一覧払手形を銀行が買い取

る場合はアクセプタンス・レートである。

B　輸入信用状にもとづく一覧払手形の決済に用いられる相場を At Sight Rate という。

C　銀行が輸出者から信用状付期限付手形を買い取った場合，通常決済に用いられる相場は，Time Bill Buying Rate である。

(2)　外国為替相場において，対顧客相場表（Spot Rate）で正しいものはどれか。対顧客仲値は119.11円，銀行のマージンは1円，メール期間金利は0.4円とする。

A　Acceptance Rate：121.11円　TTB Rate：120.11円　TTS Rate：118.11円

B　A/S Rate：117.71円　TTB Rate：118.11円　TTS Rate：121.11円

C　Acceptance Rate：120.51円　TTB Rate：118.11円　A/S Rate：117.71円

<hr>

解答と解説

1．(1)−×　外国為替相場には銀行からみて外貨を顧客に売る「売相場」と，外貨を顧客から買う「買相場」とがある。

(2)−×　「先物相場」とは，将来の外貨の売買を前もって予約しておくことで，外貨の売買契約は成立するものの，実際の資金の受渡しは契約上決められた将来の一時点（○月△日ということ），あるいは一定期間（○月中など）に行われる取引に適用される相場をいう。

(3)−×　TTS（電信売相場）とは，取引の資金移動の指図を電信で送るときの相場で，対顧客仲値に銀行の利益として，1円のマージンが加えられた相場である。

2．(1)−B　「円高」とは，他の通貨に対する円の価値が上がったことをいう。

(2)−A　商品代金が外貨建ての場合，わが国の輸入者が海外の輸出者へ代金を支払うときの外国為替相場は，「売相場」となる。

(3)−A　貿易における為替リスクを回避するために為替予約を行う場合には，将来の特定期日または特定期間に受け渡される相場である「先物相場」を適用する。

(4)−A　輸入者が商品代金を海外送金で支払う場合，代金がドル建てであれば，適用される相場は「TTS」である。

3. (1)−C　銀行が輸出者から信用状付期限付手形を買い取った場合，通常決済に用いられる相場は，Time Bill Buying Rate である（選択肢 C）。アクセプタンス・レートとは，輸入信用状にもとづく一覧払手形の決済に用いられる相場である（選択肢 A）。At Sight Rate とは，メール期間金利をあらかじめ TTB から差し引いた相場であり，輸出者の振り出した信用状付ドル建て一覧払手形を銀行が買い取る場合に用いられる（選択肢 B）。

　　(2)−C　外国為替相場において，対顧客仲値が119.11円の場合，TTS Rate：120.11円（銀行マージン 1 円），Acceptance Rate：120.51円（TTS Rate＋メール期間金利0.4円），TTB Rate：118.11円（銀行マージン 1 円），A/S Rate：117.71円（TTB Rate−メール期間金利0.4円）となる。

第13章

国際貿易体制の基礎知識

1. 経済のグローバル化と わが国の貿易

近年の世界経済は，金融危機に端を発した世界的な不況に見舞われ，各国が金融サミットを中心にこの危機を乗り越えようとしている。わが国においても，輸出に依存した産業構造が大きな要因とする見方もある。そこで，わが国の経済のグローバル化が進んだ背景と，貿易の現状を考えていく。

 貿易を取り巻く環境

1 世界金融危機に対する保護貿易主義阻止への動き

2007年に米国のサブプライム・ローン問題が表面化し，その後1年余りの間に金融危機は深刻となり，実体経済に波及して，世界は同時不況に陥った。

この状況から思い起こされるのが，かつての「世界恐慌」である。1929年のニューヨーク株式市場の大暴落に端を発した恐慌であるが，このとき各国は，自国経済を有利にするために**保護貿易主義**の政策をとり，**輸入制限**や**関税の引上げ**などを行った。また，輸出を有利にするための通貨切下げも断行した。このため世界経済は縮小の一途をたどり，経済のブロック化が進行して，最終的には第2次世界大戦の遠因になったといわれている。このような悲劇を繰り返さないために，大戦後，経済・金融の国際協調の機運が高まり，IMF（国際通貨基金）や世界銀行とも呼ばれているIBRD（国際復興開発銀行）の創設が決まるなど，いわゆるブレトン・ウッズ体制が整った。

現在でも，米ドル中心の国際通貨体制であるブレトン・ウッズ体制は続いているが，この世界金融危機に対し，2008年11月に米国のワシントンで開かれた金融サミット（G20緊急金融首脳会議）では，特にIMFの役割が果たせていないとの見地から，各国の金融部門などの監視機能を強化する改革案が出され，また，同時に保護貿易主義防止の合意がなされた。2009年4月の金融サミットでも，貿易の収縮が経済危機に拍車をかけるとの強い危機感から，保護貿易主義の台頭を

断固阻止するとの姿勢が改めて打ち出され，WTO（後記「3．WTO体制とわが国の対応」参照）などによる監視強化を強める方向で，各国が一致した。

2　経済のグローバル化と生産拠点の海外移転

　1980年代以降，世界各国の企業活動や経済活動は，国際社会を一つの市場と捉える「**グローバル化**」に急速に向かい，国境を意識しない活動が活発に行われるようになった。わが国でも，1980年代後半の円高が進んだ時期に，アジアを中心に海外進出を果たす企業が増え，この傾向は特に製造業において顕著であった。

　1995年の春には，対米ドルの為替レートが85円前後の円高となり，生産拠点の海外移転が活発に行われた。円高は，輸出者が海外から得た外貨での商品代金を円に交換したとき，その円貨での受取額を減らしてしまう。このため輸出取引を減少させ，わが国の国際競争力を弱めてしまうことになる。そこで企業は，輸出せずに海外現地で生産することを考えるようになるのである。

　海外で原材料や部品を調達し，現地の人を雇い，現地で製品を作れば，それらの費用は全てその国の通貨でまかなえる。そしてその国の通貨が円よりも弱ければ，円に換算したとき，国内で生産し輸出するよりもずっと少ない円で，同じ製品を生産し，現地で販売できることになる。

　しかし，このように多くの企業が海外へ生産拠点を移してしまうと，国内の工場や設備は不要となり，従業員もいらなくなる。その結果，大量の失業や，関連企業の経営悪化，倒産などが生じる。こうして，わが国の経済を支える産業の生産能力が低下してしまう「**産業の空洞化**」といわれる現象が起き，日本経済の力を弱めてしまうことになる。

　この傾向を貿易の側面からみてみよう。企業はその会社の研究開発部門，ヒトやモノの資本調達，生産拠点，流通体制を国際的にどのように配置すれば，最大の収益を上げられるかを考えるようになった。つまり世界を大きな一つの市場と捉え，より効率的な生産・販売を目的として，同一企業グループ内で部品や製品の貿易取引が行われるようになったのである。これを「**企業内貿易**」という。

わが国の現状

　わが国では，主にアジア地域で製造した半製品を輸入し，付加価値の高い完成品を欧米諸国に輸出することにより，輸出産業が伸張したことなどを受けて，長い好況期が実現したが，世界金融危機による貿易の急激な縮小により，大きな打撃を受けた。

　たとえば2009年2月のわが国の輸出額は前年同月比でほぼ半減し，先進国のなかでも経済成長の落ち込みが際立っている。国内では，輸出に依存していた自動車業界などで企業の倒産や雇用削減が相次ぎ，大きな社会問題をもたらした。

2. 世界の地域統合の動き

1．では世界と日本の貿易の動向を概観したが，ここではわが国を取り巻く国際情勢として，地域統合を取り上げる。

Ⅰ 地域統合の進展

　1990年代以降，世界の各地で地域統合や地域連合の動きが急速に進展している。地域統合・地域連合は，各種協定によってその内容が決められており，拘束力の強いものから，比較的緩やかなものまでさまざまである。多くの地域貿易協定は，特定の国や地域が通商の活発化を狙って，関税や輸入数量制限の撤廃に加えて，投資・サービスの自由化，経済政策の協力・調整など，規制の緩和を広範な分野で進める取決めとなっている。

　域内での生産物には有利な条件が適用されることが多いので，結果として域外との貿易取引よりも域内での貿易が活発になる傾向がある。このため，一時は域外の国に対して排他的であるとの批判もあったが，今日では地域経済の活性化がひいては国際経済の活性化につながるとして，前向きに評価されている。

　これらの地域協定のなかでも，「FTA（Free Trade Agreement　自由貿易協定）」の締結は1990年代から増加し，最近では150件以上に達している。

Ⅱ 米国圏の動き

　北米では，1994年に，米国，カナダ，メキシコによる「NAFTA（North America Free Trade Agreement　北米自由貿易協定）」が発効した。域内GDP（国内総生産）約11.9兆米ドル，人口約4.3億人に及び，EU（欧州連合）をしのぐ大規模経済圏となった。その特徴は，加盟国間の関税を撤廃したことと，経済の成熟度の異なる先進国・途上国間の自由貿易協定である点にあり，特に米国・メキシコ間の貿易の拡大が著しい。米国商務省の統計によれば，1993年から2004年までに，米国からメキシコへの輸出額は約166％増（同時期の対カナダ輸出額は約89％増，輸出額全体では約76％増），米国のメキシコからの輸入額は約290％増

（同時期の対カナダ輸入額は約130％増，輸入額全体では約153％増）となっている。

　一方，南米では1991年，ブラジル，アルゼンチン，ウルグアイ，パラグアイの4ヵ国首脳会談で，「メルコスール（MERCOSUR／MERCOSUL　南米南部共同市場）」の設立条約が調印され，発足した。94年の首脳会談では，翌95年1月から域内貿易の自由化（関税および非関税障壁の撤廃）とともに，対域外共通関税を設定することが合意された。開発途上国間では初めての関税同盟であり，域内の貿易比率を高めている。なお，これら4ヵ国のほか，ベネズエラが新たに正式加盟することになっている。

　また1994年には，北米地域のNAFTAと南米地域のメルコスールを統合の基礎として，キューバを除く南北の34ヵ国が参加する「FTAA（Free Trade Area of Americas　米州自由貿易地域）」の構想が打ち出され，遅くとも2005年末までには正式発足させる計画であった。しかし，米国とブラジル等の意見の相違が大きく，FTAAは実質的に頓挫している。

Ⅲ ヨーロッパの動き

　ヨーロッパでは，1993年に経済・通貨統合，政治統合に関するマーストリヒト条約（欧州連合条約）が発効し，それまでのEC（欧州共同体）から「EU（欧州連合）」へと脱皮が図られた。その後，1999年に発効したアムステルダム条約（改正欧州連合条約）により安全保障政策が強化され，また，2004年および2007年の拡大の結果，加盟国は27ヵ国になり，より効率的・機能的にするためにEU関連条約の見直しが行われて，「リスボン条約」が発効した（2009年12月）。

　また，経済・通貨同盟（EMU）を具体化させるための作業も始まり，1999年1月には単一通貨「EURO（ユーロ）」が導入され，2002年1月からユーロ紙幣・硬貨の流通も始まった。導入国間では異なる通貨の交換に伴う為替変動リスクがなくなり，自由貿易地域として結束が強化された。

　一方，かつてのEEC（1958年に発足した「欧州経済共同体」，ECの前身の一つ）の動きに対して孤立化をおそれた英国によって提唱され，1960年に英国を含むEEC加盟国以外の7ヵ国によって調印され発効したのが，「EFTA（欧州自由貿易連合）」である。その後加盟や脱退が行われ，現在の加盟国はスイス，ノルウェー，アイスランド，リヒテンシュタインの4ヵ国である。

さらに1994年，EFTA のうちの 3 ヵ国と EU 市場とを統合した「**EEA（欧州経済領域)**」がスタートした。EU への加盟国もあったため，現在は，EU とノルウェー，アイスランド，リヒテンシュタインとの間の協定となっている。

Ⅳ アジア・太平洋地域の動き

1　ASEAN（Association of Southeast Asian Nations　東南アジア諸国連合）

ASEAN とは，東南アジアの地域協力機構で，1967年の結成当時はインドネシア，マレーシア，フィリピン，シンガポール，タイの 5 ヵ国だったが，85年にブルネイ，95年にベトナム，97年にミャンマー，ラオス，99年にカンボジアが加わって現在では10ヵ国となっている。

ASEAN は，①経済，②政治・安全保障，③社会・文化の 3 分野で ASEAN 共同体の構築をめざす，としている。また，ASEAN の最高規範となる「ASEAN 憲章」も調印された。

2　AFTA（ASEAN Free Trade Area　ASEAN 自由貿易圏）

AFTA は，EU や NAFTA といった地域ブロック化に対応し，ASEAN 域内の関税・非関税障壁による自由貿易圏作りをめざして誕生した。インドネシア，マレーシア，フィリピン，シンガポール，タイ，ブルネイの 6 ヵ国が結ぶ FTA（自由貿易協定）の一タイプである CEPT（Common Effective Preference Tariff 共通実行特恵関税）制度を基本として，1993年に発足し，その後ベトナム，ラオス，ミャンマー，カンボジアが加盟した。現在，域内関税率は，ほぼ無税となっている。また，AFTA をさらに発展させた「アセアン経済共同体（AEC)」が，2015年12月31日に発足した。

3　東アジア共同体構想

1997年に始まったアジア通貨危機は，改めて ASEAN 諸国に地域協力の必要性を認識させる契機となった。このため ASEAN を中心に，地域協力メカニズム制度化の動きが進んだ。たとえば，ASEAN10ヵ国と日本，中国，韓国の 3 ヵ国で形成されたいわゆる「ASEAN プラス 3 」と呼ばれる枠組みの形成がそれである。2000年に入り東アジア経済が回復するにつれて，ASEAN プラス 3 首脳会議は，東アジア自由貿易圏などの創設をめざすことになる。

さらに，2005年12月にマレーシアのクアラルンプールで，ASEAN プラス３の13ヵ国およびオーストラリア，ニュージーランド，インドを加えた16ヵ国首脳による第１回東アジアサミット（首脳会議）が開かれ，将来の東アジア共同体構築を視野に入れた取組みが始動した。東アジア共同体は，経済を中心に，環境，テロ，国際犯罪対策など幅広い分野の協力をめざす地域的枠組みとして期待されている。

4　わが国における経済連携協定

　世界貿易機関である WTO（後記「３．WTO 体制とわが国の対応」参照）が正式な国際機関として誕生して，新しい国際ルールが構築され，国境を越えた地域経済活動が盛んになってきたのは，1990年代に入ってからである。前述のようにこの年代以降，世界的に自由貿易協定の締結が相次いだが，わが国においては，自由貿易協定よりもさらに包括的な経済活動などを行うことを前提とした **EPA（Economic Partnership Agreement　経済連携協定）**が，2000年に入りシンガポールを皮切りとして次々に締結されるにいたった。EPA は，自由貿易協定を柱として，投資，サービス，人の移動の自由化，知的財産権保護のルール作り，産業協力などの，幅広い分野の協定を取り決めるものである。現在も EPA 締結に向けて交渉中の国も多く，この傾向は今後も，経済活動がグローバル化するなかで拡大していくものと考えられる。

　経済規模の大きな国または地域間の経済連携協定（メガ EPA）の一つがサプライチェーン全体をカバーすれば，一つの共通したルールを考慮すればよく，サプライチェーンマネージメントも簡便かつ効率的に行うことができる。その典型例が原産地規則である。原産地規則とは，その国の原産品であるか否かを判断するための基準であり，一般的に各 EPA ごとにその規則はバラバラである。しかし，メガ EPA の締約国間では原産地規則は統一されているのであるから，一つの原産地規則を覚えるだけでそこに加盟する全ての国に対して適用でき，貿易取引上の業務の負担を軽減できる。

　また，2015年10月には，環太平洋経済連携協定（Trans-Pacific Partnership：TPP）が大筋合意し，2016年２月に参加国12ヵ国の署名が行われた。

　その後，2017年１月に米国が離脱を表明したことを受け，米国以外の11か国による TPP につき大筋合意に至り，2018年３月にチリで TPP11協定が署名され，2018年12月30日に発効した。

【図表13-1】 わが国と各国との EPA の進捗状況

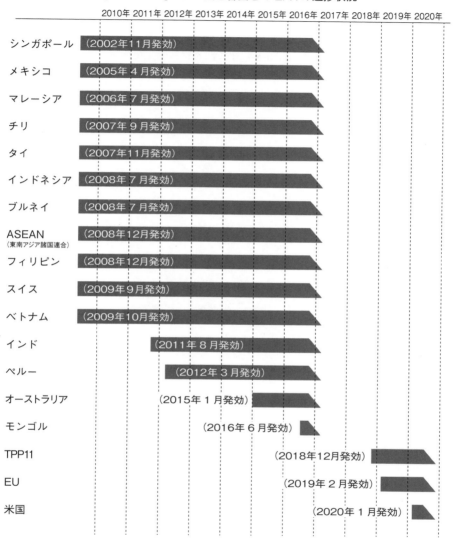

（TPP 参加国）日本，カナダ，メキシコ，チリ，ペルー，オーストラリア，
　　ニュージーランド，シンガポール，マレーシア，ベトナム，ブルネイ
　（2020年2月現在）
一方，米国との関係では，2020年1月に日米貿易協定を発効した。

3. WTO体制と わが国の対応

国際貿易の憲法といわれる GATT が WTO に移行したこと
で，わが国も WTO の加盟国として，その新しい国際ルール
のもと，国内の貿易に関する法律を1995年の WTO 設立協定
発効に先がけて改正した。ここでは GATT および WTO の
概要と，WTO 協定にもとづきわが国の法律がどのように変
わったのかについて，みてみよう。

Ⅰ GATT の基本原則

　国際貿易は各国の貿易がそれぞれに変化しながら発展したもので，初めからき
ちんと整理されて発展したものではない。このためその手続やしくみは非常に複
雑だったり，偏っていたり，閉鎖的だったりしていた。

　しかし第2次世界大戦後，世界貿易に一定のルールを設けようという気運が高
まった。こういった背景のもとに生まれたのが，「**GATT（関税と貿易に関する
一般協定）**」であり，1948年1月に発効した。

　「GATT」では，これまでの高すぎる関税について交渉が行われ，英米仏など
23ヵ国が関税の引下げを約束した関税率表を作成し，貿易制限の撤廃や，関税等
の貿易政策上の優遇措置は参加国全てに平等かつ無差別に適用されるという原則
が協定された。GATT はこの二つの原則にもとづいて，自由貿易を実現するこ
とを目的としている。

1　貿易制限の撤廃

　貿易制限の撤廃とは，具体的にいえば「輸入数量制限の撤廃」であり，それま
での輸入割当制度の見直しということになる。それまで各国は外国からの輸入品
と国内産品とが競合することを避け，国内産業を保護するために輸入数量制限を
行ってきた。

しかしGATTは，国内産業の保護は輸入数量制限ではなく，関税をかけることで輸入産品が国内に入りにくくする「関税手段」によることを定め，しかもその関税も引き下げていくことを目標としている。つまり，**「貿易は原則自由」**の方向をめざしているのである。

2　無差別の原則

GATTでは，①**最恵国待遇**と，②**内国民待遇**の二つの原則を定めている。

「最恵国待遇」とは，相手国に対して，他の国に与えている条件よりも不利にならない条件を与えることを，協定することである。たとえば，GATT加盟国の一国と通商条約などで有利な条件の付与を取り決めた場合には，その条件が全てのGATT加盟国に自動的に適用されることになる。ただしこの「最恵国待遇」の例外として，先進国が開発途上国の産品に対して有利な関税率を適用する「**一般特恵関税制度（GSP）**」や「**自由貿易協定（FTA）**」が認められている。

また「内国民待遇」とは，内国税や国内規則の適用などで，輸入産品を国産品に比べて不利に扱わないという原則である。

GATTからWTOへ

1　WTO誕生の背景

GATTは機関ではなく国際協定であり，これまでもGATT事務局と称されるものはあったが，協定の内容を実施していく法的に根拠のある国際機関はなかった。

多くの加盟国が一斉に関税および貿易に関する交渉を行うことを「ラウンド」と呼ぶが，1986～93年のGATTウルグアイ・ラウンド交渉では，それまでのGATT交渉と異なり，モノの貿易のみならず，サービス貿易（運輸，保険，金融など）や知的財産権（TRIPS）等の新分野，さらには農産物の自由化などが含まれたため，法的に根拠のある国際機関の成立が必要となってきた。

そこで，ウルグアイ・ラウンド交渉では，各分野の交渉結果を実施，運営管理する国際機関を設立するための協定が結ばれた。その結果生まれたのが，国際機関としてのWTO（世界貿易機関）である。

ウルグアイ・ラウンドにおける諸協定の成立は，同時にWTOのもとでの多角的な自由貿易体制の新段階のスタートであり，こうしてGATTは各国の最終的

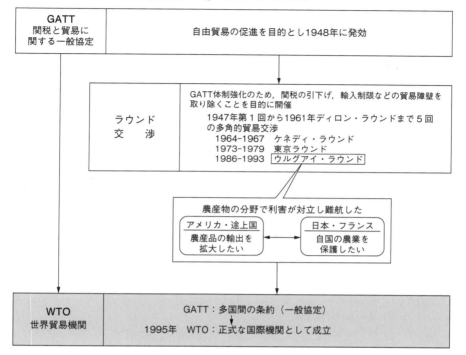

【図表13-2】　GATT から WTO へ

| **GATT**
関税と貿易に
関する一般協定 | 自由貿易の促進を目的とし1948年に発効 |

ラウンド
交　　渉

GATT体制強化のため，関税の引下げ，輸入制限などの貿易障壁を取り除くことを目的に開催

　1947年第1回から1961年ディロン・ラウンドまで5回の多角的貿易交渉
　1964-1967　ケネディ・ラウンド
　1973-1979　東京ラウンド
　1986-1993　ウルグアイ・ラウンド

農産物の分野で利害が対立し難航した

| アメリカ・途上国
農産品の輸出を
拡大したい | ←→ | 日本・フランス
自国の農業を
保護したい |

| **WTO**
世界貿易機関 | GATT：多国間の条約（一般協定）
1995年　WTO：正式な国際機関として成立 |

な同意を得て，WTO 設立協定書により1995年1月1日に WTO に引き継がれたのである。

2　WTO と GATT

　GATT 体制のもとでは，関税の評価協定などの多くの補足協定があったが，これらの補足協定を受諾するか否かは GATT 加盟国の任意となっていた。

　しかし，WTO 体制下では，WTO の加盟国は自動的に GATT の加盟国であり，GATT だけでなく WTO 設立協定書の附属書1Aに列挙された全ての協定も受諾しなければならないこととなった。したがって WTO になったから GATT がなくなるということではなく，GATT は WTO 体制のもとで，法的にはGATT1994として，モノの貿易に関する貿易協定の一部を構成することになったのである。

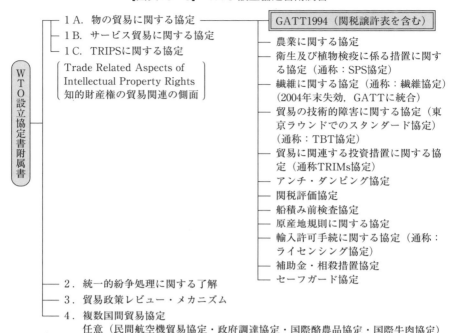

【図表13-3】 WTO設立協定書附属書

```
WTO設立協定書附属書 ┬─ 1A. 物の貿易に関する協定 ─────── GATT1994（関税譲許表を含む）
                   ├─ 1B. サービス貿易に関する協定       ── 農業に関する協定
                   ├─ 1C. TRIPSに関する協定            ── 衛生及び植物検疫に係る措置に関す
                   │   ┌─────────────────┐              る協定（通称：SPS協定）
                   │   │ Trade Related Aspects of │   ── 繊維に関する協定（通称：繊維協定）
                   │   │ Intellectual Property Rights │      （2004年末失効，GATTに統合）
                   │   │ 知的財産権の貿易関連の側面 │   ── 貿易の技術的障害に関する協定（東
                   │   └─────────────────┘              京ラウンドでのスタンダード協定）
                   │                                     （通称：TBT協定）
                   │                                  ── 貿易に関連する投資措置に関する協
                   │                                     定（通称TRIMs協定）
                   │                                  ── アンチ・ダンピング協定
                   │                                  ── 関税評価協定
                   │                                  ── 船積み前検査協定
                   │                                  ── 原産地規則に関する協定
                   │                                  ── 輸入許可手続に関する協定（通称：
                   │                                     ライセンシング協定）
                   │                                  ── 補助金・相殺措置協定
                   ├─ 2. 統一的紛争処理に関する了解      ── セーフガード協定
                   ├─ 3. 貿易政策レビュー・メカニズム
                   └─ 4. 複数国間貿易協定
                        任意（民間航空機貿易協定・政府調達協定・国際酪農品協定・国際牛肉協定）
                        注：国際酪農品協定，国際牛肉協定は1997年末に失効。
```

Ⅲ 農産物の関税化

　農産物については数量による輸入制限を撤廃し，貿易の規制を原則として全て，規制手段として認められている「関税化」という方法で行うことになった。これは，日本全体として輸入できる量に上限を決める方法（輸入割当品目〈IQ品目〉）から，関税さえ払えば量に制限なく輸入できる方法に移行するものであり，**「関税割当制度」** という方式がとられた。関税割当制度は，一定数量までの貨物には低い税率を，それを超える数量には高い税率を課する二重税率制度の一種であり，需要者側と国内生産者側の利害を調整するものである。

　関税割当が行われている農産物には，米，麦類，乳製品の一部，でん粉，雑豆，落花生，こんにゃく芋，繭，生糸が挙げられる。

Ⅳ 特殊関税制度

　貿易自由化原則のもとに，関税率の低減や輸入制限の撤廃が進められているが，これらのしくみを利用した不公正な貿易や輸入の急増によって，自国の産業が損害を被るおそれもある。そこで WTO は，対抗措置としての関税を課することを認めている。わが国では関税定率法および関税暫定措置法で**「特殊関税制度」**が定められている。主なものは相殺関税，不当廉売関税，緊急関税，報復関税であり，以下，その発動要件をみていく。

1　相殺関税

　外国において生産または輸出について直接または間接に**補助金の交付**を受けた貨物の輸入により，わが国の生産者等が実質的な損害を受けた場合に，その補助金の額を限度として課する関税をいう。

2　不当廉売関税（アンチ・ダンピング関税）

　輸出国において取引されている**通常の商取引の価格**（正常価格）より**低い価格（不当廉売価格）**で輸出され，その貨物を輸入することにより，わが国の生産者等が実質的な損害を受けた場合，その正常価格と不当廉売価格との差額を限度として課する関税をいう。

3　緊急関税

　外国における貨物の価格の低落，予想されなかった事情の変化によりある貨物の**輸入が増加**した場合に，わが国の産業を**緊急に保護**するために課する関税をいう。

4　報復関税

　わが国の WTO 協定上の利益を侵害したり，わが国の船舶や輸出貨物に対し他国より不利益な取扱いをしている国に対して，**対抗措置**として課する関税をいう。

知的財産権侵害物品の水際取締り制度

1 知的財産権侵害物品

知的財産権侵害物品とは，関税法で定められている「輸入してはならない貨物」および「輸出してはならない貨物」である。これらの侵害物品は，日本に輸入または輸出される水際(みずぎわ)で，取締りが行われる。これらは，WTO の TRIPS（Trade Related Aspects of Intellectual Property Rights）協定にもとづくものである。この TRIPS というのは，**知的財産権の貿易関連の側面**のことで，WTO 加盟各国の知的財産権の保護強化を目的としたものである。

「輸入してはならない貨物」に規定されている知的財産権の侵害物品などは，次に掲げるものである（関税法第69条の11第1項）。

① **特許権，実用新案権，意匠権，商標権，著作権，著作隣接権，回路配置利用権および育成者権を侵害する物品**

② **不正競争防止法第2条第1項第1号から第3号，第10号，第17号，第18号（定義）に掲げる行為を組成する物品**※1（以下「不正競争法違反物品」という）

また，「輸出してはならない貨物」に規定されている知的財産権の侵害物品などは，上記のうち回路配置利用権を侵害する物品を除いたものである（関税法第69条の2第1項）。

②の不正競争防止法第2条第1項第1号から第3号及び第10号，第17号，第18号に掲げる行為は，次の行為をいう。

・**周知表示混同惹起(じゃっき)行為**（第1号）

・**著名表示冒用行為**（第2号）

・**形態模倣行為**（第3号）

・**営業秘密不正使用行為**（第10号）

・**（視聴等機器）技術的制限手段無効化行為**（第17号）

・**（視聴等機器）技術的制限手段特定無効化行為**（第18号）

2 輸入差止申立て制度

ある貨物が輸入された場合，自己の権利を侵害される者（回路配置利用権を侵害される者を除く）または，自己の営業上の権利を侵害される者は，**税関長に輸入差止申立て**を行うことができる。この差止申立ては，後記4に述べる税関長の

認定手続をとることを，請求するものである。

　この場合，差止対象物品が不正競争防止法違反物品の場合は，**経済産業大臣の意見書又は認定書を添えて輸入差止申立てを行う**。たとえば同法第２条第１項第１号に規定する「**周知表示混同惹起行為**」を組成する物品に該当し，輸入差止申立てを行おうとする者は，「同法に規定する商品等表示であって当該不正競争差止請求権者に係るものが**需要者に広く認識されているものであること**」等について経済産業大臣の意見を求め，その意見が載せられた書面を申し立てた税関長に提出する。これは，税関長の認定手続を適正に行うために規定されたものである。

　また税関長は，不正競争防止法違反物品以外の輸入差止申立てについては，その申立ての受理にあたって，提出された証拠書類が**侵害の事実を疎明**するに足りるものか否かについて**専門委員**の意見を聞くことができる。専門委員とは，知的財産権に関し学識経験を有する者であって，その申立てに係る事案の当事者と特別の利益を有しない者で税関長から委嘱された者である。

　この申立てを受理した場合，認定手続の終了まで当該貨物は輸入できないことになる。そこで，認定手続において侵害物品あるいは不正競争違反物品でないとされた場合，輸入しようとした者が被るおそれのある**損害の賠償**を担保するために，税関長は，申立てをした者に対して金銭を**供託**するよう命じることができる。

3　輸出差止申立て制度

　輸入差止申立ての場合と同様に，輸出される貨物についても**輸出差止申立て**制度がある。これは，輸出により自己の知的財産権を侵害される者や自己の営業上の権利を侵害される者が，税関長に対し，**認定手続**をとるように申し立てるものである。手続は，輸入差止申立てとほぼ同様である。

4　認定手続

　認定手続は，輸出入されようとする貨物が侵害物品や不正競争違反物品であるか否かを**判定**する手続である。認定手続は，**輸入差止申立てなどを受理**した場合のほか，税関長が侵害物品であると思料した場合に行われる。税関長は認定にあたり，**専門委員**や**関連大臣**等に意見を聴取するなどして認定を行う。その結果，クロと認定された場合には，「**侵害疑義物品**」から「**輸入してはならない貨物**」や「**輸出してはならない貨物**」と確定される。

4. 貿易と環境

環境問題が国際的にクローズアップされるのに伴い，海外と貿易をする場合にも，環境に関する各種の国際協定や国際基準による制限を受けるようになってきた。今日，環境問題に関する知識は，国際的な商取引において非常に重要である。

Ⅰ 環境問題への配慮の機運

環境問題が国際規模で取り上げられるようになり，環境を保全していくために，さまざまな活動が行われるようになってきている。これまでの大量生産，大量消費，大量廃棄の社会から，環境への負荷を低減し，資源を有効活用する循環型社会の構築に向けて，国際的に取り組もうという努力がなされている。

その一環として，環境をめぐる各種の国際協定が締結されたり，国際基準が制定されたりしている。それらの国際協定や基準を受けて，国内でも法整備が行われており，商取引においては，国内外を問わず環境に配慮し，環境に関するさまざまな法規制や基準を理解し，遵守する企業姿勢が問われている。

貿易は GATT の法則（前記「3．WTO 体制とわが国の対応」参照）にもとづき，原則自由であるが，だからといって自由貿易の結果，環境を破壊することは問題である。そこで，環境を損なうことなく商取引を成立させるためには，貿易取引も当然，これら法規制や基準を守っていくことが重要となっている。

Ⅱ 環境に対する国際協定とわが国の貿易規制

二国間による環境問題の取組み，または地球規模の国際的な環境問題への取組みに関しては，WTO が管轄するのでなく，多数国間環境協定にもとづき解決していくとの考え方が強い。このような多数国間環境協定は多くの個別の条約等から構成されているが，そのなかの主な取決めには次のものがある。これらの条約では，締約国が非締約国との貿易を行うことに，厳しい規制措置を適用することになっている。

1　ワシントン条約

　絶滅のおそれのある野生動植物の種の保存のための国際協定として，通称「**ワシントン条約**」（「絶滅のおそれのある野生動植物の種の国際取引に関する条約」1975年発効）があり，該当する野生動植物の絶滅の可能性等に応じて，国際取引の禁止や，規制がなされている。

　この条約を受けて，輸出貿易管理令および輸入貿易管理令により，当該条約に該当する動植物の輸出入が制限されている。

　まず輸出では，輸出貿易管理令にもとづき輸出の際に経済産業大臣の承認を必要とする貨物が規定されているが，そのうちの一つが同令別表第2に掲げられている貨物であり，そのなかにワシントン条約に該当する貨物も含まれている。したがってワシントン条約に該当する動植物の輸出に際しては，輸出の承認が必要となる。

　また，輸入においても輸入貿易管理令に基づき経済産業大臣の承認が必要な貨物として，輸入公表第2号第2でワシントン条約の非加盟国等を原産地とする附属書IIおよびIIIに掲げる動植物が，また，輸入公表第2の2号第2では同条約の附属書Iに掲げるものが挙げられている。なお，ワシントン条約の加盟国等を原産地とする附属書IIおよびIIIに掲げる動植物については，事前確認および通関時確認品目として掲げられている（第11章「2．法令による許認可の取得」II参照）。

2　生物多様性条約

　「**生物多様性条約**」は，多様な生物をその生息環境とともに保全することを目的に，1993年に発効し，わが国を含む193ヵ国・地域が締結している（2010年6月現在）。地球には約3,000万種の生物が存在するといわれ，毎年4万種が絶滅していると推定されている。2009年4月にイタリアで行われた主要8ヵ国環境大臣会合では，生物多様性保全には，地球温暖化防止（後記III参照）と外来種の侵入防止が重要であるとする認識で一致した。特に外来種の侵入については，わが国においても「**外来生物法**」で，被害を及ぼすおそれのある生物を，特定外来生物（105種，2011年7月更新）に指定し，飼育や栽培，輸入などを規制している。

【図表13-4】 特定外来生物の例

最終更新2011年7月

分類群	種類数	例
哺乳類	21種類	フクロギツネ，タイワンザル，アライグマ，クリハラリス（タイワンリス），ジャワマングース
鳥類	4種類	ガビチョウ，カオジロガビチョウ，ソウシチョウ
爬虫類	16種類	カミツキガメ，ブラウンアノール，タイワンハブ
両生類	11種類	オオヒキガエル，キューバズツキガエル
魚類	13種類	ブルーギル，オオクチバス，ヨーロピアンパーチ
クモ・サソリ類	10種類	キョクトウサソリ科の全種，セアカゴケグモ
甲殻類	5種類	ウチダザリガニ，ラスティークレイフィッシュ
昆虫類	8種類	セイヨウオオマルハナバチ，ヒアリ，アルゼンチンアリ
軟体動物	5種類	カワヒバリガイ属の全種，ヤマヒタチオビ，ニューギニアヤリガタリクウズムシ
植物	12種類	ミズヒマワリ，ナガエツルノゲイトウ，ブラジルチドメグサ

出所：環境省

3　モントリオール議定書

　地球環境問題の一つにオゾン層破壊問題があるが，これは，フロン，ハロン等の特定物質によりオゾン層が破壊され，人体に大きな影響を与えることが懸念されるためである。

　このため，フロン，ハロン等の特定物質の排出を段階的になくし，他の物質で代替することによりオゾン層を保護しようという国際的取決めがなされた。これが「ウィーン条約」（1988年発効）で，これにもとづき「**モントリオール議定書**」（1989年発効）が採択された。この議定書による規制はその後強化され，特定フロン，ハロン，四塩化炭素などは先進国では1996年以降全廃された。

　わが国では，「特定物質の規制等によるオゾン層の保護に関する法律」（通称「オゾン層保護法」）が制定され，製造や排出の規制を図っている。貿易においては，輸出貿易管理令にもとづく輸出の承認の必要な貨物として，同令別表第2に掲げられている。

　輸入においては，特定フロン等の規制物質を輸入公表第1号第2で輸入割当品目とし，その他一定の規制製品を輸入公表第2号に掲げ輸入承認の対象としている（第11章「2．法令による許認可の取得」Ⅱ参照）。

4　バーゼル条約

　有害廃棄物については，これらの処理に関する法規制が厳しい国から緩やかな国へ移動されたり，有害廃棄物の処理費用が安い国へ移動されたりして，国をまたがっての環境問題へと発展した。そのため，OECD（国連経済開発会議）およびUNEP（国連環境計画）で検討が行われ，「有害廃棄物の国境を越える移動及びその処分の規制に関する条約」（通称「バーゼル条約」1992年発効）が締結された。

　これを受けてわが国は，1992年に「特定有害廃棄物等の輸出入等の規制に関する法律」を制定し，1993年に条約に加盟した。この国内法に規定された特定有害廃棄物等は，輸出貿易管理令の別表第2に掲げられていて輸出承認の対象となっている。また，輸入についても，輸入公表第2の2号第2により輸入承認が必要とされるものである。

 その他の環境問題

1　地球温暖化

　地球の森林面積は陸地の約3分の1を占めるが，なかでも約40％にあたる熱帯林は多様性に富んだ生態系を確立させており，地球上の生物の半数が生息しているといわれている。熱帯林の減少は，これらの生態系を破壊し，また，温室効果ガスとして代表的な二酸化炭素が熱帯林に吸収されなくなることから，地球温暖化の原因ともなっている。1981年〜90年の10年間で年平均約1,540万ha（日本の国土面積の約40％に相当）もの熱帯林が失われたが，その原因としては，過度な焼畑耕作や燃料としての薪炭材の過剰採取，不適切な商業伐採，輸入国における木材や紙の大量消費などが挙げられる。このように熱帯林の減少がもたらす影響は大きく，その対応策を地球規模で考える必要に迫られている。

　国際的な取組みとして地球温暖化防止をめざす「**気候変動枠組条約**」は，日本を含む約190ヵ国・地域が締結し，1992年に採択されている（1994年発効）。具体的な活動として，1997年に先進国に温室効果ガスの排出削減を義務づけるいわゆる「**京都議定書**」が採択された。これは2008年〜12年の排出量を1990年比で先進国全体で年平均5％以上削減することを目標に掲げるものであり，わが国は6％の削減目標を負うこととなった。しかし2005年のわが国の排出量が7.7％増であったように，目標達成のためにはいっそう効果的な対策が求められている。ま

た，2009年12月開催の締約国会議に向けて，同年9月わが国は「温室効果ガスの排出量を2020年に1990年比25％削減する」との目標を提言し，称賛を受けたが，問題解決のために，発展途上国支援を含めた先進国の取組みが注目されている。

2　遺伝子組み換え食物

　遺伝子組み換え食物とは，遺伝子操作技術によって，収穫量の増大を可能にした作物や，除草剤に対する耐性，害虫を駆除する毒素を生産する能力，日持ちをよくする性質等が付加された作物をいうが，人体への影響など，未解明な部分が多い。しかし近年，遺伝子組み換え食物の開発や実用化は，国際的にも急速に広がってきた。これを受けて厚生労働省は，安全性審査を義務化し，2001年4月から，審査を受けていない遺伝子組み換え食物は，輸入，販売等が法的に禁止されることとなった。承認済みの食品は次第に拡大して，ジャガイモ，大豆，てんさい，トウモロコシ，なたね，わた，アルファルファ，パパイヤの8種類（303品種）になっており，ほかに食品添加物9種類（21品目）がある（2016年3月現在）。

Ⅳ　その他の環境問題への取組み

1　環境マネジメントシステムの確立

　企業が地球環境に果たす役割の重要性が叫ばれるなか，従来の規制遵守から，もう一歩進んだ自主的な取組みが求められる段階に入った。その自主的な取組みの一つが，環境マネジメントシステムである。

　近年，企業の環境マネジメントシステムの導入は国際的な流れであり，たとえば製品を海外に輸出する企業は，国際的に標準化された環境マネジメントの規格を導入していないと，同一条件での市場競争から排除されかねない。

　現在，環境マネジメントシステムの規格として国際標準となっているのは，国際標準化機構（ISO）が定めたISO14000シリーズの一つ，「ISO14001」といわれるものである。

　これは，生産，サービス，経営に際して，その基本的なしくみが，「PDCAサイクル」と呼ばれる計画（Plan），運用（Do），点検（Check），改善（Act）に沿った形で行われているかどうかが，審査のポイントとなる。具体的には，認証機関（株式会社日本環境認証機構，財団法人日本規格協会審査登録事業部など）が環境管理監査システムが整備されているかどうかについて審査し，合格すれば

ISO14001認証取得企業として登録されるというものである。

　とりわけヨーロッパの国々の取得件数が多く，ヨーロッパ向け輸出の場合には，認証取得企業であることが有利であるといえる。

　また，この他環境マネジメントシステムには，環境省の策定した「エコアクション21」もある。

2　環境ラベル（エコラベル）

　消費者の環境への意識は世界的に高まりつつあるが，そこに大切な役割を果たしているのが，各国で実施されている「エコラベル制度（環境ラベル制度）」である。これは，ある特定の基準にかなった商品にのみ，その証として特定のラベルをつけることができる制度で，消費者に対して環境によい商品情報を提供し，企業に対しては環境負荷の少ない商品の開発を促すことを目的としている。

　第三者認証によるエコラベル制度は，1978年にドイツで導入されて以来，先進国を中心に実施されるようになり，それぞれ独自のエコラベルをデザインして，

【図表13－5】　第三者認証による世界の環境ラベル

注：①プログラム　②運営組織

ドイツ
①ブルーエンジェル
　（Umweltzeichen）
②ドイツ連邦環境庁
　RAL（品質保証ラベル協会）

カナダ
①エコロゴプログラム

②テラチョイス　環境サービス
　カナダ環境省

アメリカ
①グリーンシール
　（Green Seal）
②グリーンシール

北欧5ヵ国
①北欧エコラベル
　（Nordic Swan）
②スウェーデン，ノルウェー，
　フィンランド，アイスランド，
　デンマークの各機関

欧州連合（EU）
①EUフラワー
②欧州委員会，加盟各国
　の担当機関

タイ
①グリーンラベル
②タイ環境研究所

韓国
①環境ラベル
②韓国環境産業技術協会
　（KEITI）

日本
①エコマーク
②財団法人日本環境協会

出所：財団法人日本環境協会

4．貿易と環境　359

認証商品につけている。さらに ISO は環境ラベルについての国際規格をタイプ別に定めており，日本でもその規格に対応した JIS 規格が定められた。

また，日本や米国など14ヵ国・地域のエコラベル認証機関は，1994年「グローバル・エコラベリング・ネットワーク（GEN）」を組織した。ここでは，国際的な調和の検討，途上国の支援，ラベルの相互認証等に取り組んでいる。

3 HACCP

食品の輸入に関しては，それが人体へ直接的に影響を及ぼすことから，各国ではそれぞれの国内法にもとづいて安全基準を設け，国産品とともに厳しく規制している。

HACCP（Hazard Analysis Critical Control Point ＝危害分析重要管理点）は，もともと NASA（米国航空宇宙局）で，高い安全性が求められる宇宙食の開発チームが生み出した安全・衛生管理の科学的手法をいう。現在では，食品製造の衛生管理システムとして，米国の食品業界から世界的に拡大されている。わが国でも1996年に食品衛生法が改正され，HACCP の考え方にもとづいた「総合衛生管理製造過程」の申請・承認制度が創設された（食品衛生法第13条）。

海外では HACCP にもとづく規制がさらに整備されて，その多くが強制法であるため，わが国の食品メーカーが該当する食品を輸出する場合には，規制の対象となることに注意が必要である。

キーワード

フェアトレード（公正貿易）とは？

食品や衣料品，雑貨などを，発展途上国の生産者から適切な価格で仕入れ，販売するしくみで，途上国の貧困解消を主な目的としている。フェアトレードの対象となる商品の多くは，途上国の人々の手仕事によって生産されるため，機械による大量生産に比べて電力などのエネルギー消費が抑えられ，二酸化炭素排出量も少ないため，地球環境を守る対策としても注目されている。

次の記述について，正しいものには○印を，誤っているものには×印をつけなさい。

(1) 「東アジア共同体」構想とは，東アジアにおいて経済を中心に，環境，テロ，国際犯罪対策などの幅広い分野の協力をめざす地域的枠組みをいう。

(2) WTO は，1944年に締結されたブレトン・ウッズ協定に基づいて設立された国際機関であり，新しい世界の貿易秩序の構築をめざして発足した。

(3) 税関職員が，輸入貨物中に知的財産権侵害の疑いがある貨物があると思料したときは，その貨物は認定手続を経ることなく，直ちに没収される。

(4) 著作権が侵害されている貨物が輸入されている場合には，権利者は，文化庁に輸入差止申立てを行うことができる。

(5) 回路配置利用権侵害物品は，「輸出してはならない貨物」である。

次の記述の①～⑧の（　　　）内に入る最も適切な語句を，語群から選びなさい。

(1) 経済，通貨統合，政治統合を推進するため，それまでの EC（欧州共同体）から EU（欧州連合）へ発展させようと1993年に発効された条約を（　①　）という。

(2) （　②　）（関税と貿易に関する一般協定）では，（　③　）待遇と（　④　）待遇の二つの原則を定めているが，これを無差別の原則という。（　③　）待遇の例外として，先進国が途上国に対して関税上の優遇措置を与える一般（　⑤　）制度や（　⑥　）（自由貿易協定）が認められている。

(3) わが国では（　⑥　）を柱に，投資，サービス，（　⑦　）の自由化，知的財産権保護のルール作り，産業協力などの幅広い分野の協定を取り決める（　⑧　）（経済連携協定）の締結が進められている。

(a) アムステルダム条約　　(b) FTA　　(c) 特恵関税　　(d) 最恵国
(e) マーストリヒト条約　　(f) 内国民　　(g) WTO　　(h) EPA
(i) 関税割当　　(j) 人の移動　　(k) GATT　　(l) ビザ（査証）

チェック問題 3

次の記述は，地球環境問題に関する国際条約についてのものであるが，条約の名称として正しい組合わせはどれか。

ア　有害廃棄物の国境を越える移動およびその処分の規制に関する条約
イ　オゾン層を保護しようとする国際的取決めがなされた条約
ウ　絶滅の危機にある野生動植物の保護に関する条約

	ア	イ	ウ
A	ウィーン条約	ワシントン条約	バーゼル条約
B	ワシントン条約	バーゼル条約	ウィーン条約
C	バーゼル条約	ウィーン条約	ワシントン条約

解答と解説

1．(1)－○
　(2)－×　WTO は，1995年 GATT を発展的に解消して設立された国際機関であり，新しい世界の貿易秩序の構築をめざして発足した。
　(3)－×　税関長が，輸入貨物中に知的財産権侵害の疑いがある貨物があると思料したときに，認定手続を行う。認定手続を経ることなく直ちに没収することは認められていない。
　(4)－×　著作権が侵害されている貨物が輸入されている場合には，権利者は，税関長に対して輸入差止申立てを行うことができる。文化庁に対してではない。
　(5)－×　回路配置利用権侵害物品は，「輸入してはならない貨物」であるが，

「輸出してはならない貨物」に該当しない。

2．(1)　①－(e)
　　(2)　②－(k)　　③－(d)　　④－(f)　　⑤－(c)　　⑥－(b)
　　(3)　⑦－(j)　　⑧－(h)

3．C
　　地球環境問題に関する国際条約についての問題である。ア「有害廃棄物の国境を越える移動およびその処分の規制に関する条約」には，バーゼル条約，イ「オゾン層を保護しようとする国際的取決めがなされた条約」には，ウィーン条約，ウ「絶滅の危機にある野生動植物の保護に関する条約」には，ワシントン条約が，それぞれ該当する。したがって正解はCとなる。

第14章 貿易書類の基礎知識

1. 売買契約書

ここでは，貿易取引において通常使われている「注文書型契約書」，「注文請書型契約書」を取り上げ，タイプ条項と印刷条項（裏面約款）の記載内容を確認する。

 売買契約書とは

最も一般的な売買契約書の書式は，各企業が自社で作成した注文書型契約書（輸入の場合），注文請書型契約書（輸出の場合）である。これは自社製の契約書に契約ごとに必要事項をタイプで打ち込む書式で，その表題はさまざまであるが，通常次のような名称がつけられている。

> **売契約の場合**
> ・SALES NOTE
> ・CONTRACT OF SALES
> ・CONFIRMATION OF ORDER　など
> **買契約の場合**
> ・PURCHASE ORDER
> ・PURCHASE NOTE
> ・CONFIRMATION OF PURCHASE　など

これらの自社製の契約書では，契約内容をそのつど所定の箇所にタイプで打ち込んで契約書を作成するが，自社のさまざまな取引に毎回共通する取引条件についてはそのつどタイプせずに，あらかじめ裏面に印刷しておくのが一般的である。これらの裏面に印刷された条件を「**一般取引条件**」といい，通常，自社に有利なように記載されている。

取引のつど契約内容をタイプする表面の部分は「**タイプ条項**」と呼ばれ，裏面のあらかじめ印刷されている一般取引条件のことを「**印刷条項**」または「**裏面約款**」という。

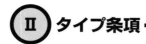

II タイプ条項

注文書型・注文請書型の契約書は基本的に自社製なので，その記載事項には各社の書式により差があるが，たとえば売契約であれば，おおむね次のような書式となっている。

【図表14-1】 売買契約書の例（売契約の場合）

CONTRACT OF SALE

❶ ABC Corporation as Seller hereby confirm the sale to undermentioned Buyer of the following goods (the "Goods") on the terms and conditions given below INCLUDING ALL THOSE PRINTED ON THE REVERSE SIDE HEREOF, which are expressly agreed to, understood and made a part of this Contract :

BUYER'S NAME AND ADDRESS			SELLER'S DEPT. SELLER'S CONTRACT NO.	DATE **❷** BUYER'S REFERENCE NO.
MARKING **❸**	COMMODITY & QUALITY **❹**	QUANTITY **❺**	UNIT PRICE **❻**	AMOUNT **❼**
TERMS OF DELIVERY **❽**		TIME OF SHIPMENT **⓫**		
PORT OF SHIPMENT **❾**				
PORT OF DESTINATION **❿**				
INSPECTION **⓬**		PACKING **⓭**		
INSURANCE **⓮**		SPECIAL TERMS & CONDITIONS **⓰**		
PAYMENT **⓯**				

Accepted and confirmed by
(BUYER)
⓱

(SELLER)

ON _____ 20XX

❶　頭書

　契約書の最初に「貴社に対して下記（および裏面）条件にもとづき，販売したことを確認する」という内容の頭書が印刷されている。

❷　日付（DATE）

❸　荷印（MARKING）

❹　商品名および品質

　その売買の対象となる商品を特定するために，まず商品名を挙げる。そしてさらにその特定を具体的にするために，商品によっては商品名に加えて，次のようなことを付記する。

　　・商標　　　・仕様　　　・型式　　　・規格　　　・成分　　　・メーカー名
　　・サイズ　　　・容量　　　・色彩　など

　品質については，取引交渉で決めた決定方法にもとづいて表示する。

❺　数量（QUANTITY）

　貨物によっては，数量過不足条件（More or Less Terms）として契約書に，たとえば「5 % more or less at seller's option（5 %以内の過不足は売手の任意）」などの条項を付け加える。

❻　単価（UNIT PRICE）

❼　金額（AMOUNT）

　契約書上の売買価格は，実際の商品代金以外に，輸送費用，保険料，関税などのうち，どの費用をその価格に含めるかによって変わってくる。これらを通常，インコタームズの表記にもとづいて記載する。

　また，どの国の通貨で決済するのかも，売買価格を決めるうえでは重要な項目である。

❽　貨物の引渡し条件（TERMS OF DELIVERY）

　貨物をいつ，どこで引き渡すかについての条件である。これも FCA，CPT，CIP などの「貿易条件」によって決まってくる。

　また，①契約の商品について数回に分けて船積みすること（分割船積み），②貨物を途中で他の船に積み替えること（積替え）についても，許容するのかしないのかを明確にしておく。

❾　積出港（仕出港）（PORT OF SHIPMENT）

❿　揚港（仕向港）（PORT OF DESTINATION）

　もし途中で複数の輸送形態を利用して輸送する場合には，この揚港のほかに最

終仕向地も別途条件として契約書中に明記することが必要である。

⓫　船積時期（TIME OF SHIPMENT）

　船積みの時期については，航海中の自然現象や事故，また船会社の配船予定の変更などがよく起こることから，ある特定日に限定することは難しいといえる。このため，通常はある一定の期間を定めて船積時期としている。たとえば次のような決め方がある。

- ・特定月（ある一定の暦月で指定するもの）
- ・2ヵ月以上にわたる期間
- ・信用状受領後に指定
- ・特定日数日以内　など

⓬　検査（INSPECTION）

　商品の品質，数量が契約条件通りであるかどうかを確かめるために，検査，検品の手法を取引条件として規定する。主に，検査の時期と検査方法を取り決める。

A　検査の時期

　検査の時期は次の四つに分かれ，そのうちのどれにするかを決める。

- ・船積時
- ・陸揚時
- ・工場出荷時
- ・需要家への納入時（輸入者が自国内のユーザーへ納品したとき）

B　検査人と費用

　検査は売手または買手が行う場合と，第三者である検査機関に依頼する場合とがあり，だれが実施するかを規定するとともに，検査機関に依頼する場合についてはその費用負担についても取り決める。

⓭　梱包（PACKING）

　その商品をどのように梱包するかについて，詳しく取り決める。貨物の性質や形態を把握して，輸送経路や輸送手段に最も適した梱包をする必要がある。貨物によっては特殊な性質を持つものもあり，たとえば水や湿度に敏感なものにはそれに合った方法で梱包するよう決めておくことが大切である。

　梱包不良による貨物の損害は，運送人や保険会社には求償できないので，輸送途上で受ける多くの外的条件についても考慮して決めることが必要である。たとえば荷役や保管の程度などについても，可能な限り調査，検討することが大切である。

⑭ 保険（INSURANCE）

輸送中の貨物に対する損害をカバーする海上保険条件を規定する。海上保険条件は，海上輸送のほか，航空輸送，複合輸送の場合にも用いられる。

この海上保険条件は，貿易条件によって貨物の危険の負担者と保険義務者が異なる場合（貿易条件が CIP，または CIF の場合）に必要になる。

保険金額は，契約書上で特約しない限り，インコタームズや信用状統一規則では CIF の110％となる。

⑮ 支払条件（PAYMENT）

買手が売手に支払う売買代金について，その支払時期と支払方法を契約書上で明確にする。

⑯ その他特別条件（SPECIAL TERMS AND CONDITIONS）

⑰ 署名欄

契約書の作成者の署名欄と，相手方の署名欄がある。この書式は 2 通作成し，2 通とも相手に送付して，そのうちの 1 通を署名後返送してもらう。

Ⅲ 印刷条項（裏面約款）

裏面に印刷されている「一般取引条件」は，交渉段階では取り決めていないことが多く，したがって法的効力はないと解釈する国もある。しかし前記の売契約書式の頭書にあるように，裏面条件もあわせて確認のうえ，署名するよう求める書式となっているのが一般的であり，注意が必要である。

一般取引条件の例として次ページに印刷条項（裏面約款）の例を挙げたが，これらのうち，もし契約交渉の段階で具体的に取り上げ，合意に達している条項があれば，表のタイプ条項の⑯に特別条件として記載するようにする。

もし表裏の内容に差異があった場合には，より個別具体的な表面の条件が優先される。

では次ページの印刷条項（輸出契約書の裏面）にどのような条件が記載されているのかみてみよう。

(1) 追加費用（INCREASED COST）

契約で定めた以外の追加費用が発生した場合には，これらは輸入者負担であることを規定している。ここで例として挙げている追加費用としては次のようなものがある。

・運賃率の変更による増加運賃

・関税

・政府関係費用

・戦争危険，ストライキ危険などに対する追加保険料

・その他

(2) 支払条件（PAYMENT）

　商品代金の支払条件として，信用状（Letter of Credit）を使用する場合と使用しない場合とについて規定されている。

① 信用状取引の場合

　信用状について，それがどんな信用状でなければならないかを規定している。

　1．取消不能信用状で，買取銀行が指定されたリストリクトL／C（Restricted L/C）ではないこと

　2．十分な信用のある銀行が発行したもので，契約成立後直ちに発行されたものであること

　3．有効期限が船積日から7日以上猶予があること

　4．契約条件に準拠したものであること

　5．この信用状と組み合わせて，代金回収には一覧払いの荷為替手形（sightdraft）を使うこと

　また，上記の1〜5に合致した信用状を買主が発行できなかった場合には，それは契約違反とみなされ，売主はこの違反によって不利益を被ることがないよう，救済措置をとれることを規定している。

　売主は次の救済措置のうち，適したものを選択することができる。

　1．本契約の全てまたは一部をキャンセルする

　2．費用とリスクは買主負担で貨物の船積みを遅らせる

　3．費用は買主負担で商品を転売する

② 信用状取引ではない場合（D／P，D／A，または送金の場合）

　もし買主が代金支払不能であると思われる場合には，売主が買主に相応の保証を提供させるか，売主が貨物の船積みを遅らせたり中止したりするか，あるいは本契約第9条（契約不履行）にもとづく権利の行使と救済措置をとることを規定している。

GENERAL TERMS AND CONDITIONS

1.INCREASED COST:—
If Seller's cost(s) of performance is(are) increased after the date of this Contract by reason of increased freight rate(s), tax(es), or other governmental charge(s), or insurance premium(s) for War & S.R.C.C. risks, such increased cost(s) is(are) entirely for Buyer's account.

2.PAYMENT:—
Buyer shall pay the full contract price plus all banking charges outside Japan, including advising charges regardless of being charged within or outside Japan, and shall not be entitled to offset any of them against the contract price.
(1) If and when Buyer is to establish a Letter of Credit in favor of Seller, such Letter of Credit shall be (i) Irrevocable and Unrestricted (freely negotiable by any bank), (ii) established by a prime bank satisfactory to Seller immediately after the conclusion of this Contract, (iii) valid for a period over 7 days for negotiation after the date of shipment and expire thereafter in Japan, (iv) in strict compliance with the terms and conditions of this Contract, and (v) available for sight draft(s) to cover the full invoice amount.
Failure of Buyer to furnish such Letter of Credit as specified above shall be deemed a breach of this Contract, and Seller, without prejudice to any of the remedies stipulated herein, shall have the option(s) to (i) cancel the whole or any part of this Contract, (ii) defer the shipment of the Goods and hold them for Buyer's account and risk, and/or, (iii) resell the Goods for Buyer's account.
(2) If and when payment is to be made by D/P, D/A or Remittance, and if Seller has reason to suspect that due and full payment will not be made, Buyer shall, upon Seller's request, furnish adequate assurance/security satisfactory to Seller, or Seller may suspend the shipment of the Goods or stop them in transit in addition to the rights and remedies stipulated in Clause 9 hereof.

3.SHIPMENT:—
In case of FOB, FCA or any other trade terms under which Buyer has to secure or arrange shipping space, Buyer shall provide the necessary shipping space and give Seller shipping instructions in a timely manner.
In case of CIF, CIP or any other trade terms under which Seller must provide the necessary shipping space, shipment within the time stipulated on the face hereof shall be subject to the availability of shipping space.
The date of the Bill of Lading, Sea Waybill, Air Waybill or any other similar transport documents which indicates that the goods have been taken in charge or received for shipment shall be conclusive evidence of the shipment or delivery.
In case the Goods shall be carried by air, risk of loss of the Goods shall pass from Seller to Buyer upon delivery of the Goods to the carrier or its agent for transportation.
Each lot of partial shipment or delivery, if allowed, shall be regarded as a separate and independent contract.

4.INSURANCE:—
Where Seller is to effect insurance at its own expense, such as in case of CIF, such insurance shall (i) cover 110% of the invoice amount, (ii) be against marine risks only, and (iii) be Free from Particular Average, F.P.A. (Institute Cargo Clauses) or on equivalent terms.
Any insurance requested by Buyer shall be on Buyer's account and its premium shall be added to the invoice amount for which the Letter of Credit/Terms of Payment shall provide accordingly.
If Buyer shall provide insurance under D/P or D/A payment terms, Buyer shall inform Seller of his insurance policy/ certificate number, the name of the insurance company or insurer and other necessary information well in time for the scheduled shipment.

5.CLAIM:—
Each claim shall be advised by telegram/cable or any teletransmission to Seller within 15 days after the arrival of the Goods at the destination specified on the face of this Contract or in the transport document.
In addition, each claim shall be confirmed by Seller after arrival in writing to be accompanied by full particulars of the evidence thereof certified by sworn surveyor(s) within 15 days after telegraphing/cabling or any teletransmitting.
Seller shall have the option in full settlement of such claim to repair the defective goods, replace with conforming goods or repay the purchase price, when shipping documents including B/L are delayed on Buyer's side because of late negotiation with the bank, banking procedures, mailing conditions, etc., the goods shall be delivered at Buyer's expense by the carrier under Buyer's letter of indemnity or guarantee.
In any event Seller shall not be responsible to Buyer for any incidental, consequential, or special damages.

6.WARRANTY:—
Unless expressly stipulated on the face of this Contract, Seller makes no warranty, express or implied, as to the fitness and suitability of the goods for any particular purpose and/or merchantability.

7.PATENT, TRADEMARK, etc.:—
Buyer shall hold Seller halmless from, and shall waive any claim against Seller for, any liability for infringement of patent, utility model, design, trademark, brand, pattern, copyright, or other industrial and/or intellectual property rights in the Goods whether in the Buyer's country or any other country, provided, however, that Seller shall be liable for any such infringement in Seller's country if the above mentioned rights so infringed are not designated or selected by Buyer.
Nothing herein contained shall be construed as a transfer of any such industrial and/or intellectual property rights in the Goods, and such ownership and right shall be expressly reserved to the true and lawful owner(s) thereof.

8.FORCE MAJEURE:—
Seller shall not be liable for any delay in shipment or delivery, or non-delivery, of all or any part of the Goods, or for any other default in performance of this Contract due to the occurrence of any event of force majeure (hereinafter referred to as "Force Majeure") including but not limited to, flood, earthquake, typhoon, tidal wave, perils of the sea, fire, explosion or other act of God, prohibition of exportation, embargo or other type of trade control, governmental order, regulation or direction, or quarantine restriction, strike, lockout, slowdown, sabotage, or other labor dispute, war, hostilities, riot, civil commotion, mobilization, revolution or threat thereof, boycotting, accidents or breakdown of machinery, plant, transportation or loading facilities, shortage of petroleum products, fuel, electricity, energy sources, water, other raw materials, substantial changes of the present international monetary system or other severe economic dislocation, bankruptcy or insolvency of the manufacturers or suppliers of the Goods, or any other causes or circumstances directly or indirectly affecting the activities of Seller, manufacturer or supplier of the Goods.
On the occurrence of any event of Force Majeure, Seller may, by giving notice to Buyer, (i)extend the time of delivery/shipment of the Goods or of performance of other obligations arising under the terms of this Contract, and/or (ii)cancel unconditionally the whole or any part of this Contract, and Buyer shall accept such of the above action(s) as Seller may take.

9.DEFAULT:—
If Buyer fails to perform any other contract with Seller or if Buyer becomes insolvent or bankrupt, or takes any proceedings admitting the inability to pay or meet his obligations, or if Buyer transfers any or all of its business or important assets, or changes his legal status or organization, Seller may, without prejudice to Seller's right and remedies at law, by giving written notice to Buyer, (i)cancel immediately, or reserve the right to cancel, the whole or any part of this Contract or any other contract with Buyer, (ii)delay or suspend shipment or delivery of the Goods, (iii) stop the Goods in transit, (iv) hold and/or resell the Goods for Buyer's account and risk, and/or (v) accelarate any installment or otherwise postponed or deferred payment for shipment already made under this Contract or any other contract with Buyer.
In any such event, Buyer shall be liable to Seller for any loss or damage, direct or consequential, incurred as a result thereof.

10.NO ASSIGNMENT:—
Buyer shall not transfer or assign the whole or any part of this Contract or any of his rights or obligations accruing hereunder without Seller's prior written consent.

11.NO WAIVER:—
No claim or right of Seller under this Contract shall be deemed to be waived or renounced in whole or in part unless the waiver or renunciation of such claim or right is acknowledged and confirmed in writing by Seller.

12.ARBITRATION:—
Any dispute, controversy or difference which may arise between the parties hereto, out of or in relation to or in connection with this Contract, or any breach hereof shall be settled, unless amicably settled without undue delay, by arbitration in Tokyo, Japan in accordance with the Commercial Arbitration Rules of The Japan Commercial Arbitration Association. The award rendered by the arbitrator(s) shall be final and binding upon the parties hereto.

13.TRADE TERMS & GOVERNING LAW:—
Trade terms such as FOB, CIF and any other terms which may be used in this Contract shall have the meanings defined and interpreted by INCOTERMS 2010 Edition, ICC Publication No.560, as amended, unless otherwise specifically provided in this Contract.
The formation, validity, construction and performance of this Contract shall be governed by and construed in accordance with the laws of Japan.

出所：財団法人日本貿易関係手続簡易化協会

(3)　船積条件（SHIPMENT）

船積みについての具体的な条件が規定されている。

まず，貿易条件が FOB や FCA などの条件で，買主側が輸送の手配をする場合には，その手配をきちんと行い，売主に対してどのような指示内容であったかを知らせる義務があることを規定している。

逆に売主が輸送契約をする貿易条件（CIF，CIP など）の場合には，売主がこれらの手配を行うことを明記している。

また，貨物が船積み（shipment）または引渡し（delivery）されたことを証明するものとしては，ここでは船荷証券（B/L ＝ Bill of Lading）あるいは航空運送状（AWB ＝ Air Waybill）の日付をもってあてることを規定している。航空貨物の場合には，貨物の危険負担は，運送人（航空会社または利用航空運送事業者など）または航空代理店に貨物が引き渡された時点で移転すると明記されており，これは航空貨物でも旧来の FOB，CFR，CIF の条件を使用している場合を想定して明記されたと考えられる。

分割船積み（Partial Shipment）（一契約の商品を何回かに分けて船積みすること）については，もし表面条項で許容された場合には，各船積みが異なる契約によって履行される旨が規定されている。

(4)　保険（INSURANCE）

まず，保険付保が売主の義務である貿易条件の場合（CIF など）について次のように規定している。

1．保険金額は，貿易条件 CIF の110％の金額であること
2．マリン・リスクのみを対象とした保険を付保すること（戦争危険やストライキ危険はカバーする特約はつけないこと）
3．売主がてん補する保険条件は，ICC（協会貨物約款）の最低条件である FPA，またはそれと同等の条件（新 ICC の（C）など）であること

また，もし買主が，3．以上の保険てん補を希望するのであれば，その追加契約に伴う保険料の増加分は買主負担である旨を明記している。これは，インコタームズ上の規定とも一致した内容となっている。

さらに，D／P，D／A 取引で，買主側が保険を付保する場合には，その契約内容を売主に船積時までに通知するように指示している。

(5)　クレーム（CLAIM）

買主が貨物を受け取ってから損害等を発見した場合のクレーム方法，および売

主の免責事項について定めている。

(6) 保証（WARRANTY）

商品の保証についての考え方を規定している条項で，基本的には表面のタイプ条項に規定された範囲以外には，売主は保証責任を負わないと定めている。

(7) 特許，商標等（PATENT, TRADEMARK, etc）

売買契約の対象となる貨物が，輸入国で特許権や商標権といった知的所有権を侵害するようなこと（Infringement）があった場合に，売主はその損害に責任を負わないことを規定している（日本国内での侵害は除く）。

売買の対象となった商品が，輸入国において有効に存在する特許に抵触する場合には，貨物を通関できないこともあるし，無事輸入者のもとに貨物が到達しても，その貨物の使用について特許権者の許諾が必要となる場合もある。いずれの場合でも，その商品の売買の目的を達成することができず，輸出入者双方が損害を受けることになる。このような事態を避けるためには，契約を結ぶ前に，輸出入者とも，事前に輸入国における特許事情を調査しておくことが必要である。

さらに，買主の指示事項が，結果として日本におけるこれらの知的所有権を侵害することになった場合にも，売主は責任を負わないとしている。

(8) 不可抗力（FORCE MAJEURE）

売主が契約に規定した義務を果たせないような「不可抗力」の場合とは，具体的にどのような場合なのかを例を列挙して定義し，その場合売主は，貨物の遅延（delay in shipment or delivery），不着（non-delivery），契約履行不能（default in performance of this Contract）などについて責任を負わないことを定めている。

さらに売主は，このような不可抗力の事態が発生した場合に，買主に通知することにより，船積みや貨物の引渡し時期を延長したり（extend），あるいは契約履行できない部分については契約をキャンセルしたりできることが規定されている。

(9) 契約不履行（DEFAULT）

もし買主側に次のような事態が発生した場合には，契約不履行とみなされる旨が規定されている。

・支払不能，破産
・破産法または債務者の救済に係る法律にもとづき何らかの手続が申し立てられた場合

・買主がその企業，または資産の一部を譲渡した場合

・買主の法律的なステータスや構造が変化した場合（株式会社でなくなった，など）

このような事態が生じた場合には，売主は，買主に対して通知することにより，次のような方法をとることができる。

・本契約の全て，またはその一部を，直ちに解約するか，解約する権利を持つ

・商品の船積みまたは引渡しを延期，または停止できる

・輸送中の商品の輸送を差し止めることができる

・買主負担で商品を転売できる

・代金全額の即時支払いを直ちに請求できる

このような対処方法をとった場合，売主は買主に，直接的または派生的費用や損失について，賠償請求することができる。

⑽　譲渡禁止（NO ASSIGNMENT）

買主は，売主に書面で了承を受けない限り，本契約の全部，または一部を譲渡することはできない旨を規定している。

⑾　権利放棄（NO WAIVER）

契約にもとづく当事者の損害賠償権や権利を，何らかの理由で一定期間内や期日に行使しなかった場合，これらの損害賠償権や権利を「放棄」したとみなされ，次に同じような状況が起こった場合にその権利等はいったん放棄したのだからもう行使できないのか—ということが問題となるケースがある。この問題について明確に決めているのがこの条項である。

ここでは，「本契約にもとづいて売主に与えられた損害賠償権や権利は，売主により書面で放棄されたことが確認されたもの以外は，これを行使しなかったからといって放棄したことにはならない」と規定している。

⑿　仲裁（ARBITRATION）

もし輸出入者の間で何か紛争が起こった場合の解決方法について規定されている。

ここでは，仲裁（Arbitration）という方法で解決を図ることを規定しており，その場合の仲裁場所としてこの条項では日本国東京を指定し，日本商事仲裁協会（the Japan Commercial Arbitration Association）の仲裁規則（the Commercial Arbitration rules）に従うことを定めている。

また，仲裁人による裁定（仲裁判断）は最終のものであり，当事者双方を拘束

する旨を規定している。

⒀　貿易条件と準拠法（TRADE TERMS & GOVERNING LAW）

　価格算出のもととなる貿易条件（建値）には，国際商業会議所（ICC）の定めた国際ルールである2020年版インコタームズの条件を使用することをここでは規定している。

　インコタームズは法律でも国際協定でもないため，実際の貿易取引においてこれを採用するかどうかは契約当事者の任意であり，インコタームズを使用する場合には何年版のものを使用するかを明記することになっている。

　準拠法とは，国際契約において適用される法律のことで，具体的にはその契約の解釈を行う際に適用される，国あるいは州の法律のことをいう。ここでは準拠法は日本の法律とされている。

　以上，裏面の印刷条項（裏面約款）の内容について，例を挙げてみてきたが，未合意の裏面の一般取引条件は無効と解釈するのが主流であるとはいえ，紛争を避けるためにも，自社にとって譲れない条項は，契約条件として具体的に交渉し，表のタイプ約款の特別条件として取り決めることが大切である。

　なお，わが国がCISG（ウィーン売買条約）に加入したことにより，条約締結国の企業間の契約で，事前の合意がない場合には，自動的にCISGが適用される。そのため，CISGの適用を受けたくない場合には，その適用を排除する旨の文言を契約書上に明文化する必要がある。

2. 取消不能信用状

ここでは，輸入者の取引銀行が代金の支払いを確約した保証状である「信用状」（取消不能信用状）を取り上げ，その記載項目を確認する。

Ⅰ 信用状とは

　信用状は信用状発行銀行が輸出者にあてた保証状であるため，基本構造は信用状発行銀行が輸出者にあてた英文のビジネス・レターの形式をとっている。レターの上部にレターヘッドとして記載される差出人が信用状発行銀行であり，宛先は輸出者で，「Dear sir(s),」で始まる手紙の本文の部分に書類の条件を中心とする各種条件が記載されている。

　輸出者はこれらの信用状記載条件に従って，船の手配をしたり，書類を準備したりすることになる。

Ⅱ 信用状の記載事項

　信用状には次の❶～㉓の事項が記載されている。図表14-3を参照しながら確認していこう。

❶　信用状発行（開設）銀行（必ず輸入者の取引銀行）
❷　取消不能信用状
❸　信用状番号　　各種書類に記載されることが多い
❹　発行場所および発行日
❺　信用状の有効期限
❻　発行依頼人（輸入者）
❼　受益者（輸出者）
❽　通知銀行（必ず信用状発行銀行のコルレス先）
❾　信用状金額（一契約分が分割船積みされる場合には，その合計金額）

【図表14-3】 取消不能信用状

① NAME OF ISSUING BANK
ABC BANK LTD.
HONG KONG

ORIGINAL

② IRREVOCABLE
DOCUMENTARY CREDIT

③ Number

SG-36-25

⑤ Date and Place of Expiry
OCT 30, 20××, TOKYO

④ Place and Date of Issue
HONG KONG, OCT 2, 20××

⑦ Beneficiary
THE SHOBI CORPORATION
2-8-6 Wakabayashi Setagaya-ku
TOKYO,JAPAN

⑥ Applicant
THE HONG KONG ELECTRICALS,LTD.
100 Pacific St. #206
HONG KONG

⑨ Amount
USD5,820.00
(SAY US DOLLARS FIVE THOUSAND EIGHT
HUNDRED AND TWENTY ONLY)

⑧ Advising Bank
TOKYO CITY BANK,LTD.
2-10-8 Otemachi, Chiyoda-ku, Tokyo

Dear Sir(s),

⑩ We hereby issue in your favor this documentary credit which is available by
negotiation against your draft(s) at Sight drawn on us for 100% of the
Invoice value, accompanied by the following documents;

⑪ **ⓐ**1 Signed Commercial Invoice in 6 copies

ⓑ2 Full set of clean On Board Ocean Bills of Lading made out to the order
showing FREIGHT PREPAID and marked NOTIFY ABC BANK and also Applicant.

ⓒ3 Insurance Policy/Certificate in duplicate for 110% of the invoice value
endorsed in blank stipulating claims payable in HONG KONG, covering
Institute Cargo Clauses (All Risks), Institute War Clauses, Institute
S.R.C.C.Clauses.

⑫ Covering:ELECTRICAL INSULATING MATERIAL, 400 Sheets, FUJI BRAND
CIF HONG KONG

⑬ **ⓐ** Shipment from: JAPAN
ⓑ To HONG KONG**ⓒ**Latest Oct 20, 20×× **⑭** Partial Shipments
Prohibited
⑮ Transshipment
Prohibited

Special Conditions;
⑯All bank charges outside HONG KONG are for the account of beneficiary.
⑰Documents must be presented within 10 days after the date of issuance
of the Bill of Lading or other shipping documents.

⑱ The negotiations under this credit are strictly restricted to the Tokyo city Bank.

⑲ For reimbursement, please reimburse yourselves by drawing sight draft on
our Head office A/C with Chase Manhattan Bank, New York, U.S.A.

⑳ THE AMOUNT OF ANY DRAFT UNDER THIS CREDIT MUST BE ENDORSED ON THE
REVERSE HEREOF.

㉑ WE HEREBY AGREE WITH THE DRAWERS, ENDORSERS AND BONA FIDE HOLDERS OF
DRAFTS DRAWN UNDER AND IN COMPLIANCE WITH THE TERMS OF THIS CREDIT

THAT THE SAME SHALL BE DUTY HONORED
ON DUE PRESENTATION TO THE DRAWEES.
YOURS VERY TRULY,

㉒ *Signed*

AUTHORIZED SIGNATURE

㉓ THIS CREDIT IS SUBJECT TO UNIFORM CUSTOMS AND PRACTICE FOR DOCUMENTARY
CREDITS (2007 REVISION), INTERNATIONAL CHAMBER OF COMMERCE PUBLICATION
NO.600

❿ 手形の条件（手形の期日，および名宛人）

⓫ 書類の条件

　ⓐ インボイス　　　　署名済みのもの 6 通

　ⓑ 船荷証券（B／L）　・全通（発行されただけ全部。通常 3 通）

　　　　　　　　　　　　・Clean B/L（無故障 B／L）

　　　　　　　　　　　　・荷受人（ここでは「to the order」）

　　　　　　　　　　　　・B／L 上に「Freight Prepaid」と記載され
　　　　　　　　　　　　　ていること

　　　　　　　　　　　　・貨物の到着案内先（ここでは信用状発行銀
　　　　　　　　　　　　　行および輸入者）

　ⓒ 保険証券（または承認状）・2 通

　　　　　　　　　　　　・保険金の上限がインボイスの110％の金額

　　　　　　　　　　　　・輸出者に白地裏書されたもの

　　　　　　　　　　　　・保険金が香港で支払われることになってい
　　　　　　　　　　　　　る

　　　　　　　　　　　　・保険条件（カバーする危険）

⓬ 商品名と貿易条件（建値）　ここでの建値は CIF

⓭ 船積条件

　ⓐ 積出港　　**ⓑ** 仕向港　　**ⓒ** 最終船積期限

⓮ 分割船積みの可否　　ここでは不可（つまり一度に出荷される）

⓯ 積替えの可否　　ここでは不可

⓰ 輸入地外での銀行手数料負担　　ここでは輸出者負担

⓱ 書類提示期間　　輸出者が買取銀行にいつまでに書類を持ち込まなければ
　　　　　　　　　　ならないかを示している（ここでは B／L の日付から10
　　　　　　　　　　日以内）

⓲ リストリクト文言　　買取銀行が指定されている「Restricted L/C」
　　　　　　　　　　　　この Restricted L/C の場合，輸出者は原則として
　　　　　　　　　　　　その指定された銀行にしか手形，書類を買取依頼に
　　　　　　　　　　　　持ち込めない

⓳ 銀行間決済文言　　この部分のみ，信用状発行銀行から買取銀行への指図。
　　　　　　　　　　　　ここではコルレス契約にしたがって，銀行間の資金決
　　　　　　　　　　　　済をニューヨークの銀行で行おうとしている

㉑ 裏書請求文言　　印刷文言で，買取銀行に手形買取りの記録を信用状裏面に記載するよう指示した決まり文句

㉑ 支払確約文言　　印刷文言で，信用状発行銀行の支払確約文言

㉒ 信用状発行銀行の署名

㉓ 信用状統一規則準拠文言

3. インボイス

ここでは，輸出者が作成する，商品の送り状兼請求書である「インボイス」について，その一般的な記載内容を確認する。

Ⅰ インボイスとは

インボイスはわが国においても通常「インボイス」と呼ばれるが，「送り状」と呼ばれることもある。

インボイスという単語は，もともと請求書の意味で，当然請求書としても用いられているが，出荷明細書，あるいは送り状としても使われたり，納品書の役割を果たしたり，税関に提出する出荷内容の証明書としても用いられている。「Commercial Invoice（商業送り状）」，また，税関では「仕入書」とも呼ばれている。

Ⅱ インボイスの記載事項

インボイスは売手（輸出者）が作成する。世界的に書式が統一されているというわけではないが，その記載内容や記入事項は共通している部分が多く，たとえば次のような事項が記載される。

❶ 輸出者名　　❷ 作成日　　❸ インボイス番号　　❹ 輸入者名
❺ 支払条件（ここでは取消不能信用状にもとづく一覧手形）
❻ 信用状番号　　❼ 信用状の発行日　　❽ 信用状発行銀行
❾ 船名　　❿ 船積（予定）日　　⓫ 船積港　　⓬ 荷揚港
⓭ 商品名（信用状取引の場合には，信用状の商品名と一致すること）
⓮ 建値（貿易条件）（通常インコタームズ条件で記載）　　⓮' 単価
⓯ 数量　　⓰ 金額　　⓱ 荷印　　⓲ 合計数量および金額
⓳ 輸出者の署名

【図表14－4】 インボイス

INVOICE

❶ Maunharf International, Ltd.

Altair Shinjuku 204
14-17 Nishi-Shinjuku 8-chome, Shinjuku-ku
Tokyo 160-0023 Japan
Phone: 81(3)3365-1566 Fax: 81(3)3365-6516

Date	**❷** NOVEMBER 21, 20XX
Invoice No.	**❸** ASW-102-00
Ref. No.	

Buyer
❹ ACTION SPORTS WHOLESALE, INC.
2557 HAVEMEYER STREET
BROOKLYN, NY 11211
U.S.A.

Payment Terms
❺ IRREVOCABLE L/C AT SIGHT IN OUR FAVOR

L/C No.　　　　　　　Date
❻ 227-103868　**❼** OCTOBER 3, 20XX

Vessel or　　　　　On or about
❾ PACIFIC SUN V. 12E　**❿** NOVEMBER 21, 20XX

From
⓫ TOKYO, JAPAN

To　　　　　　　　VIA LONG BEACH
⓬ NEW YORK, U.S.A.　　CA, U.S.A.

Issuing Bank
❽ FIRST INTERNATIONAL BANK OF NEW YORK

Remarks

Marks & Nos.	Description of Goods	**⓯** Quantity	**⓮'** Unit Price	**⓯** Amount
	⓭ "KATAYAMA" BRAND SAILING BOARD		**⓮** CIP NEW YORK IN US$	
	1. SL 280 SLALOM LENGTH: 280CM, WT: 7.6KG W/FOOT STRAP & 14" FIN	70 sets	US$875.00/SET	US$61,250.00
	2. ER 270 FREE RIDE LENGTH: 270CM, WT: 8.9KG W/FOOT STRAP & 12" FIN	50 sets	US695.00/SET	US$34,750.00

⓱
ASW IN TRIANGLE
NEW YORK
VIA LONG BEACH
P.O. NO. MH1-102-00
CTN NO. 1/UP
MADE IN JAPAN

⓲ TOTAL	120 sets	CIP NEW YORK	US$96,000.00

⓳ Maunharf International, Ltd.

-signed-

―――――――――――――――
authorized signature

4. 船荷証券（B／L）と 航空運送状（Air Waybill)

ここでは，貨物の運送書類として，「船荷証券（B／L）」と「航空運送状（Air Waybill)」を取り上げ，その記載事項を確認する。

船荷証券（B／L）は，有価証券であり，貨物引取りの際に呈示することが求められる（詳細は第6章「2．海上輸送」Ⅴ参照）が，航空運送状は有価証券ではないため，貨物の引取り時に提示することは不要である（詳細は第6章「3．航空輸送」Ⅳ参照）。

Ⅰ 船荷証券（B／L)

実際の船荷証券（図表14−5，Received B/L）をもとに，記載事項を確認していこう。また，Shipped B/L の見本を図表14−6に，複合輸送の場合の NVOCC による運送証券（Combined Transport B/L）を図表14−7に挙げておく。いずれも記載内容は図表14−5の Received B/L と大きくは変わらない。

❶ 運送人名　　船会社名
❷ B／L 番号
❸ 荷送人（Shipper）名　　通常輸出者のこと
❹ 荷受人（Consignee)　　貨物の引渡し請求権を持つ者
❺ 貨物の到着案内先（Notify Party)
　　貨物が到着したとき運送人が連絡する先
❻ 貨物の受取地（Place of Receipt)
　　コンテナ船の場合など，CY や CFS 名
❼ 船積港（Port of Loading)
❽ 本船名（Ocean Vessel)

⑨　陸揚港（Port of Discharge）

⑩　貨物引渡し地（Place of Delivery）
　　コンテナ船の場合は輸入地の CY や CFS，国際複合輸送の場合は，隣の
　　「最終仕向地（Final destination）」欄（⑩'）にさらに最終目的地を記載

⑪　コンテナ番号

⑫　貨物の荷印（Marks & Nos.）

⑬　貨物の個数

⑭　梱包の種類および商品名

⑮　貨物の重量および容積　　ⓐ　重量　　　ⓑ　容積

⑯　運賃　　ⓐ　前払いのときここに記載
　　　　　　ⓑ　後払いのときここに記載

⑰　B／L の発行通数（通常 3 通）

⑱　B／L の発行地および発行日

⑲　運送人の署名

⑳　船積みの年月日　　On Board Notation（船積証明）といわれるもの

【図表14-5】 船荷証券（コンテナ船の場合　Received B/L）

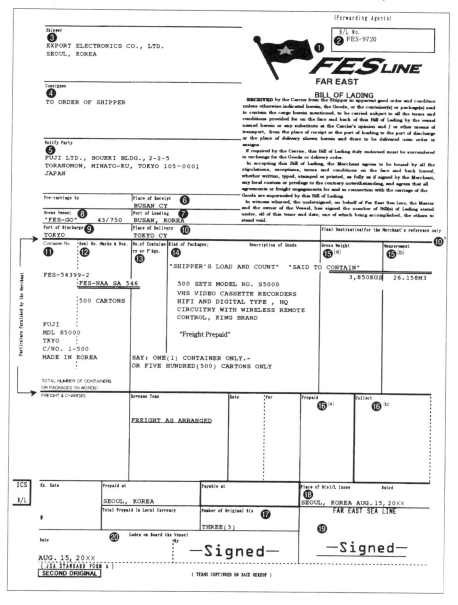

(Forwarding Agents)

Shipper

B/L No.

Consignee (not negotiable unless consigned "to order")

T&K

T&K Seaways,Ltd.
BILL OF LADING

Notify Party

SHIPPED on board the Goods, or the total number of Containers or other packages or units enumerated below (＊)in apparent external good order and condition except as otherwise noted for transportation from the Port of Loading to the Port of Discharge subject to the terms hereof. One of the original Bills of Lading must be surrendered duly endorsed in exchange for the Goods or Delivery Order unless otherwise provided herein. In accepting this Bill of Lading the Merchant expressly accepts and agrees to all its terms whether printed, stamped or written, or otherwise incorporated, notwithstanding the non-signing of this Bill of Lading by the Merchant. IN WITNESS whereof the number of original Bills of Lading stated below have been signed, one of which being accomplished, the other(s) to be void. **(Terms of Bill of Lading continued on the back hereof)**

＊ Local vessel | From

Declared value USD _____ subject to clause 5 (5) overleaf. If no value declared, liability limit applies as per clause 5(4) or 32 as applicable.

Ocean vessel | Voy.No. | Port of loading

Port of discharge | For transhipment to | Final destination (for the shipper's reference only)

Marks and Numbers	No. of pkgs. or Units	Kind of packages : description of goods	Gross weight	Measurement

Particulars furnished by shipper

CANCELLED

Total Number of packages or units.

Freight and charges	Revenue tons	Rate	per	Prepaid	Collect

Exchange rate	Prepaid at		Payable at	Place and date of issue
	Total prepaid in national currency		No. of original B(s)/L.	

T&K Seaways,Ltd.as Carrier

＊ Applicable if carriage by local vessel to port of loading of ocean vessel arranged by carrier as agent for the Merchant in accordance with clause 7.

ICS
B/L **DB**

FIRST ORIGINAL

JSA STANDARD FORM(B) BL501 PRINTED IN JAPAN

SHIPPER		B/L No.	

LMN Transport System,Ltd.

COMBINED TRANSPORT BILL OF LADING

Received in apparent good order and condition except as otherwise noted the total number of containers or other packages or units shown below for transportation from the place of receipt or the port of loading to the place of destination or the port of discharge subject to the terms hereof.

One of this original Combined Transport Bills of Lading must be surrendered duly endorsed in exchange for the Goods or Delivery Order. In accepting this Bill of Lading, the Merchant (as defined by Article 1 on the back hereof) agrees to be bound by all the stipulations, exceptions, terms and conditions on the face and back hereof, whether written, typed, stamped, data processed or printed, as fully as if signed by the Merchant, any local custom or privilege to the contrary notwithstanding, and agrees that all agreements or freight engagements for and in connection with the transport of the Goods are superseded by this Bill of Lading.

CONSIGNEE	

NOTIFY PARTY	

Party to contact for cargo release

PRE-CARRIAGE BY	PLACE OF RECEIPT

OCEAN VESSEL VOY. NO.	PORT OF LOADING

PORT OF DISCHARGE	PLACE OF DELIVERY

FINAL DESTINATION (FOR MERCHANT'S REFERENCE ONLY)

PARTICULARS FURNISHED BY SHIPPER

MARKS AND NUMBERS CONTAINER NO. & SEAL NO.	NO. OF PKGS OR CONTAINERS	DESCRIPTION OF PACKAGES AND GOODS TYPE OR KIND OF — PACKAGES — OR — CONTAINERS	GROSS WEIGHT	MEASUREMENT

COPY

FREIGHT & CHARGES	R/TONS	RATE	PER	PREPAID	COLLECT

EX. RATE @ ¥	PREPAID AT	PAYABLE AT	PLACE OF B(S)/L ISSUE DATED
	TOTAL PREPAID IN YEN	NO. OF ORIGINAL B(S)/L	IN WITNESS WHEREOF three (3) original Bills of Lading have been signed, not otherwise stated above, one of which being accomplished the others shall be void.

LADEN ONBOARD

LMN Transport System,Ltd.

DATE :	BY :	BY :

AS CARRIER

Ⅱ 航空運送状（Air Waybill）

航空会社またはその代理店と，直接輸送契約をする直接貨物輸送の場合の航空運送状（図表14-8）をもとに，記載事項を確認していこう。この航空運送状の様式および約款はIATA制定のもので，書式は荷主が作成し，発行者の確認を受ける形式になっているため，輸出者の署名欄（⑬）がある。

また，利用航空運送事業者（混載業者）の混載貨物輸送の場合の航空運送状（House Air Waybill）を図表14-9に挙げておく。この場合，小口貨物を取りまとめ荷主となった混載業者は，航空会社またはその代理店と直接輸送契約を結ぶことになるので，混載業者には航空会社から通常の航空運送状（図表14-8）が交付される。混載貨物輸送におけるこの航空運送状を，特にMaster Air Waybillという（詳細は第6章「3．航空輸送」Ⅳ参照）。

Master Air Waybill ⑭とHouse Air Waybill の⑮はともに運送人またはその代理人の署名欄であるが，実際にはMaster Air Waybill の⑭には航空会社またはその代理店の署名がされ，House Air Waybill の⑮には混載業者の署名がされる。

❶ 輸出者の氏名，住所

❷ 荷受人

❸ Air Waybill の発行人（通常，IATA の代理店名）

❹ IATA 代理店コード

❺ 出発空港

❻ 貨物の到着案内先

❼ 到着空港

❽ 貨物価格申告欄（無申告の場合は NVD と記載）

❾ 保険価格申告欄（従来はこの欄に貨物の金額を記載することにより，航空運送状の保険付保機能を利用して，荷送人と保険会社との間で荷主保険の契約が成立したが，航空運送状裏面約款（IATA Resolution 600b）の改訂に伴い，廃止されている）

❿ 商品の重量と航空運賃

⓫ 商品名

⓬ 料金の区分（前払い，後払い）

⓭ 輸出者の署名

⓮ 航空会社または代理店の署名

【図表14-8】　航空運送状（Air Waybill）

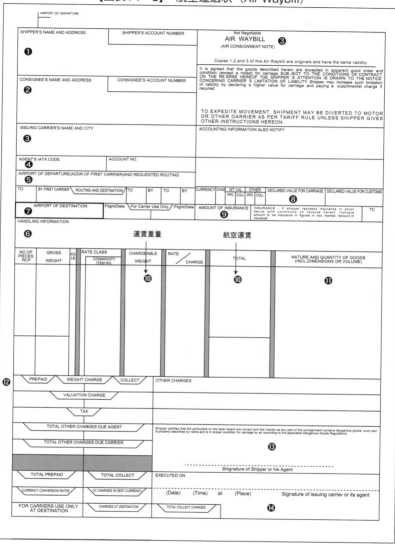

【図表14－9】　混載航空運送状（House Air Waybill）

Shipper's Name and Address ❶	Shipper's Account Number	Not Negotiable Air Waybill Issued by ❸（混載業者名）
Consignee's Name and Address ❷	Consignee's Account Number	Copies1,2,and 3 of this Air Waybill are originals and have the same validity. It is agreed that the goods described herein are accepted in apparent good order and condition(except as noted)for carriage SUBJECT TO THE CONDITIONS OF CONTRACT ON THE RE ERSE HEREOF.ALL GOODS MAY BE CARRIED BY ANY OTHER MEANS INCLUDING ROAD OR ANY OTHER CARRIER UNLESS SPECIFIC CONTRARY INSTRUCTIONS ARE GIVEN HEREON BY THE SHIPPER,AND SHIPPER AGREES THAT THE SHIPMENT MAY BE CARRIED VIA INTERMEDIATE STOPPING PLACES WHICH THE CARRIER DEEMS APPROPRIATE. THE SHIPPER SATTENTION IS DRAWN TO THE NOTICE CONCERING CARRIER SLIMITATION OLIABILITY.Shipper may increase such limitation of liability by declaring a higher value for carriage and paying a supplemental charge if required

Issuing Carrier's Name and City ❸（混載業者名）　Accounting Information

Agent's IATA Code	Account No.	

Airport of Departure(Addr.of First Carrier)and Requested Routing ❺　　　Reference Number　　Optional Shipping Information ❽

To	By First Carrier	Routing and Destination	To	by	To	by	Currency	Chgs PPD COLL	WT VAL Other PPD COLL	Declared Value for Carriage	Declared Value for Customs

Airport of Destination ❼	Requested Flight/Date	Amount of Insurance ❾	If shipper requests insurance in accordance with the conditions thereof,indicate amount to be insured in figures in box marked "Amount of Insurance".

Handling Information

❻貨物の到着案内先および最終仕向地

SCI

No.of Pieces RCP	Gross Weight	KG lb	Rate Class Commodity Item No.	Chargeable weight	Rate Charge	Total	Nature and Quantity of Goods (incl.Dimensions or Volume)
				❿ ↓ 運賃重量		❿ ↓ 航空運賃	⓫

❷

Prepaid	Weight Charge	Collect	Other Charges
	Valuation Charge		
	Tax		
	Total other Charges Due Agent		Shipper certifies that the particulars on the face hereof are correct and agrees THE CONDITIONS ON THE REVERSE HEREOF. ⓭
	Total other Charges Due Carrier		
			Shignature of Shipper or his Agent
Total Prepaid	Total Prepaid		Carrier certifies that the goods described hereon are accepted for carriage subject to THE CONDITION OF CONTRACT ON THE REVERSE HEREOF, the goods then being in apparent good order and condition except as noted hereon. ⓯
Currency Conversion Rates	CC Charges in Dest.Currency		SIGNED
			Executed on (date)　at(place)　Signature of issuing Carrier
For Carriers Use only at Destination	Charges at Destination		Total Collect Charges

⓯：混載業者の著名

5. 保険証券

ここでは，貨物保険契約において発行される「保険証券」について，まず保険の申込者が海上保険申込書によって申告した記載事項が保険証券上でどのように記載されるのかを確認していく。
次に，旧保険証券（第7章「2．貨物海上保険の基本条件」）の表面，および裏面の保険約款について，簡単にみていこう。

Ⅰ 保険証券の記載事項

　貨物海上保険契約は，インコタームズなどの貿易条件により保険の付保義務のある者が，海上保険申込書で保険会社に保険の申込みをし，保険会社がこれを承諾すると成立する。

　このとき海上保険契約申込書によって申告された次の項目は，発行される保険証券の表面に記載される。

❶ 被保険者（The Assured）　保険金の支払いを受ける者
❷ 保険金額（Amount Insured）
　貨物が損傷した場合に保険会社が支払ってくれる金額の最高限度額。通常，CIF価格の110％
❸ 保険金の支払地
　信用状取引で，CIPやCIFのように輸出者に保険の付保義務がある場合には，輸入者が輸入地で保険金を請求できるように，保険金の支払地は輸入地が記載される
❹ 保険条件
　FPA，WA，A／Rなど，付保する保険条件が記載される

出所：東京海上日動火災保険株式会社「貨物保険案内」

保険約款 ━━━━━━━━━━━━━━━━━

保険証券の表面および裏面には，以下のような約款が印刷されている。

まず，表面には「1．表面約款」として，A，B ア，イが，裏面には「2．裏面約款」としてウ〜カの協会貨物約款が印刷されている。さらに「3．添付約款」や「4．書入約款」を加えて完成させる。

1．表面約款

  A　保険証券本文約款

  B　欄外約款

  ア　イタリック約款

    ・戦争危険等の適用除外約款

    ・ストライキ等の適用除外約款

  イ　その他の欄外約款

    ・他保険約款

    ・損害通知条項

    ・座州約款

2．裏面約款

  ウ　協会貨物約款

    ・運送約款（倉庫間約款統合）

    ・共同海損約款

    ・捕獲・だ捕免責約款

    ・ストライキ・暴動・騒乱免責約款

    ・分損不担保（FPA）

    ・分損担保（WA）

    ・全危険担保（A／R）

  エ　協会戦争危険担保約款（War Clauses）

  オ　協会ストライキ・暴動・騒乱担保約款（S.R.C.C. Clauses）

  カ　IMPORTANT Clause

3．条文に追加された添付約款

4．タイプまたはゴム印による書入約款

【図表14-11】 保険証券（裏面）

★An enlarged copy of the clauses printed hereon is available from this Company upon request.
★Only those clauses specified on the front shall apply to this insurance.

出所：東京海上日動火災保険株式会社「貨物保険案内」

6. 荷為替手形

> ここでは，貿易取引の代金決済に利用される「荷為替手形」
> を取り上げ，その記載事項を確認する。「荷為替手形」の記
> 載事項には，振出人である輸出者が信用状条件や契約書にも
> とづいて記載するものと，あらかじめ印刷されているものと
> がある。

Ⅰ 荷為替手形とは

　為替手形とは，発行者（振出人）が第三者（支払人）にあてて一定の金額の支払いを委託する形式の有価証券をいう。

　外国為替において使用される為替手形は，次のような手段として利用されている。

① 送金手段
　日本の買主が海外の売主に売買代金を送金する手段として利用
② 取立手段
　日本の売主が海外の買主から売買代金を取り立てる手段として利用
③ 信用手段
　上記②の手形を銀行で割り引いて（買い取って）もらい，直ちに代金回収するための手段として利用

　現在，送金は小切手の使用が主流となっていることから，①の送金手段として為替手形が利用されることは少なく，貿易取引における為替手形の利用は，主に②③となっている。貿易取引においては，手形に貨物の船積書類が添付されることから，「荷為替手形」と呼ばれている。

　外国貿易に利用する荷為替手形は，郵送中あるいはクーリエ便などでの配達中に紛失したり延着したりすることがあるため，国内における商業手形とは異なり，第一券（First of Exchange）および第二券（Second of Exchange）の2通が作成される。これを組手形という。

第一券には，同じ支払期限の第二券が支払われていない場合には，第一券の手形金額を支払われたいという文言が，同様に第二券には，同じ支払期限の第一券が支払われていない場合には，第二券の手形の金額を支払われたいという文言が印刷されており，それ以外は全く同一の内容で，いずれか一方の手形が有効になれば，他方は無効となる。

　貿易取引において，第一券は添付される船積書類の原本とともに第１便で送付され，第二券は船積書類の副本とともに次の便で送られる。いずれか一方が紛失したり延着しても，他方が有効となるように，別便で送付されるのである。先に到着したいずれの手形でも，支払いまたは引受けの対象となる。

　手形用紙は，通常，あらかじめ外国為替銀行が準備する手形用紙を用いるが，大手商社などでは自社製のものを作成することもある。

【図表14－12】 信用状付一覧払手形

BILL OF EXCHANGE

❶' No＿＿＿＿＿＿

❶' For U.S.$ 7,500.00　　　　　　　　　　　　　　　　❷ Tokyo,＿＿＿＿＿＿

❸ At ＿X X X X X X X X＿ sight of this FIRST Bill of Exchange (SECOND of the

same tenor and date being unpaid) Pay to ❹ ＿＿＿＿＿＿＿＿＿＿＿＿＿ or order

the sum of ❶ Dollars Seven Thousand Five Hundred Only in U.S. Currency

❺ Value received and charge the same to account of　CIA. CHIRICANA DE AUTOMOVILES, S. A.
P. O. BOX NO 58 DAVID, CHIRIQUI REP. DE PANAMA
TEL. 775-4285 774-2948

❻ Drawn under ＿HAMILTON BANK, N. A. MIAMI 3750 N. W. 87TH AVENUE MIAMI, FLORIDA 33178 U. S. A.

Irrevocable L/C No＿＿100043569＿＿　　　　dated＿＿＿MARCH 16, 20XX

❼ To　HAMILTON BANK, N. A. MIAMI 3750 N. W.
87TH AVENUE MIAMI, FLORIDA　33178
U. S. A.

❽ MAC TRADING CO., LTD.

Signed

P. P. Manager

❶　手形金額

手形金額は，アラビア数字と文字の両方で記載されるのが通例で，手形の左上に数字で記載（❶'）し，数字の改ざん防止のため，中央に文字でも記載（❶）する。両者に相違があれば，文字の方が手形金額とされる。

手形金額の通貨表示は正確を期する必要があり，たとえば，ドルといっても米ドルの他，カナダ・ドル，シンガポール・ドルなどもあるので，外国為替相場表示等に使われている正確な通貨表示を用いることが重要である。

❷　手形振出地と振出日

Tokyo, March 17, 20XX のように記載する。

❸　支払期日

手形金額の支払われるべき日として手形上に記載された日のことで，手形上の「at＿＿＿＿＿ sight」とあるところに必要事項を記載する。

A．一覧払い（at sight）

　　支払いのために手形が支払人に呈示された日を満期とする手形のこと
　で，手形面の期日欄を「at ×××××× sight」のように×××で埋めて
　表示する。

B．一覧後定期払い（at ○○ days after sight）

　　手形期日を，手形一覧後一定期間経過した日とする場合には，手形面の
　期日欄に「at 60 days after sight」などど，支払いが猶予される期間（日
　数）を記載する。

C．確定日後定期払い（at ○○ days after ×× date）

　　手形期日を，ある一定の日付（たとえばB/L date など）後一定期間経
　過した日とする場合には，手形面の期日欄に「at 60 days after B/L
　date」などと，支払が猶予される期間（日数）を記載する。

　Aのような手形を「一覧払い手形」，BやC のような手形を「期限付手形」と
いう。

❹　手形金受取人（Payee）

　貿易取引においては，手形の振出人である売主は，通常，為替手形を銀行に持
ち込み，買取りをしてもらって直ちに代金回収するか，銀行に手形代金の取立て
を依頼する。

　したがって，為替手形の手形金受取人欄には，「pay to＿＿＿＿＿＿or order」
の点線のところへ，通常は買取銀行または仕向銀行である外国為替銀行名を記載
する。

　信用状取引の場合には信用状条件通りに記載することが重要である。

❺　対価文言

　単に「Value received」とだけ記載することもあるが，為替手形が信用状発行
銀行を支払人としていたとしても，最終的にはその手形代金は買主が支払うこと
になるので，手形上の「Value received and charge the same to account of」の
後ろに，買主名を記載するのが一般的である。

　手形の支払人（名宛人）がもともと買主である場合には，この付記は不要であ
る。

❻　信用状情報

　信用状取引の場合には，手形上の「Drawn under」の後ろに，信用状発行銀

行名，信用状番号，発行日を記載する。

❼ 名宛人（支払人）（Drawee）

手形の宛先で，通常，買主もしくは信用状発行銀行名を，手形面の左下「to」以下に記載する。

信用状取引の場合には，信用状条件に従い，信用状上の手形条件が記載された部分において，「drawn on」の後ろに記載されている名称を記載する。もし名宛人について何の記載もない場合には，信用状発行銀行あてとする。

信用状なしの取引の場合には，買主を名宛人とする。

❽ 振出人およびその署名

売主の社名を記載し，あらかじめ銀行に届け出てある権限者の署名をする。

なお，信用状取引でなく為替手形を支払手段とする場合で，期限付手形を振り出す場合には，さらに手形上にD／P，D／Aの区別を明示する。

次の英文ビジネス・レターのスタイル（書式），Punctuation（句読点の打ち方）に該当するものはどれか，下記の(a)，(b)，(c)からそれぞれ選びなさい。

(1) 英文ビジネス・レターのスタイル

   A Full-Block Style   B Block Style   C Semi-Block Style

(2) Punctuation（句読点の打ち方）

   A Open Punctuation   B Mixed Punctuation

(a)

(b)

(c)

次のレターの①〜⑩までの構成要素のうち,「基本的構成要素」は A に,「補足的構成要素」は B に分類しなさい。

---

① **HOKKAI KOEKI CO., LTD.**
3-12-7 Shibaura, Minato-ku, Tokyo 102-0327, Japan

② March 19, 20XX

③ Mr. Bruce C. Wylie
Overseas Marketing
North Bound Overseas Corp.
8215 Coast Blvd.
Portland, ME 17629
U. S. A.

④ Dear Mr. Wylie:

⑤ We thank you very much for your quick response to our inquiry.

As requested, the purchace list is enclosed. Therefore, we would like you to prepare a quotation for a 40-foot container load by the end of this month.
Should you have any questions, please do not hesitate to contact us as any time.

⑥ Sincerely yours,

⑦ Makoto Yokoyama
Manager-Import Dept.

⑧ MY: sk
⑨ Enclosure: Purchase List
⑩ cc Mr. Sadayuki Nagai, Branch Manager-N. America

次の各事項を「Semi-Block Style」,「Mixed Punctuation」,米国式で配列し,英文ビジネス・レターとして完成させなさい。

①	日付	20XX 年 7 月18日
②	発信者	日本事務機器株式会社　輸出部長　山森　健二
		（ニッポンジムキキカブシキガイシャ　ユシュツブチョウ　ヤマモリ　ケンジ）
③	発信者の住所	〒160-0023
		東京都新宿区西新宿3-8-45
		（トウキョウト　シンジククク　ニシシンジュク）
④	署名者	輸出部長　山森　健二
⑤	タイピスト	瀬川万希子（セガワ　マキコ）
⑥	受信者	National Office Supply Co., Ltd. Import Manager
⑦	受信者の住所	14 Greenfield Street, London, NW4 8QS, U. K.
⑧	同封物	同封物のあることを表示
⑨	本文	

We thank you very much for your inquiry of July 1 regarding our products.

We are enclosing our general catalog showing a wide range of our products.

If we can be of further help to you, please feel free to contact us.

We look forward to hearing from you.

チェック問題 4

次の文章は，各々どんな場面での手紙文か答えなさい。

(1)　This offer is valid until March 31, 20XX.

(2)　We opened a letter of credit for US $18,000.00 with The Kentei Bank, Ltd. today.

(3)　We are pleased to inform you that your order has been shipped by M/V Kentei Maru as scheduled.

(4)　It may interest you to know that our machine's tools are much lower in price and much higher in quality than competitors.

(5)　It is found that about one-third of glassware had arrived in an unmerchantable condition, seemingly caused by improper packing.

(6)　You can refer to the Kentei Bank of Tokyo, Ltd., Shinjuku branch, Tokyo, for our financial standing.

(7) Our current order may be small for you, but regular orders will probably be possible if your prices are lowered by 10%.

(8) Would you please apply for insurance for the full invoice amount plus 10% for this order.

(9) We are looking into the cause of this breakage, and will let you know what will turn out as soon as we can.

(10) Would you please quote us the best price for 1,000 units of Laptop Computer #LTC-1029 by return since one of our customers has shown a keen interest in them.

チェック問題 5

下記日本文の意味になるように，次の文章の（　　）内に適当な単語を記入しなさい。ただし，単語は（　　）内に示したアルファベットで始まるものに限るものとする。

(1) Our new computer software is enjoying a (g　　) (r　　) in the local market, and believe with no doubt that it will also sell well in your country.

弊社の新しいコンピュータソフトは当市場では非常に評判がよいので，間違いなく貴国でも好販売実績を上げるでしょう。

(2) We would like to (p　　) a (t　　) (o　　) so as to see market reactions to your products.

貴社製品に対する市場の反応を見るために，試し注文を致します。

(3) We have (t　　) every possible care in (p　　) and (h　　) your cargo.

貴社の貨物の梱包取扱いには細心の注意を払っております。

(4) We understand that the all information is given without any (r　　) on your part, and we will treat it in (s　　) (c　　).

貴社から与えられた情報については，貴社にいかなる責任も問いません。またその情報の機密は保持致します。

(5) (R　　), we are unable to lower the current price as we have already (m　　) a considerable (r　　) in price for you.

残念ながら，貴社には既にかなりの値引きをしておりますので，現価格を下げることはできません。

下記の信用状にもとづき，次ページの問いに答えなさい。

```
NAME OF ISSUING BANK                                        ORIGINAL
ABC BANK LTD.                    ┌──────────────────┬─── Number
HONG KONG                        │   IRREVOCABLE    │
                                 │ DOCUMENTARY CREDIT│  SG-36-25
                                 ├──────────────────┴─────
                                 │ Date and Place of Expiry
                    ─────────────┤ OCT 30, 20XX, TOKYO
Place and Date of Issue          │ Beneficiary
HONG KONG, OCT 2, 20XX           │ THE SHOBI CORPORATION
─────────────────────────────────┤ 2-8-6 Wakabayashi Setagaya-ku
Applicant                        │ TOKYO,JAPAN
THE HONG KONG ELECTRICALS,LTD.   ├───────────────────────────
100 Pacific St. #206             │ Amount
HONG KONG                        │ USD5,820.00
─────────────────────────────────┤ (SAY US DOLLARS FIVE THOUSAND EIGHT
Advising Bank                    │ HUNDRED AND TWENTY ONLY)
TOKYO CITY BANK,LTD.             │
2-10-8 Otemachi, Chiyoda-ku, Tokyo
```

Dear Sir(s),

We hereby issue in your favor this documentary credit which is available by negotiation against your draft(s) at Sight drawn on us for 100% of the Invoice value, accompanied by the following documents;

1 Signed Commercial Invoice in 6 copies

2 Full set of clean On Board Ocean Bills of Lading made out to the order showing FREIGHT PREPAID and marked NOTIFY ABC BANK and also Applicant.

3 Insurance Policy/Certificate in duplicate for 110% of the invoice value endorsed in blank stipulating claims payable in HONG KONG, covering Institute Cargo Clauses (All Risks), Institute War Clauses, Institute S.R.C.C.Clauses.

Covering:ELECTRICAL INSULATING MATERIAL, 400 Sheets, FUJI BRAND
         CIF HONG KONG

Shipment from: JAPAN	Partial Shipments	Transshipment
To HONG KONG Latest Oct 20, 20XX	Prohibited	Prohibited

Special Conditions;
  All bank charges outside HONG KONG are for the account of beneficiary.
  Documents must be presented within 10 days after the date of issuance of the Bill of Lading or other shipping documents.

The negotiations under this credit are strictly restricted to the Tokyo City Bank.

For reimbursement, please reimburse yourselves by drawing sight draft on our Head office A/C with Chase Manhattan Bank, New York, U.S.A.

THE AMOUNT OF ANY DRAFT UNDER THIS CREDIT MUST BE ENDORSED ON THE REVERSE HEREOF.

WE HEREBY AGREE WITH THE DRAWERS, ENDORSERS AND BONA FIDE HOLDERS OF DRAFTS DRAWN UNDER AND IN COMPLIANCE WITH THE TERMS OF THIS CREDIT

THAT THE SAME SHALL BE DUTY HONORED
ON DUE PRESENTATION TO THE DRAWEES.   *Signed*
YOURS VERY TRULY,
                                     AUTHORIZED SIGNATURE

THIS CREDIT IS SUBJECT TO UNIFORM CUSTOMS AND PRACTICE FOR DOCUMENTARY CREDITS (2007 REVISION), INTERNATIONAL CHAMBER OF COMMERCE PUBLICATION NO.600

（1） 下記要件と信用状条件にもとづき，次の為替手形を作成しなさい。

① 手 形 作 成 日：20XX.10.10
② 手 形 番 号：1990
③ 手 形 金 額：US＄5820.00
④ 署 名 者：Manager，署名は「－Signed－」と表示

BILL OF EXCHANGE

No. _ _ _ _ _ _

For _ _ _ _ _ _ _ _ _ _ _ Tokyo, _ _ _ _ _ _ _ _ _ _

At_ _ _ _ _ _ _ _ _ _ _ sight of this FIRST Bill of Exchange (SECOND of the same tenor and date being unpaid) Pay to The DEF BANK Ltd. or order the sum of _

Value received and charge the same to account of _

Drawn under
Irrevocable L/C No. _ _ _ _ _ _ _ _ _ _ _ _ _ _ _ _ dated _ _ _ _ _ _ _ _ _ _ _
To

（2） 下記要件と信用状条件にもとづき，次ページのインボイスを作成しなさい。

①	インボイス作成日	20XX.10.10
②	インボイス番号	95／58
③	船積予定日	20XX.10.18
④	積出港	横浜港
⑤	仕向港	香港
⑥	積載船名	FU CHUN
⑦	商品の単価	US＄14.55
⑧	商品の合計額	US＄5,820.00
⑨	梱包数	2 Cases

⑩　荷印

> HONG KONG
> ELECTRICALS
> Wp-19720
> HONG KONG
> Made in Japan
> C/NO. 1－2

⑪　インボイス上の記載要件

　　A　注文確認書の番号と発行日

　　　　Our Order Confirmation NO. 95–885 dated 28th September, 20XX

　　B　信用状の番号，発行日，発行銀行

⑫　署名者　　　　　　　MANAGER　　　署名は「－ Signed －」と表示

(3)　この信用状で要求されている船荷証券の条件を列記しなさい。

INVOICE

THE SHOBI CORPORATION
2-8-6 Wakabayashi Setagaya-ku
Tokyo Japan

No.

Date

Messrs.

From   to

Per   Date of Shipment

Item	Marks & Numbers	Description	Unit Price	Amount
		- - - - - - - - - - - - - -		

1 ． (1)A −(b)　B −(c)　C −(a)
　　(2)A −(b)　B −(a)(c)

2 ． ①− A　②− A　③− A　④− A　⑤− A　⑥− A　⑦− A　⑧− B
　　⑨− B　⑩− B

3 ． 次ページ参照

4 ． (1)　申込み（オファー）
　　(2)　信用状開設通知
　　(3)　船積通知
　　(4)　売込み，勧誘
　　(5)　クレーム
　　(6)　信用照会
　　(7)　価格交渉
　　(8)　海上保険
　　(9)　クレームへの返事
　　⑽　見積り

5 ． (1)　good, reputation
　　(2)　place, trial, order
　　(3)　taken, packing, handling
　　(4)　responsibility, strict, confidence
　　(5)　Regrettably, made, reduction

3. 英文ビジネス・レター（Semi-Block Style, Mixed Punctuation, 米国式）

NIPPON OFFICE EQUIPMENT CORPORATION

8-45, Nishi-shinjuku 3-chome, Shinjuku-ku Tokyo 160-0023, Japan
（
　　　　　または
3-8-45, Nishi-shinjuku, Shinjuku-ku Tokyo 160-0023, Japan
）

July 18, 20XX

Import Manager
National Office Supply Co., Ltd.
14 Greenfield Street
London, NW4 8QS
U. K.

Dear Sir:

　　We thank you very much for your inquiry of July 1 regarding our products.

　　We are enclosing our general catalog showing a wide range of our products. If we can be of further help to you, please feel free to contact us.

　　We look forward to hearing from you.

Very truly yours,

Kenji Yamamori
Export Manager

KY/ms

Enclosure

6.

(1)

BILL OF EXCHANGE

No. 1990

For U.S.$5,820.00　　　　　　　　　　　　Tokyo, October 10.20XX

At XXXXXXXX sight of this FIRST Bill of Exchange (SECOND of the same tenor and date being unpaid) Pay to The DEF BANK Ltd. or order the sum of Dollars Five Thousand Eight Hundred Twenty Only in U.S. Currency

Value received and charge the same to account of THE HONG KONG ELECTRICALS, LTD. 100 Pacific st. #206 Hong Kong

Drawn under ABC BANK HONG KONG,

Irrevocable L/C No. SG-36-25 dated October 2, 20XX

To ABC BANK HONG KONG
　　HONG KONG

THE SHOBI CO.,
— *Signed* —
Manager

---

(2)　次ページ参照

(3)　この信用状で要求されている船荷証券の条件は次の6つとなる。

①　Full set：発行されただけ全通。通常，B／Lは3通発行される。

②　Clean：無故障B／L，つまりリマークのないB／Lであること。

③　On Board：船積式船荷証券（Shipped B/L）であること。
受取船荷証券（Received B/L）の場合には，On Board Notation（船積証明）のあることが条件。

④　made out to the order：B／Lの荷受人が「to order」となっていること。
また，この場合，輸出者の白地裏書が必要。

⑤　showing FREIGHT PREPAID：B／L上に「FREIGHT PREPAID」と記載されていること。

⑥　marked NOTIFY ABC BANK and also Applicant：
貨物の到着案内先として，「ABC BANK（信用状発行銀行）」と「輸入者」とが船荷証券の「着荷通知先（Notify Party）」欄に記載されていること。

(2)のインボイス

INVOICE
THE SHOBI CORPORATION
2-8-6 Wakabayashi Setagaya-ku
Tokyo Japan

No. 95/58

Date 10 October, 20XX

Messrs.

THE HONG KONG ELECTRICALS, LTD.
100 Pacific st. #206 Hong Kong

From Yokohama, JAPAN to HONG KONG

Per FU CHUN   Date of Shipment   Oct. 18. 20XX

Item	Marks & Numbers	Description	Unit Price	Amount
	HONG KONG ELECTRICALS Wp-19720 HONG KONG Made in JAPAN C/No. 1 – 2	ELECTRICAL INSULATING MATERIAL FUJI BRAND	CIF HONG KONG	
		400Sheets	@US $ 14.55	US $ 5,820.00
	2 CASES	400Sheets	CIF Hong Kong	: US $ 5,820.00

Our Order Confirmation No.95-885 dated 28th September, 20XX
L/C No. SG-36-25 dated 2nd Oct, 20XX ABC BANK LTD. HONG KONG

THE SHOBI CORPORATION
– signed –
MANAGER

14

貿易書類の基礎知識

A

acceptance　承諾，引受け

acceptance rate　輸入手形決済相場

account　勘定，得意先

accountee　信用状発行依頼人

Act of God　不可抗力，天災

actual sample　現物見本

additional order　追加注文

address　住所

addressee　名宛人

adjustment　調整

ad val.（ad valorem）　従価（料率など）

advance payment　前払い

advantage　利益，有利

advise　通知する

Advising Bank　通知銀行

Agency Agreement　代理店契約

agent　代理人（店）

agent commission　代理店手数料

agreement　契約，合意

Air Cargo Consolidator　利用航空運送事業者（混載業者）

air mail　航空便

air parcel post　航空小包

Air Waybill　航空運送状

ALB（American land bridge）　アメリカン・ランド・ブリッジ

allocation　割当

allowance　割引，数量目減り

All Risks　全危険担保

Alongside Delivery　自家（直）揚げ，自家取り

amendment　条件変更（アメンド）

and/or　および／又は

annual report　年次報告

applicant　依頼人

application　依頼書，申込み

approximate　約（about と同じ）

apron　岸壁とコンテナ置場の間

A/R（All Risks）　全危険担保

Arbitral Institution　仲裁機関

arbitration　仲裁

arbitration clause　仲裁条項

arrangement　準備，手配

arrival notice　書類到着通知書／着船通知書

article　商品

asking price　言い値

as per ～　～通りの

A/S Rate　信用状付輸出一覧払手形買相場

assets　資産

assignment　譲渡，割当，宿題

assured　被保険者

assurer　保険者

ATA　カルネ　通関手帳

at 90 days after sight　一覧後90日払い

at sight（A/S）　一覧払い

attach　添付する

attention（ATTN）　気付

average　海損，海損分担額

award　（仲裁などの）裁定

AWB（Air Waybill）　航空運送状

B

BAF（Bunker Adjustment Factor）

燃料費調整要因

balance 残高

balance sheet 貸借対照表

bank check 銀行小切手

bank reference 銀行照会（先）

barge はしけ（艀）

basic freight 基本運賃

basic rate 基準相場，基本料率

BB（Bill Bought） 買取扱い

B/C（Bill for Collection） 取立手形

B/E（Bill of Exchange） 為替手形

beneficiary 信用状の受益者

berth term バース・ターム

BIBI （テレックスなどで）バイバイ，さよなら

bid 指値，入札

bid bond 入札保証金

bill 請求書，手形

Bill for Collection（B/C） 取立手形

Bill of Exchange（B/E） 為替手形

Bill of Lading（B/L） 船荷証券

B/L（Bill of Lading） 船荷証券

Blank Endorsement 白地裏書

B/N（Boat Note） ボート・ノート（貨物受渡書）

board 甲板

body （手紙の）本文

bona fide holder 善意の所持人

bond 保証金，保証書

bonded area 保税地域

booking （船腹などの）予約

box rate （コンテナ）ボックス・レート

BP（Before Permit） 輸入許可前引取り

branch office 支店

breach 契約違反

breakage 破損

break-bulk Cargo コンテナ化できない貨物

breakdown 明細，内訳

broker 仲買人，仲介業者

B/T（Berth Term） バース・ターム

bulk cargo バラ荷（包装を施さない貨物）

bulky cargo 嵩高品

bulky cargo additional 嵩高品割増し

Bunker Adjustment Factor（BAF） 燃料費調整要因

bunker surcharge 燃料費調整要因のための追加徴求費用（課徴料）

business background 営業経歴

business proposal 取引申込み

business standing 営業状態，信用状態

buyer 海外の輸入者

buying agent 買付代理店

buying contract 為替買予約

C

cable 電報，電信，電信を打つ

cable address 電報用宛名略号

Cable Negotiation ケーブル・ネゴ（電信で確認した手形買取り）

CAF（Currency Adjustment Factor） 通貨調整要因

cancellation 解消，取消し

capital 資本金

captain's protest 海難報告書

C&F（Cost and Freight） 運賃込値段

C&I（Cost and Insurance） 保険料込値段

Cargo Boat Note カーゴ・ボート・ノート（貨物受渡書）

cargo condition survey　貨物現状調査

carrier　運送人

carrier's pack　船会社などによるコンテナ詰め

carton　段ボール箱

case mark　荷印

catalog　カタログ

CCC 条約（**Customs Convention of Containers**）　コンテナの簡易通関に関する条約

Certificate of Inspection　検査証明書

Certificate of Insurance　保険承認状

Certificate of Origin　原産地証明書

Certificate of Quality　品質証明書

Certificate or list of weight and measurement　重量容積証明書

cf.（**confer**）　参照せよ

CFR　C&F のこと

CFS（**Container Freight Station**）　コンテナ・フレート・ステーション

cft.（**cubic feet**）　立方フィート

Chamber of Commerce and Industry　商工会議所

channel of distribution　流通経路

charge　料金

charges　費用，料金

Charter Party（**C/P**）　傭船契約書

Charter Party B/L　傭船契約船荷証券

check　小切手

chief officer　一等航海士

CIF（**Cost, Insurance and Freight**）　運賃・保険料込条件

circa　約，およそ（数量，金額など）

civil commotion　暴動

claim　求償する

CLB（**Canada Land Bridge**）　カナダ・ランド・ブリッジ

Clean B/L　無故障船荷証券

client　顧客

CLP　コンテナ内積付表

C/N（**Carton Number**）　カートン・ナンバー

C/N（**Case Number**）　梱包番号

c/o（**care of**）　〜気付

C.O.D.（**Cash on Delivery**）　代金引替払い

code　暗号，規則

collection　代金取立て

Combined Transport B/L　複合運送船荷証券

combined transport　複合輸送

commercial invoice　商業送り状

commission　手数料

commodity　商品

common carrier　一般荷主を対象とする運送人

concerned party　関係者

condition　条件

Conference Tariff　同盟運賃表

confidential　親展

confirmation　確認

Confirmed L/C　確認信用状

Confirming Bank　確認銀行

conflict　矛盾，不一致

conformity　一致

consignee　荷受人

consignment　積送品，委託販売

consignor　荷出人

consolidator　混載業者

Consular Invoice　領事送り状

contact　連絡する

container（**vessel**）　コンテナ（船）

Container Freight Station（**CFS**）　コンテナ・フレート・ステーション

Container Load Plan（CLP） コンテナ内積付表

container yard（CY） コンテナ・ヤード

content 内容

contract 契約

conventional vessel 在来船

Corp.（Corporation） 会社

correspondence コレポン，通知

correspondent bank コルレス先（取引先銀行）

counter offer カウンター・オファー（反対申込み）

cover note カバー・ノート，予定保険証明書

credit inquiry 信用照会

credit line 信用限度，貸付限度

credit standing 信用状態

cross trade 三国間貿易

CTO（Combined Transport Operator） 複合運送人

currency 通貨

Currency Adjustment Factor（CAF） 通貨調整要因

current price 時価

customer 顧客

customs broker（agent） 通関業者，乙仲

customs clearance 通関

customs invoice 税関送り状，通関用インボイス

CY（Container Yard） コンテナ・ヤード

D

D/A（Documents against Acceptance） 手形引受書類渡し

damage 損傷，損害

Damage Survey Report （保険の）事故報告書

deal in ～ ～を取り扱う

deal with ～ ～と取引する

debit note 借方票，請求票

declaration 申告

deduction 控除

defective goods 欠陥品，不良品

deferred payment 後払い

deficiency 不足

Definite Insurance 確定保険

delayed shipment 船積遅延

delivery 納期，配達

Delivery Order（D/O） 荷渡指図書

demand 要求，需要

Demand Draft（D.D.） 送金小切手，一覧払為替手形

depository 勘定保有コルレス先

description 商品の説明

despatch 発送する

destination 仕向地（港）

detail(s) 詳細，明細

Devanning Report デバンニング・レポート

discharge 荷卸し，陸揚げをする

disclose 開示する

discount 割引

discrepancy 不一致（ディスクレ）

dishono(u)r 不渡り

dispute 紛争

distributor(ship) 販売店（販売権）

distributorship agreement 販売店契約

DLS ドル（電文上の略語）

D/O（Delivery Order） 荷渡指図書

Dock Receipt（D/R） ドック・レシー

ト

Documentary Bill of Exchange 荷為替手形

Documentary L/C 荷為替信用状

documents 書類

Documents against Acceptance（D/A） 手形引受書類渡し

Documents against Payment（D/P） 手形支払書類渡し

domestic 国内の

doz.（dz.） ダース

D/P（Documents against Payment） 手形支払書類渡し

D/R（Dock Receipt） ドック・レシート

draft 手形，小切手

drawee 手形名宛人

drawer 手形振出人

drawing 手形振出し，製図

～d/s ～日数

due date 期日

duplicate 二枚の，副本

duration 期間

E

ea.（each） それぞれ，個

E/D（Export Declaration） 輸出申告書

EEE 誤り（電文上の略語）

effective date 発効日

e.g. たとえば

E/L（Export License） 輸出承認証

Encl. 同封物

end（of a month） （月の）下旬

endorse 裏書する

endorsement 裏書

endorser 裏書人

entire agreement 完全なる合意，包括合意

entitled 権利がある

envelope 封筒

E/P（Export Permit） 輸出許可書

Equipment Receipt 機器受渡表

Escape Clause 免責条項

estimate(s) 見積書

ETA（Estimated Time of Arrival） 到着予定時刻（日）

ETD（Estimated Time of Departure） 出発予定時刻（日）

Exception Clause 免責条項

exchange contract 為替予約

exchange position 為替持高

exchange quotation 為替相場表

exchange rate 為替相場

exchange risk 為替リスク

exclusive distributor 一手販売店

ex-factory 工場渡価格

ex-godown 港倉庫渡価格

expensive 高い

expiry 有効期限

Export License 輸出承認（証）

Export Permit 輸出許可書

extend 延長する

extension 期限延長

F

fair price 適正価格

FAQ（Fair Average Quality） 平均中等品質条件

FAS（Free Alongside Ship） 船側渡条件

favor ため，利益，受益

FCL（Full Container Load） 荷主がコンテナに貨物を詰めたもの

fee　料金

financial statement　財務諸表

FIO（Free In and Out）　船積・荷卸費用なし運賃

firm　企業，堅調な

firm offer　確定オファー

first half（of a month）（月の）前半

First of Exchange　（為替手形の）第一券

fitness　適合性

flag　船籍

fluctuation　変動

FOB（Free On Board）　本船渡条件

force majeure　不可抗力

Foreign Trade Zone　外国貿易地域

forward exchange　先物為替

forwarding agent（forwarder）　貨物取扱業者，乙仲

Foul B/L　故障付船荷証券

FPA（Free from Particular Average）　分損不担保約款，単独海損不担保

Free Carrier　運送人渡し

freight　運賃，普通便

freight collect　運賃着払い

Freight Conference　運賃同盟

Freight Forwarder　海貨業者，乙仲

freight prepaid　運賃前払い

freight rate　運賃率

freight space　船腹

freight ton　運賃計算トン，フレートトン

ft.（foot, feet）　フィート

G

GA（General Average）　共同海損

GATT（General Agreement on Tariffs and Trade）　関税と貿易に関する一般協定

General Average　共同海損

general cargo　一般貨物

general merchandise　雑貨

general terms and conditions　一般取引条件

generalized system of preference　一般特恵関税制度

goods　商品

governing law　準拠法

grade　等級

gross　グロス

gross weight　総重量（風袋込みの重量）

H

handling charge　取扱手数料

HAWB　ハウス・エア・ウェイビル

Heading　見出し

Health Certificate　検疫証明書

high price　高い値段

hono(u)r　（手形の）引受け・支払い

hr(s)（hours）　時間（電文上の略語）

HS（Harmonized Commodity Description and Coding System）　商品の名称及び分類についての統一システム

I

IATA（International Air Transport Association）　国際航空運送協会

ICAO（International Civil Aviation Organization）　国際民間航空機関

ICC（International Chamber of Commerce）　国際商業会議所

ICC（A）　新貨物約款の全危険担保

ICC（B）　新貨物約款の分損担保

ICC（C）　新貨物約款の分損不担保

I/D（Import Declaration）　輸入申告

書

immediate delivery　即時引渡し

immediately　すぐに

Import License（I/L）　輸入承認証

Import Permit　輸入許可（書）

Import Quota（I/Q）　輸入割当

Inc.（Incorporated）　会社，法人

Incoterms　インコタームズ

increase　増額する

indemnify　補償する

individual box　1個ずつ入る箱

industrial property right　工業所有権

information　通知

inner packaging　内部包装

inquiry　引合い，問合わせ

insolvency　支払不能

Inspection Certificate　検査証明書

installment shipment　分割出荷

Institute Cargo Clauses　協会貨物約款

instructions　指図

insurance claim　保険クレーム

Insurance Policy　保険証券

insurance premium　保険料

Insured Amount　保険金額

INTECO（International Inspection and Testing Corporation）　国際的な検査機関

interest　関心，利息

intermodal transportation　複合輸送

International Rules for the Interpretation of Trade Terms　貿易条件の解釈に関する国際規則（インコタームズ）

inventory　在庫

Invoice　送り状，請求書，請求する

irrevocable　取消不能の

ISO（International Standardization Organization）　国際標準化機構

Issuing Bank　発行銀行

item　品目

J

JETRO　日本貿易振興機構

joint venture　合弁企業

juridical person　法人

K

know-how　ノウハウ

L

landed quality　陸揚品質

landed quantity　陸揚数量

landing　荷卸し，陸揚げ

latest date for shipment　船積期限

lb（lbs）　ポンド（重量），libra（pound）の略

L/C（Letter of Credit）　信用状

LCL cargo（less than container load cargo）　LCL貨物

length　長さ

Letter of Identification　署名鑑

L/G（Letter of Guarantee）　保証状

L/I（Letter of Indemnity）　補償状

License Agreement　ライセンス契約

liner　定期船

list price　定価

litigation　訴訟

load　積荷，積み込む

local currency　現地通貨

long ton（L/T）　英トン

loss　損失

loss in weight　目減り

Ltd.（limited）　株式会社，有限会社

M

Mail Transfer（M/T） 普通送金（郵便付替）

manual 手順書

manufacturer メーカー

Marine Insurance 海上保険

market price 市価

Market Research 市場調査

marshalling yard 本船の出入港時のコンテナの置き場所

material 原料，材料

mature 満期になる

maturity 期日

MAWB（Master Air Waybill） マスター・エア・ウェイビル

max.（maximum） 最大の

measurement 容積

memorandum メモ，覚書

merchandise 商品

Messrs.（Messieurs） Mr.の複数形

metric ton メートル・トン（キロ・トン）

minimum order 最低注文量

MLB（Mini Land Bridge） ミニ・ランド・ブリッジ

more or less 過不足

M/R（Mate's Receipt） メイツ・レシート

M/T（Mail Transfer） 普通送金（郵便付替）

multimodal transport 複合輸送

M/W（Measurement/Weight） 容積／重量建て

N

NACCS（Nippon Automated Cargo Clearance System） 貨物通関情報処理システム

Negotiating Bank 買取銀行

negotiation 商談，交渉，買取り

net weight 純重量，正味重量（風袋なし）

no commercial value 無償品価格

non-delivery 不着

Notifying Bank 通知銀行

notify party 着荷通知先

not later than ～ ～までに

no value declared（NVD） 無申告

null and void 無効

NVOCC（Non-vessel Operation Common Carrier） 無船舶運送事業者（日本では利用運送事業者のこと）

O

obligation 債務

Ocean Freight 海上運賃

offer 申込み，オファー

offer subject to prior sale 先売りごめん条件付き申込み

offer subject to seller's final confirmation 売主の最終確認条件付き申込み

On Board B/L 船積船荷証券

On Board Notation 船積みされた旨の船積証明

Opening Bank 発行銀行

Open L/C（General L/C） 買取銀行不指定信用状

Open Contract 包括予定保険特約書

Open Policy 包括予定保険契約（証券）

option 選択，随意

order 注文，オーダー，指図

original 原本

out of stock　品切れ，在庫切れ

oz.〔ozs., ounce(s)〕　オンス（重量）

に続く（電文上の略語）

Purchase Order　購入注文書

P

Packing List　パッキング・リスト

papers　書類

Parcel Post Receipt　小包受取証

partial shipment　分割船積み

particular average　単独海損

party　当事者

Paying Bank　支払銀行

payment　支払い

pc.〔pcs. piece(s)〕　個

PCT（percent）　パーセント（電文上の略語）

penalty　違約金

Phytosanitaly Certificate　植物検疫証明書

pkg.（package）　包（の数）

plant export　プラント輸出

PLS（please）　どうぞ（電文上の略語）

P.O.B.　郵便私書箱

point of shipment　積出地

position　持高（ポジション）

postage　郵便料金

postal receipt　郵便小包受取証

postscript（P.S.）　追伸

principal　本人

profit　利益

Proforma Invoice　仮送り状，見積書

Promissory Note　約束手形

prompt shipment　直積み

property　財産，所有権

proposal　勧誘

Provisional Insurance　個別予定保険

P.S.（postscript）　追伸

P.T.O.（please turn over）　次ページ

Q

quadruplicate　4通，4倍の

quality　品質

quantity　数量

quantity discount（allowance）　割引き

quintuplicate　5通，5倍の

Quotation　建値表，見積書

R

reasonable price　適正価格

receipt　領収書

Received B/L　受取船荷証券

reduce　減額する

reefer container　冷凍（蔵）コンテナ

reference　参照

REGARDS　よろしく（電文の末尾に用いる）

registered airmail　書留航空便

reimburse　資金を回収する，決済する，返済する

Release Order（R/O）　貨物引渡指図書

remarks　注意書き

reminder　催促状

remittance　送金

renewal　更新

repeat order　追加注文

replacement　取替え

representative　代表者

resale price　再販価格

Restricted L/C　買取銀行指定信用状

retail price　小売価格

Revocable L/C　取消可能信用状

Revolving L/C 回転信用状

RFWD（Rain Fresh Water Damage） 雨，淡水濡れ損害

risk 危険

rock bottom price 最低価格

royalty （権利の）使用料

S

sail 出港する

sale by sample 見本による売買

sale by specification 仕様書による売買

sale by standard 標準品を基準とする売買

sale by trademark or brand 商標にもとづく商品の売買

Sales Confirmation 販売確認書

Sales Contract 売買契約書

sales letter 売込状

Sales Note 売約書

sample 見本

settlement 解決，決済

shall ～ ～しなければならない（義務を表す）

Shed Delivery 総揚げ

shipment 出荷，船積み

Shipped B/L 船積船荷証券

shipper シッパー（出荷人）

shipper's pack シッパーによるコンテナ詰込み（FCL 貨物のこと）

shipper's usance 輸出者による輸入者に対する支払猶予

shipping advice 船積通知

Shipping Application 船積依頼書

Shipping Conference 海運同盟

shipping documents 船積書類

Shipping Instructions（S/I） 船積作業依頼書

shipping mark 荷印

Shipping Order（S/O） 船積指図書

Shipside Delivery 自家（直）揚げ，自家取り

ship's rail 船の欄干（**FOB，CFR，CIF** の貨物の危険移転時点）

ship's space 船腹

short shipment 積荷不足

short ton ショート・トン，米トン

Siberian Land Bridge（SLB） シベリア・ランド・ブリッジ

sight 一覧

signature 署名

SLB（Siberian Land Bridge） シベリア・ランド・ブリッジ

Sole Agency Agreement 総代理店契約

space booking 船腹予約

specifications 仕様（書）

specific commodity rate 特定品目賃率（航空運賃の一種）

spot rate（exchange） 直物相場（直物為替）

S.R.C.C.（Strikes, Riots and Civil Commotions） ストライキ・暴動・騒乱（保険条件で用いる略語）

standard 標準品

Stevedore 船内荷役人，ステベ

Stg. Pounds 英国ポンド

stipulation 条項，規定

Straight B/L 記名式船荷証券

style of packing 荷姿

substitution 代替品

supplier サプライヤー（供給者）

surcharge 追加料金

surveyor 損害鑑定人

Survey Report　鑑定報告書

sworn measurer and weight　公認検
　量業者

```
┌─────────────────────────────────┐
│               T                 │
└─────────────────────────────────┘
```

TACT（Tokyo Air Cargo Terminal）
　東京航空貨物ターミナル

tallyman　検数人

tare　風袋

tariff　関税表，表定運賃率，運賃表

Telegraphic Transfer（T.T.）　電信送
　金

telex　テレックス

tender　入札

tenor　手形期限

terms and conditions　契約条件

terms of payment　支払条件

territory　地域，販売地域

text　本文

Theft, Pilferage and Non-Delivery
　（TPND）　盗難，抜荷，不着損害

third party　第三者

Through B/L　通し船荷証券

Time Bill　期限付手形

TLO（Total Loss Only）　全損のみ担保

to order　指図人式

total loss only　全損のみ担保

trade claim　貿易クレーム

trade fair　見本市

trademark　（登録）商標

trade terms　貿易条件，建値条件

tramper　不定期船

Transferable L/C　譲渡可能信用状

trans（s）hipment　積替え

trial order　試し注文

triplicate　3通，3倍の

Trust Receipt（T/R）　輸入担保荷物保

管証

T.T. Buying Rate　電信買相場

T.T. Selling Rate　電信売相場

```
┌─────────────────────────────────┐
│               U                 │
└─────────────────────────────────┘
```

UCP（Uniform Customs and Practice
　for Documentary Credit）　信用状
　統一規則

unconfirmed　無確認の

unit price　単価

unload　荷卸しする

unpaid　支払拒絶

urgent　至急，急ぎの通知

usance　ユーザンス（手形期限）

Usance Bill　期限付手形

Usance Bill Buying Rate　期限付輸出
　手形買相場

```
┌─────────────────────────────────┐
│               V                 │
└─────────────────────────────────┘
```

validity　有効期限

valid until ～　～まで有効

valuation charge　従価料金

vanning　コンテナへの積込み

vessel　本船

VOCC（Vessel Operating Common
　Carrier）　船会社

```
┌─────────────────────────────────┐
│               W                 │
└─────────────────────────────────┘
```

W/～　～とともに（with）（電文上の
　略語）

W.A.（with average）　分損担保約款

W.P.A.（with particular average）　単
　独海損担保

waive（r）　権利を放棄する（こと）

warehouse　倉庫

warranty　保証，製品保証

weight　重量

whereas clauses　契約書の目的などの
　説明条項

wholesale price　卸売価格

W/M（weight or measurement）　重
　量または容積

w/o ～　～なしに（without）（電文上
　の略語）

wt.　重量

Y　および（and）（電文上の略語）

yd(s)　ヤード

yr(s)　年

ZIP（Zone Improvement Plan）　米国
　の郵便番号制度

付録　貿易重要英単語集

付 表

1. 米国の諸州（States）と属領（Dependencies）の2字式略名表

Alabama	AL	Kentucky	KY	Ohio	OH
Alaska	AK	Louisiana	LA	Oklahoma	OK
Arizona	AZ	Maine	ME	Oregon	OR
Arkansas	AR	Maryland	MD	Pennsylvania	PA
California	CA	Massachusetts	MA	Puerto Rico	PR
Colorado	CO	Michigan	MI	Rhode Island	RI
Connecticut	CT	Minnesota	MN	South Carolina	SC
Delaware	DE	Mississippi	MS	South Dakota	SD
District of Columbia	DC	Missouri	MO	Tennessee	TN
Florida	FL	Montana	MT	Texas	TX
Georgia	GA	Nebraska	NE	Utah	UT
Guam	GU	Nevada	NV	Vermont	VT
Hawaii	HI	New Hampshire	NH	Virginia	VA
Idaho	ID	New Jersey	NJ	Virgin Islands	VI
Illinois	IL	New Mexico	NM	Washington	WA
Indiana	IN	New York	NY	West Virginia	WV
Iowa	IA	North Carolina	NC	Wisconsin	WI
Kansas	KS	North Dakota	ND	Wyoming	WY

2. カナダ諸州（Provinces）の略名表

Alberta	AB	Northwest Territories	NT	Prince Edward Island	PE
British Columbia	BC	Nova Scotia	NS	Quebec	QC
Manitoba	MB	Nunavut	NU	Saskatchewan	SK
New Brunswick	NB	Ontario	ON	Yukon	YT
Newfoundland and Labrador	NL				

和 索引

和索引

英索引

「貿易実務検定®」の概要

＜貿易実務検定®について＞

１．試験内容

「貿易実務」「貿易実務英語」「貿易マーケティング」の３つの分野について出題され，A級，B級，C級の３つのレベルがあります。

２．各級の試験内容の目安とレベル

級	試験科目と配点			制限時間	レベル
A級	①貿易実務 （200点） ②貿易マーケティング （100点） ③貿易実務英語 （150点）		450点	3時間10分	おおむね3〜4年以上の実務経験レベル。 貿易実務において判断業務を行うことができるレベル。
B級	貿易実務	正誤（○×式） 10題 （30点） 選択式 15題 （45点） 語群選択式 15題 （45点） 四答択一式 10題 （30点）	150点	2時間45分	おおむね1〜3年以上の実務経験レベル。 貿易実務における中堅層を対象としている。
	貿易マーケティング	正誤（○×式） 10題 （20点） 選択式 5題 （10点） 四答択一式 5題 （10点） 語群選択式 5題 （10点）	50点		
	貿易実務英語	英文解釈 10題 （30点） 英作文 3題 （9点） 貿易用語 8題 （16点） 貿易英語 15題 （45点）	100点		
C級	貿易実務	正誤（○×式） 10題 （30点） 選択式 15題 （45点） 語群選択式 10題 （30点） 三答択一式 15題 （45点） ※貿易マーケティングは貿易実務の中で出題。	150点	2時間15分	おおむね1〜3年以上の実務経験レベル。 定型業務をこなすための必要知識があるレベル。
	貿易実務英語	英単語の意味 10題 （20点） 英文和訳 10題 （20点） 英文解釈 2題 （10点）	50点		

※ B級およびC級は，すべて選択式により行われます。A級は，選択式と記述式の2つの方法により行われます。
　実施方法の変更により，出題数，配点等が変更される可能性があります。

３．試験科目の範囲

「貿易実務検定®」には，Ａ級・Ｂ級・Ｃ級の３つのレベルがありますが，級別の試験科目の範囲は以下のようになっています。

（△印は，きわめて基礎的な事項が出題されます。）

科　目	内　容	Ａ級	Ｂ級	Ｃ級
貿易実務	貿易と環境	△	△	△
	貿易経済知識	○	○	△
	貿易の流れ	○	○	△
	貿易金融	○	○	△
	貿易書類	○	○	△
	貿易法務	○	○	△
	貿易税務	○	―	―
	通関知識	○	○	△
	貿易保険	○	○	△
	外国為替	○	△	△
	航空貨物	○	△	△
	クレーム	○	△	△
	マーケティング知識	―	―	△
貿易実務英語	商業英単語	○	○	△
	英文解釈	○	○	△
	英作文	○	―	―
貿易マーケティング		○	△	―

＜受験要領＞

１．受験資格

どなたでも受験できます。

２．試験日程

毎年，次の月に試験が行われます。スケジュールの変更や追加，実施方法の変更の可能性がありますので，具体的な事項については，日本貿易実務検定協会®までお問合わせいただくか，当協会ホームページでご確認ください。

　３月　Ｂ級，Ｃ級

　５月　Ｃ級

　７月　Ａ級，Ｂ級，Ｃ級

　10月　Ｃ級

12月　A級，B級，C級

3．受験料（税込み）

A級：12,760円／B級：7,480円／C級：6,270円

4．試験会場

埼玉・東京・横浜・千葉・名古屋・大阪・神戸・福岡・沖縄など

5．受験要項の配布

返信用封筒（長3型封筒に94円切手を貼付し，宛名を明記）を同封のうえ，日本貿易実務検定協会®事務局までご請求ください。また，インターネットでもお申込みができます。

（貿易実務検定®に有益なメールマガジンを定期的に配信しています。）

日本貿易実務検定協会®ホームページ

URL：https://www.boujitsu.com

6．問合わせ先

日本貿易実務検定協会®事務局

〒163-0825　東京都新宿区西新宿2-4-1

新宿NSビル25階　株式会社マウンハーフジャパン内

TEL：03-6279-4730

編著者との契約により検印省略

平成24年 6 月20日 初 版 発 行
平成28年 6 月 1 日 第 2 版 発 行
令和 2 年11月 1 日 第 3 版 発 行

貿易実務検定®C級合格ガイド
〔第 3 版〕

編 著 者	日本貿易実務検定協会®
発 行 者	大 坪 克 行
製版・印刷	美研プリンティング株式会社
製 本 所	牧製本印刷株式会社

発 行 所　東京都新宿区　株式 税務経理協会
　　　　　下落合2丁目5番13号　会社

郵便番号 161-0033　振替 00190-2-187408　電話 (03) 3953-3301 (編 集 部)
　　　　　　　　　FAX (03) 3565-3391　　　 (03) 3953-3325 (営 業 部)

URL　http://www.zeikei.co.jp/
乱丁・落丁の場合はお取替えいたします。

ISBN978-4-419-06762-5　C3034